文艺复兴史讲稿

WENYI FUXINGSHI JIANGGAO

赵立行　著

復旦大學出版社

目　录　CONTENTS

序　言

本书以“讲稿”的名称呈现,就表明了它与教授课程之间的联系。“文艺复兴史”作为历史专业课程和通史课程,笔者已开设数年。出于授课的需要,期间不断关注中外研究状况,撰写和更新文字稿讲义以及制作PPT课件,积累了一定的素材,形成了一定的逻辑。此书正是在这些前期工作基础上加工而成,目的是给所担任的这门课程提供一本简明的教材。尽管有关文艺复兴的书籍众多,但是大量的学术专著和多卷本的巨著,似乎并不完全适合作为教材使用。

文艺复兴作为世界历史上一个重要时期,其内容非常丰富,无论是从社会、思想、文化、文学、艺术、哲学、科学任何一个角度入手,都有着挖掘不尽的主题;学界对它的研究兴趣也经久不衰,研究成果浩如烟海,新的作品也不断问世;随着各种新的史学流派的兴起,对文艺复兴的研究角度也越来越多样,资料的挖掘也越来越深入。作为一门课程的教材,理应全面反映这些成果和主题,但是由于课程时长的局限,这种理想难以实现。因此,本书的内容为课程的客观需要所决定,也为自己的主观想法所左右。客观需要决定着应该给学生提供什么内容,而主观想法则是根据自己的理解和能力选择给学生提供什么内容,本书以专题形式提供的各讲就体现了这种思考。

本书所提供的专题无法涵盖有关文艺复兴的所有主题,也无法描述主题所涉及的所有细节,也无力涉及意大利之外的欧洲其他地区,不过人们很容易通过其他著作或成果获得相关的内容。本书所遴选的专题意在突出文艺复兴时期在典型领域发生的典型变化,并通过不同的专题展示文艺复兴作为过渡时期的共同特征,相比细节的描绘,本书更加注重文艺复兴时期涌动的思想之流。

这些专题意在告诉人们经济变革与新文化构建、认知方式和社会转型之间的复杂关系,以及文艺复兴如何开启了人性、理性、科学认识之先河。认识文艺复兴这样的社会变化需要从历史的连续性去探求,而避免孤立地看待问题;社会形态往往决定着社会价值观的内容,社会形态的变化引发社会价值观的重塑,而新文化是在新旧的鲜明对比中萌芽和成长的,我们该如何理解那个时期普遍存在的贫穷与富裕、爱情与禁欲、蒙昧与科学的张力;新文化的构建不是闭门造车,而是基于对优秀传统文化的发掘;新文化的构建不可能一蹴而就,而是在冲突和矛盾中孕育和成长。旧的观念不会立即消失,新的观念也不会遽然确立,在双方冲突和调和中形成新的平衡需要一个过程,它几乎涵盖了整个文艺复兴时期;文艺复兴时代的人就在古代文明身上找到了向导,从中汲取营养给困惑的社会现实提供新颖的答案;新文化的构建必须以人性为基础才能有恒久的生命力。尽管文化必须与特定的社会相匹配,但是文化更应该以人性为基础;文化的发生需要载体,无论文学、艺术、哲学、政治学、科学都是用不同的形式传达某种统一的时代精神,即人是认识世界的主体,人是应该被歌颂的对象;文艺复兴不仅仅是一个特定的历史时代,而且是近现代的起点,文艺复兴不仅仅具有特定的文化意义,而且具有范式的价值。

在课程讲授和本书的编写过程中,参考了学界很多研究成果,在此表示感谢。出于教材简明的需要恕不逐条进行注释,所注释的内容仅仅限于文艺复兴时期的原始文本或材料,每节末以参考文献的方式列出一些重要的成果,以便于学生进一步查找阅读。

本书编写的初衷是为所担任的课程提供一本适合的教材,也希望得到开设同类课程的同行以及更广泛层面的读者认可,更希望得到各位同行的批评和指正。

赵立行

于复旦大学

2022年6月

第一讲

通向文艺复兴之路

文艺复兴作为一个历史时期,经历了长达三四百年的时间,但在漫长的历史长河中,也不过是一瞬间而已,但是,在不同时代历史学家的长期演绎下,以意大利为中心的文艺复兴时期成了一个意义非凡的经典时代,不但在当时见证了欧洲历史的转型,而且为现代人认识自己所处时代、了解自己的思维方式确立了坐标。现代人总是习惯向前追溯,将文艺复兴定为近现代的开端,认为它开了人性、理性、科学认识之先河。在某种意义上,文艺复兴成了历史进程中必然出现又必须出现的现象,否则我们现在的一切将无源可溯、无所归依。时至今日,世界各个地区的文明,在赞赏欧洲发生的那场文艺复兴之余,都在心理上盼望自身文艺复兴的到来。

但在历史学家的眼里,凡事皆有因果,文艺复兴的出现也不能例外。历史学家尽管也需要激情,但更需要客观和中立,对文艺复兴的历史也只能基于已经发生的历史事实进行归纳。因此,要认识欧洲文艺复兴为什么会发生,也只能基于欧洲历史的现实,在历史的连续性中去探求。丹尼斯·哈伊(Denys Hay)曾说:"我完全不想说在文艺复兴期间一切都变了。过去并不是一场圣诞节闹剧,历史从不会像神迹戏剧那样突变。"因此,要分析欧洲社会通向文艺复兴的道路,也必须深入到当时的社会之中,从经济、政治、文化、军事等层面,寻求集聚文艺复兴萌芽的动力。但需要提醒的是,我们分析出的原因只能适用于已经发生的那场文艺复兴,并不能给未发生的"文艺复兴"提供规律性的定则。

1 文艺复兴:一种城市现象

文艺复兴发生的舞台是城市,这一点似乎谁也无法否认。我们所津津乐道的那些著名的人文主义者、画家、雕塑家、演说家、诗人、政治家和哲学家,显然都是在佛罗伦萨、罗马、米兰、威尼斯等著名城市之间游走,或忙碌在大街小巷的作坊里,或寄身于教会的宫廷中,或在国王、大公的庇护下。但丁(Dante Alighieri, 1265—1321)、彼特拉克(Francesco Petrarca, 1304—1374)和薄伽丘(Giovanni Boccaccio, 1313—1375)和佛罗伦萨联系在一起,米开朗琪罗(Michelangelo Buonarroti, 1475—1564)和拉斐尔(Raffaello Sanzio da Urbino, 1483—1520)则成名于罗马,达·芬奇(Leonardo da Vinci, 1452—1519)虽然出生于佛罗伦萨附近,但其名作大都以米兰为基地,其足迹也出现在罗马和法国国王的宫廷。就算那些默默无闻靠手艺吃饭的小人物,其身影也大都忙碌在城市的作坊和街道中。在文艺复兴的浪潮中我们几乎看不到乡村的身影。

这种现象和当时出现的经济模式转型有关。放眼整个欧洲,从中世纪到文艺复兴时期,经济方式经历了大致相同的发展逻辑:首先,蛮族入侵后荒芜了罗马的城市,以庄园为主体的乡村经济成为社会的支柱,商业、市场和货币经济极度衰退,残存的城市只是在宗教意义或军事意义上维持着,往往属于庄园集合体的一部分。大约从10世纪开始,欧洲重新出现了商业和城市的复兴,长期衰退的城市和商业不可思议地再次焕发青春,并与乡村经济在法律、财富和人力方面产生竞争，极大地挑战了已有的社会秩序。到了14世纪和15世纪，城市和商业经济已经全面占据了优势，无论人口还是财富都从乡村大规模流向城市。财富迅速在城市的集聚，使得上层的国王、领主和贵族的政策也开始向城市倾斜，重商的氛围初步形成。比较而言，土地贵族反而陷入了“贫困”。

文艺复兴时期的佛罗伦萨古城样貌

作为文艺复兴发源地的意大利地区，当然总体上也经历了相同的发展轨迹。但是，与欧洲其他地区不同的是，意大利在整个中世纪并未像欧洲其他地方那样，经历过乡村经济和城市经济泾渭分明的阶段。即使在欧洲各地城市衰退的阶段，它仍然保持着基本的城市生活，商业行为并没有中断，乡村贵族和城市富商并非那样难以互换身份。甚至有些城市如威尼斯，由于地理位置和生存条件的关系，几乎就没有经历过任何意义上的封建乡村经济阶段，始终保持着城市形态和商业生活。《新编剑桥世界近代史》在谈到文艺复兴前的意大利时说：“从中世纪初期起，亚平宁半岛的大部分地区就已经看不到市民阶级与垄断政治、军事和文化领导权的骑士阶级发生封建式的分离。至少是在皇帝和教皇为唯一的但是软弱的君主的意大利北部和中部,大多数城市很早就发展成为虽非合法但在实际上独立的城邦,这在17世纪以前,是除了瑞士的寥寥几个农村式的和城邦式的州而外,西方世界仅有的一些共和国。拥有土地的贵族不得不迁入附近的城市。在大多数中心城市中,特别是在佛罗伦萨占有统治地位的商人阶级,到13世纪,一方面从事远距离的贸易,一方面生产呢绒——这是欧洲最早的主要出口工业。通过意大利贵族阶层的重要部分与商业和工业领导集团这种在同一城墙之内的会合,就比欧洲其他任何地方更早地形成了一个比较完整的文明社会圈,在这个社会里,骑士的因素和骑士的传统逐渐减少它的比重。"

所以在商业和城市复兴浪潮到来的时候,意大利具有得天独厚的优势。坚尼·布鲁克尔(Gene A. Brucker)引用格里高利奥·达蒂描绘文艺复兴时期意大利时的话写道:"一个佛罗伦萨人假若不是商人,未在世界上广泛旅行,未曾见过外国风土人情并从国外带些财物回佛罗伦萨的话,那么他就是一个无足轻重的人。"这种自信的表述说明此时佛罗伦萨已经发展到以商业立国的阶段,与以前相比发生了翻天覆地的变化。因此到文艺复兴前夕,意大利比其他地方更早地出现了全面城市化,基本上模糊了城市贵族和土地贵族的界限,土地贵族也很多转化为城市贵族,同时城市中的佼佼者也会反过来获得贵族称号。他们虽然来源不同,但融合为一个以城市为基地的统一群体。

意大利地区之所以有别于欧洲其他地区,一方面是因为意大利面临地中海的独特位置和作为当时国际商业通道的重要地位,另一方面是因为这里原本是罗马帝国的大本营,保留了西罗马帝国崩溃后的重要遗产。丹尼斯·哈伊在分析意大利文艺复兴的背景时特别强调,在经历了蛮族入侵后,罗马帝国有两样东西保留了下来,一是罗马法,二是城市,"罗马法的存在是中世纪意大利文化的伟大源泉",因此,"意大利政治生活的核心是在城市,而不是在城堡里"。而且,正因意大利是这两个罗马遗产的继承人,意大利才具备更加世俗性的社会特征。对世俗目标的追求以及对解决所面临的世俗问题的热衷,使意大利顺理成章地先于其他地方成为文艺复兴的发源地。丹尼斯·哈伊说:“欧洲其他任何地方都未出现过如此明显的城市发展时期。在欧洲其他任何地方的城市生活中,民法或宗教法也未曾占有过如此重要的地位。我们可以看出,这两个特征就其方向而言,使这里出现一个比其他地方更富于世俗性的社会。这一点构成了意大利半岛的各个部分在政治、社会和文化的发展上,所具有的某些先决条件的共同基因。”

无独有偶,克里斯特勒(Paul Oskar Kristeller)在他的著作中也持有同样的观点,他认为在意大利“贵族已经不再是封地,而是彻底地城镇化了”。而且,这种城镇化现象为人文主义者的存在以及人文主义者与贵族的结合提供了土壤:“人文主义者为了自己的利益而成功地将这一重要阶级争取过来。教育贵族的子女,使贵族们相信他们需要人文主义标准的、与他们社会地位相称的良好教育。另一方面,人文主义者也怀有为自己赢得相同社会地位的雄心。而且他们中至少有部分人成功了。”

在城市化方面意大利具有无可比拟的优势,为文艺复兴的出现提供了先行的基础。一方面,城市居民享有比较大的自由,商业的繁荣为城市带来了雄厚的财富,也给人们提供了从旧的束缚中解脱出来的动力;另一方面,城市的繁荣为保留共和国政体及其观念提供了条件。正是由于城市的存在,意大利无论内部如何混乱,总是保持着排斥土地贵族的一致趋势,有着维护城市宪法的动机。

随着城市的不断发展,市民阶层的形成,以土地为核心的封建社会逐步开始瓦解。经济方式的变革也自然引发了社会价值观的转型,文艺复兴运动就是这种社会价值观转型的具体表现。尽管它在不同阶段表现是不一致的,具体到不同的人文主义者身上,各自的表现也是不统一的,但其指向的核心本质都是城市及其所衍生的新型价值观,他们都希望在理论上给处于转型的社会提供自己的答案。

2 商业发展与价值重塑

社会经济形态转型以及所带来的社会变化，往往决定着社会价值观的内容，自然会引发新旧价值观的冲突以及价值观的重塑。克里斯特勒说：“观念产生时所面对的环境消失时，观念也就失去了自己的力量，正如一个全身倚靠在墙上的人，当墙被突然移开时他就会倒下一样。”

中世纪商人

但是，旧的价值观不会自行消亡，新的价值观也不会突如其来，那堵墙的倒塌需要一个漫长的过程。

那堵墙在中世纪曾经顽强地屹立着，在文艺复兴前夕尽管可能已经朽坏，但也需要有人推它才会倒下；即使那堵墙倒塌了，在没有新的观念能够抓住人们的心理之前，旧观念也不会自行消失，甚至还保持着顽强的生命力和影响力。更何况依靠那堵墙所确立的旧有社会价值观内容丰富且富有张力，体系严密而具有说服力。

支撑那堵墙的基础是乡村自然经济和土地贵族，而新的社会形态则建基于商业和城市生活之上。当那堵墙逐渐失去支撑力的时候，它所维护的旧观念就会与新的社会形态形成紧张和矛盾，社会价值观的重塑也就成为必然。当然，价值观的重塑并不是一蹴而就的，在双方冲突和调和中形成新的平衡需要一个过程，这个过程几乎涵盖了整个文艺复兴时期。

旧价值观强调："一个人不能事奉两个主；不是恶这个，爱那个，就是重这个，轻那个。你们不能又事奉神，又事奉玛门。"也就是说，以宗教为核心的价值观强调上帝和财神的对立，若要信仰上帝则必须抛弃财产，若要向往天堂则必须放弃现世。所以在中世纪教会的理论中，认为一个人积攒的财富超过自己所需，其实是占有了别人的东西；一个人借贷取息是贪婪的高利贷行为，是一种犯罪；一个人违背良心利用对方的无知贱买贵卖，则违背了"公平价格"，也是一种犯罪。因此，在当时的人们看来，商人与盗匪同义。当纯粹的经济问题被道德所绑架时，积攒财富往往会背负上良心债。这种带有神学意义的鄙视财富的观念，可能比较适应生产力低下的农业社会，但是和商业城市社会极不协调。商业本来就是逐利行为，商人成功与否的标志本来就是获取金钱的多少，当城市和商业成为社会主导模式时，同时作为商人和基督徒的人们，在内心会产生极大的纠结和矛盾。坚尼·布鲁克尔说："财富的问题，它的获得与使用，则是在佛罗伦萨上层社会的伦理道德观中产生了最尖锐的矛盾的问题。基督教历来对富人不赞一词，这种传统的斥富观点在教士的说教以及在敬神祈祷文和神学家的著作中都是时常反复出现的。为了弥合这个信仰与实际言和行之间的鸿沟而做的种种努力，构成了佛罗伦萨历史上、实际上也是整个欧洲晚期中世纪历史上最有意义的一个主题。”若要解决这一矛盾无非两条途径。一条途径是继续听从神学家的教导，怀着内疚和忏悔之心赎免自己的罪恶，寻求解脱之道；另一条途径则是重新审视教会的教导，证明自己行为的合理性。丹尼斯·哈伊说：“内心不安的商人能做什么呢？要么穿上像乞丐那样的苦行僧僧衣，要么把他们的‘上帝的账簿’打开，从他们所赚来的钱中拿出百分之一来用于布施。但是，他们也可能听从一小撮学者们的煽动，认为没有任何理由感到内疚。”前者试图在旧有观念的框架里想办法减轻自己的罪恶，后者则渴望在一种新观念里为自己正名。坚尼·布鲁克尔说：“每一个佛罗伦萨人，对于生活在一个物质的实际和其精神理想如此尖锐冲突的社会，总会感到有些内疚和罪过。佛罗伦萨对这个大难题的反应不外两方面：或者是承认有罪而寻求赎免之机，或者是否认它而重新评价财富的问题。”因此，这些社会实践层面的矛盾必然会传导到文化领域，这要交给那“一小撮”人文主义者去论证。

旧价值观强调社会的等级秩序。从社会的整体而言，旧观念崇尚社会绝对分工，有人劳作，有人打仗，有人祈祷，各司其职，不得僭越。在世俗社会中，封建等级制体现着社会的秩序，从国王开始，垂直向下分化为大贵族、小贵族、骑士和农奴，贵族又分为公、侯、伯、子、男等不同的等级。在这个等级网络中，从上到下构成了层层递进的领主和附庸的关系。依附是中世纪社会的常态，正是这种依附关系将松散的社会从上到下凝聚在一起。从宗教层面而言，神学宇宙观也认为宇宙是由七重天组成，从上帝到人也分化成不同的等级；反映在世间的教会上，也分成教皇、红衣主教、大主教、主教、神甫等不同的等级。等级不仅仅体现为分类，更重要的是等级所体现的财富和特权。贵族依靠土地、封号、血统维持身份，其他人即使苦苦努力也未必可以改变自身的等级地位。但是商业和城市生活与这样固定身份的等级观念格格不入，因为在商业活动中，财富的多寡以及事业的成功只和一个人的能力和运气有关，而和等级无关，它要求的是平等和勤奋。因此，布克哈特(Jacob Christoph Burckhardt)总结说：“我们似乎看到：平等的时代已经到来，而对于贵族的信仰永远消失了。”而且认为:“当时最高级最完美的社交形式不问一切等级差别,并且只是建立在一个具有现代意义的受教育的阶级存在这个基础之上的。家世和出身不再发生影响,除非它们和有闲及有继承来的财产联系在一起。”当来自不同等级的人群共同汇聚到城市,就会形成被称为“市民”的城市人,他们不属于原有社会秩序中的任何等级,但却可以容纳和消解任何等级,从而抹平了等级的界限。如何在新的社会形态下认识这种等级的流动性甚至平等的价值,正是新文化需要解答的问题。

旧价值观所维持的是封闭的社会,这个社会不鼓励流动,甚至在法律上限制流动。在以土地为基础的等级制度下,社会上的人口基本上处于不流动状态。每个等级相对封闭,人口是按照等级相对固定的。从国王开始,大贵族、小贵族、骑士、农奴各负其责。广大的农奴被固定在土地上,不能自由离开所在的土地,而且会随着土地权利的转让而被转移。庄园的习惯法甚至规定,一个庄园里的男子不能娶庄园外的女子,必须经过庄园主的同意并交纳罚金才行。法律规定,如果农奴逃亡则主人有权将其抓回。但是商业和城市复兴打破了社会的固定状态,许多人开始走出土地而进入了城市,甚至是逃亡到城市。同时城市特有的吸引力和融合力,会源源不断地吸引外部的人群。正因如此,学术界才会有“逃亡农奴建立城市说”的出现,这种学说认为,正是农奴逃亡到城市才导致城市的复兴。而且,城市出现后针对逃亡农奴也确实出现过法律上的困境。按照封建法,如果农奴逃亡到城市,领主有权进行追捕;但是按照城市特许状所赋予的权利,城市有自治的自由,而且“城市的空气使人自由”。因此,从保护逃亡农奴的角度出发,当时对领主进入城市抓捕农奴设定了非常严格的条件。之所以出现这种矛盾,就是因为游走和流动是商业和城市生活的本质要求,不但商业的经营活动本身需要到处自由流动,而且商业拓展和市场繁荣也需要人口流动。这种新的社会现实同样与中世纪各守其位的理想状态产生了矛盾,也必须从理论上进行合理解释。

旧价值所体现的是分裂割据的政治现实。尽管中世纪所实行的封建制度，或者附庸采邑制度，其最初的目的并不是为了瓦解王权，而是想凝聚社会各方势力，并通过自上而下分配土地和自下而上表达效忠，把社会凝聚起来，从而弥补日耳曼王国在官僚制度、税收制度和军事体制方面的不足。但是，其结果却事与愿违，这项制度最终造成了欧洲四分五裂的局面。其典型的表现是王权虚弱、诸侯割据、关卡林立。国王在某种意义上只是自己领地的主人，基本上无权涉足附庸所属地盘的事务。各地诸侯则俨然是自己领地的国王，握有充分的政治、法律和经济权力，其拥有的骑士队伍，一方面为国王效忠，履行封建义务，另一方面也给了他们拥兵自重的资本；四分五裂的政治现实造成没有统一的货币、统一的市场，没有统一的法律和司法制度，各地都设立了通行费及名目繁多的各种税收。人们对商人的态度不一，或是鼓励，或是压制，或是欢迎，或是驱逐，政策极不稳定。这种状况给商业的发展带来了巨大障碍。与此相反，商业的进行所要求的，恰恰是货币的统一，取消各地关卡，确立统一的政策和法律，希望有强大的国王对商人们进行保护。这种四分五裂的局面在文艺复兴时期的意大利最为典型，因为分裂的现实与统一的诉求形成了尖锐的矛盾，促使一些开明人士去寻求解决之道。

总而言之，经济转型所形成的这些矛盾不可避免地反映到思想文化领域，后者必须对这些新的社会现象和社会矛盾进行回答，而这也正是文艺复兴所宣扬的新文化所承载的任务。

3 转型期的意大利政治现实

19世纪以兰克（Leopold von Ranke）为首的政治历史学家们认为，在15世纪晚期和16世纪早期出现了带有“近代”特征的现象，如民族国家、官僚政治、在公共事务中重视世俗的价值标准以及保持势力均衡等。丹尼斯·哈伊借用赫伯特·巴特菲尔德（Herbert Butterfield）教授的话写道：“可以说在宗教改革之前，已刮起了偏向国王的风。”历史事实也证明，文艺复兴时期,法国、英国和西班牙等都已经从政治上摆脱了中世纪的四分五裂局面,率先走向了以君主制为特色的统一民族国家道路。尽管从现代人的眼光看来,君主专制是带有贬义色彩的政治体制,但是在当时,相对于王权虚弱、诸侯割据的封建制度,通过强有力的君主统一国家可以说是消除封建分裂的重要步骤,君主也是凝聚各种分散势力的核心。应该说,中世纪并不缺少君主,只是君主比较虚弱而已,现在君主力量的强大意味着其应有职能的恢复,这同样和社会的转型有关。这种统一回应了商业和城市要求王权强大的诉求,正如丹尼斯·哈伊所说,“从 14 世纪到 17 世纪的城市中产阶级一般来说并不反对建立强有力的君主制。城市和王冠之间存在着协议,这也是我们正在演进着的这个时代的重要特征之一”。

不能说君主制之风没有刮到意大利,同一时期君主制的实践在意大利各地也纷纷出现,只不过意大利出现的是割据一方的小君主,并没有出现能够统一意大利的君主。布克哈特对文艺复兴起源的论述特别强调其政治背景,他的名著《意大利文艺复兴时期的文化》,就是以意大利的政治格局作为开篇的,而且最先着墨的就是暴君专制政体。他论述了 13 世纪弗里德利希二世统治下的诺曼国家,14 世纪维斯康提家族的暴君专制,15 世纪大大小小的雇佣兵队长建立的国家以及各种小暴君和大王朝,然后才去论述共和国、教皇国,等等。但是意大利的这股君主之风并未能够形成气候,甚至算不上最强劲的风。君主专制的势力虽有所活跃,但是也遭到其他势力的遏制,最多只是丰富了复杂的意大利政体形态而已。结果在意大利形成了各种各样的势力,出现了各种形态的政治单位,成为“一个天地虽小而万紫千红的地区”。

同法国、英国等称谓不同,在文艺复兴时期,“意大利”一词并没有太多的政治含义,只不过是一个纯粹的地理名称而已。在这个名称下容纳着大大小小多重的、多样的政治势力,每种政治势力只不过是意大利这个大拼图上的一小块拼板而已。在 14 世纪末,米兰是君主暴政的代表,通过维斯康提家族的苦心经营具有了扩张的势力,而且一度横扫了北部和中部意大利,

文艺复兴时期意大利政治格局

大有形成一个专制君主国家的趋势。但是它的扩张受到了具有共和传统的佛罗伦萨和威尼斯等城市的抵制,未能继续有所作为。神圣罗马皇帝理论上领有意大利北部的自治市,但自身的衰弱使他根本无力在这个地区主张权力;中部则是教皇国控制的地盘,它既作为统一精神机构又作为世俗意义国家的存在,始终摇摆不定,目的是在均衡中维持自己的地位,无法真正代表意大利。南部则几乎是独立王国。因此,各种势力交锋的结果是在这里形成了某种均势,在这种均势之下,各种各样的政治成分似乎都找到了各自的生存空间。正如《新编剑桥世界近代史》中所描绘的,“在15世纪,正如在19世纪一样,意大利只不过是一个地理名称。在南方,在那不勒斯和西西里,日经多次改朝换代,但是疆界几乎没有任何的变更。穆斯林、诺曼人、安茹人和阿拉贡人曾相继而来,到15世纪末,那不勒斯和西西里两王国落入西班牙诸侯的手中。在北方,各城市分别占据自己周围的领土;米兰、威尼斯、热那亚、佛罗伦萨和锡耶纳是主要的政治单位。在北方和南方之间,横跨亚平宁山脉,从罗马到拉文纳,沿着古老的弗拉米尼亚大道,是一些由罗马教皇管辖的国家。中世纪末,意大利四分五裂,没有政治上的统一”。布克哈特也描述说:意大利在“15世纪下半叶出现了在历史和制度方面彼此极不相同的五个主要国家的体系(威尼斯共和国、佛罗伦萨共和国、米兰公国、那不勒斯王国和教皇国家),一个以通过不断调整均势而保持平衡的思想为指导,相互交往的国际大家庭。这在近代史上是第一个实例”。

所谓的均衡,就是没有一种力量有能力将意大利从一个地理名称变成一个统一的政治体。均衡并不意味着各自相安无事,而是暂时的脆弱平衡。每个政治单位都必须为保有自己的势力而殚精竭虑,各种势力之间存在着巨大的张力。在这样的情形下,每个政治体都只能依靠实力来维持自己的存在,自存成为唯一正当的目标。也正是基于此,布克哈特得出了自己独特的结论:“在它们身上,我们第一次发现了近代欧洲的政治精神,这种精神就是随心所欲,常常表现出肆无忌惮的利己主义的最恶劣的面貌,践踏每一种权利和摧残一个比较健康的文化的每一个萌芽。但是,无论哪里只要这种邪恶的倾向得到了克服或者以任何方式得到了补救,历史上就出现了一个新的事实——出现了经过深思熟虑、老谋深算的国家,作为一种艺术工作的国家。”

作为一种艺术工作的国家,人们已经“不能按照良心来治理国家”,能力和策略成为每个政治体优先考虑的事情,这一点无论是暴君专制国家还是传统的共和国都不例外。对此,布克哈特进行了一系列富有逻辑的论证。由于国家完全依靠自己的力量而存在,所以反而促使国家科学地进行组织;

在用人方面,统治者更多地考虑他们的真才实学,而不是地位和头衔:“暴君统治的不合法使暴君陷于孤立并经常处在危险的包围之中;他所能结成的最光荣的同盟是和聪明才智之士交往而不考虑其出身如何”;在采取行动方面,不会从道德方面过多地考虑,更多的是考虑行动的效果:“一切暴君,无论大小,必须加倍努力,必须特别谨慎行事和工于心计,必须学会避免使用大规模的野蛮手段,因为舆论所能容许的只是那种为了实现一个目的而不得不有的过错,公正的旁观者对于这种过错自然是不加责备的。在这里,早也看不到用来支持西方合法君主的那种半宗教的忠诚的痕迹;我们所能看到的最近似的,是个人的声望。才能和心机是获得飞黄腾达的唯一手段。”因此,布克哈特认为,自存的压力模糊了美德与恶行的界限:“美德与恶行在15世纪的意大利诸国家中奇怪地结合在一起了。统治者的个性是如此地得到了高度的发展,它往往具有如此深刻的意义并代表着那一时代的情况和需要,因此要对它作出一个恰当的道德判断并不是一件容易的事情。”不仅暴君专制的国家如此,就是共和国同样也将政治变成了一种策略:“因为大多数的意大利城市国家在内部构成上是一种策略的产物,是深思熟虑精心设计的结果,所以它们彼此之间的和对外国的关系也是一种策略的产物。几乎所有这些国家都是新近从篡夺产生的这一个事实,对于它们的内外政策同样有着严重的影响。”在没有共同确认的道德而只是以利益和效果作为评判标准的情况下,任何手段都变成了合理的,所以“阴谋、武装、联盟、行贿和背叛构成这一时期意大利的表面历史”。

作为一种艺术工作的国家往往只有个人利益或局部利益,并没有意大利整体的共同利益,因此在情势需要的时候,它们会毫不犹豫地引进外部势力进行干涉。每当政治形势危及自己的生存和利益的时候,意大利的城市和它们的君主们便继续走他们寻求外部援助的老路,纷纷主动寻求外部的干涉。法国是干预意大利的常客,1494年法国军队长驱直入意大利,有的政治体愉快地与法国结成同盟,有的政治体则结成反法国的同盟。在不同的时期,德国皇帝、西班牙人,甚至英国的雇佣兵都曾经进入意大利。有时候,意大利不同的政治体甚至会利用西方世界公认的敌对的势力来成全自己。比如信奉伊斯兰教的土耳其人,是广义上基督教世界的"敌人",而且在西方世界,不时有号召全体基督徒联合起来组织十字军对抗土耳其的呼吁,但是"几乎没有一个有力量的政权不与穆罕默德二世和他的继承者们密谋来反对其他国家的"。布克哈特针对这种引狼入室的做法进行了非常精彩的总结:"对于其他的君主来说,法兰西国王被他们交替用来作为恐吓自家和敌人的妖怪,每当他们看到没有一个更方便的办法来摆脱困境时,他们就威胁着要把他召唤进来。"因此,正如意大利史学家加林(Eugenio Garin)所言,"欧洲大的王国已把意大利半岛作为他们逐猎的场所,不仅作为意大利政治和文化中心的脆弱的大国和小国被卷入深刻的危机中,靠外交上的机智和'时间的恩惠'摇摆于欧洲大国的冲突之间;而且在教皇领导之下的罗马教会也像使用'禁止参加宗教活动''绝罚'那样,肆无忌惮地使用步兵和骑兵"。

作为一种艺术工作的国家,需要用实力来保证自己的生存,除了算计和策略外,钱财和军事力量是一切的基础。因此,从 14 世纪开始,各种不同类型的国家,自然都会维持足够的军事力量和必要的军事费用。由于当时各个国家还不足以建设自己的常备军队,只能使用雇佣兵,导致雇佣兵的索价越来越高,也促使用于军事的预算也越来越高。这些费用都以各种形式通过税收和收费而摊派到人民身上。结果如坚尼·布鲁克尔所言,"沉重的军费使政府不得不尽一切可能搜刮财源,这就导致官僚机构大量产生。行政管理变得更加系统化和专业化;地方自治和地区特殊性,等等,因为服从于有效的管理,特别是为了征税以供战时急需,都被取消了"。

从上述意大利的政治格局中,我们可以明显地看出,在意大利虽然涌动着各种政治力量,但是根本看不到统一的力量,正如布克哈特所说:"14 世纪的皇帝们,即使是在最得志的时候,人们也不再承认和尊敬他们是封建君主而只是把他们看作是既存诸势力的可能的领袖和支柱;同时,教皇政权及其傀儡与同盟,虽然有充分力量阻碍国家未来的统一,然而它本身却没有足够的力量来完成这种统一。在这二者之间,有许多政治单位——共和国和专制君主国,其中一部分历史较久,一部分是新兴的,而它们都只是依靠着它们的实力来维持自己的存在。"同时,随着欧洲整体上国家性质的变化,国家之间的关系也在发生变化。国与国之间不再是联姻和继承,而是利益、算计、力量。国与国之间的友好与敌对,结盟与分裂不再尊奉某种恒定的虚幻道德标准,而是看是否对自己的国家有利。旧有的等级社会的政治理想破灭了,旧有的贵族或者在被剪除,或者处于明显的矛盾和斗争的漩涡中;现实利益的争夺替代了虚幻的道德和理想,基督教的理想已经明显衰落了。在现实的利益面前,各种各样的手段,包括战争、婚姻、结盟、背信弃义等手段都在广泛运用。势力范围的争夺促成了统一国家的建立,也使得类似意大利那样无法统一的地区陷入了难以排解的矛盾之中,催生着统一的愿望和新型政治理论的萌芽。

4 雇佣兵时代的到来

生活在 15 世纪中后期至 16 世纪上半叶的马基雅维里(Niccolò Machiavelli, 1469—1527),曾经对雇佣兵极度厌恶,在他的《君主论》中对雇佣兵进行了极为负面的评价:"一个人如果以这种雇佣兵队作为基础来确保他的国家,那么他既不会稳固亦不会安全,因为这些雇佣兵队是不团结的。怀有野心的,毫无纪律,不讲忠义,在朋友当中则耀武扬威,在敌人面前则表现怯懦。""雇佣兵的首领们或者是能干的人,或者是不能干的人,二者必居其一。如果他们是能干的,你可不能够信任他们,因为他们总是渴求自我扩张;因此不是压迫自己的主人——你,就是违反你的意思压迫他人。反之,如果首领是无能的人,他往往使你毁灭。"①

① [意]尼科洛·马基雅维里:《君主论》,潘汉典译,北京:商务印书馆,1986 年,第 57—58 页。

马基雅维里在理论上对雇佣兵的评价当然有其道理，但他是从面向未来的角度或者从理想化的前瞻角度进行评价的，目的是呼吁佛罗伦萨能够培养一支真正属于自己的常备军队，从而摆脱对外部军事力量的依赖，而且他确实在佛罗伦萨进行了常备军的实践，并利用这支军队获得了不少的战果。但是，如果我们换个角度，从历史的角度向前追溯，将雇佣兵和封建时代作为主要军事力量的骑士队伍进行对比，文艺复兴时期雇佣兵的存在并不是那么令人厌恶，相反，它的出现具有一定的历史必然性。而且从军事角度而言，它代表着从封建骑士向近代常备军过渡的重要阶段，在一定程度上雇佣兵的性质和特点也构成产生文艺复兴的土壤。

雇佣兵形象图

雇佣兵到来之前的时代是骑士时代，骑士深深根植于封建的附庸采邑制度之中。按照封建制度的基本原理，国王将土地分封给贵族作为生活资料，作为交换，贵族要对国王效忠并履行义务，其中最主要的义务就是提供军役。当国王召唤时，贵族要自备骑士和武装跟随国王作战。这种军事服役的方式减轻了国王装备和豢养常备军队及进行复杂管理的压力，但也将拥有军队的权力赋予了作为附庸的贵族。贵族依赖国王分封的土地，但国王也依赖附庸所提供的军事力量。但随着最初的封建制度演化为封建割据，贵族拥有的骑士就变成了一种离心力量，亦成为王权虚弱的因素。文艺复兴前夕随着民族国家的趋势日盛，国王职能日趋丰富、权力日渐增强势所必然。国王权力的增强和割据诸侯势力的衰落是相辅相成的,国王要崛起必然意味着要压制甚至消除割据势力,尤其是要摆脱对附庸骑士力量的依赖。在还没有能力建立常备军的情况下,摆脱骑士军事力量必然会留下巨大的真空,正是这个真空成就了雇佣兵存在的空间。另外,随着城市复兴和自治城市的增加,城市自身的防卫也需要军事力量。但是,城市本来就是和封建制度的模式脱钩的,它一开始就和骑士力量没有关系,因此,当城市国家无法通过征募足够的市民来保卫自己的城市,或者去扩张自己的势力时,当城市的力量尚不足以承担供养专业军队的负担时,使用雇佣兵也成为一种必然。在君主和封建贵族日益疏离甚至走向对立的同时,城市和王权反而在逐步接近,它们的结合也使得国王大规模招募雇佣兵有了可能。城市希望王权强大,从而消除封建割据给商业发展带来的种种障碍,国王希望消除封建割据加强自己的权力,两者在共同的目标上达成一致;而且城市所积累的钱财可以为国王解决雇佣军队所需要的资金,所以当时的国王很多都成为城市银行家的大雇主。

既然是雇佣兵,军队和雇主之间自然是一种合同关系,因此雇佣兵和雇主之间并非忠诚关系而是信用关系。评价雇佣兵的标准不能是爱国主义的忠诚,而是对严格履行合同义务的忠诚。可以说,实力和信用是雇佣兵的生命。实力意味着有组织良好的军队,军队能够随时投入战斗,战斗经常能够取得胜利;信用意味着他们有着良好的口碑,始终有机会获得雇主的青睐和被雇佣的机会,也因此而获得大笔的物质报酬和名誉地位。因此,雇佣兵不可能如马基雅维里所说的那样是一群无赖,而是一群忠心耿耿恪守合同的职业军人。也许加林的评价更为客观。他说:“那种认为雇佣兵只不过是一伙生活在社会边沿、靠抢劫度日的人的看法是不准确的。”加林是如此刻画文艺复兴时期的雇佣兵队伍的:他们是一群无论在和平时期还是战争时期,都能够随时准备率领队伍作战的部队;雇佣兵队长常常是组织得很好和有纪律的;这些军队的高度专业化和具备相当的经验,使得意大利的城市国家想要进行战争,就非求助于他们不可;在某些方面这些雇佣兵发展了一种团体精神;雇佣兵队长的未来取决于他的名声,但他的名声如何又将取决于他招募和妥善管理军队的能力,以及是否能恰当地做出政治特别是军事方面的决定。

因此,从雇佣和合同的意义而言,雇佣兵算得上一个忠实履行义务的团体,它之所以给人以背信弃义的感觉,一方面是因为他们不可能服务于唯一的雇主,而是服务于任何雇用他们的人,今天为这个政治团体卖命,明天有可能为前者的敌人卖命。他们这种以报酬为中心而不断转移效忠对象的形象,自然给人以不忠诚的外表。另一方面,雇主和雇佣兵之间总有着某种天然的不信任感。雇主担心雇佣兵临阵脱逃,军事政策前后不一,置雇主的安危于不顾,或者担心雇佣兵将枪口对准自己;而雇佣兵则担心雇主并不能履行承诺,不能如数支付报酬,或者拖欠付款。对雇主来说,雇佣兵的不按命令行事会给自己带来致命的危险,对雇佣兵来说,不能如期获得款项则可能面临破产和所招募军队解散的危险。作为当时这种不相互信任的表现,雇主有派文官官员监督雇佣兵队伍的习惯,而且也曾出现过惩治不顺从雇佣兵队长的事例,甚至极端的情况下有的雇佣兵队长被执行了死刑。这种相互不信任的状态,容易放大雇主对雇佣兵的负面评价。

抛开雇主和雇佣兵之间纠结的关系不说,雇佣兵能够为自己获得机会,说明它既有生存的社会空间,也有生存的能力和特质。他们的军事能力以及由此衍生出的一些特质,共同烘托出了文艺复兴的大背景,而且它们本身就是文艺复兴时代的重要组成部分。

布克哈特在论述文艺复兴时期暴君专制国家类型时,专门提到雇佣兵队长所建立的国家,并将其作为暴君专制国家的一个类型。雇佣兵为了能够长期服役,除了获得金钱报酬之外,也迫切需要基地,实力比较大的雇佣兵队伍或者威望日隆的雇佣兵队长往往能够取得一方领土,这些领土或者是因为自己作战有功而获得的报酬,或者是取代雇主而成了当地的主人,或者是出自自己主动的攻城略地。加林说:“文艺复兴时期意大利的僭主或希望成为僭主的人,大多数都具有武士的天性,他们当中许多人就是职业的士兵，‘雇佣兵队长’。他们中的一些人来自当时有名的君主国，如费拉拉的埃斯特家族、曼托瓦的贡扎加家族、乌尔比诺的蒙泰费尔特家族。另一些僭主的产生则由于他们在过去的效劳中有过卓越贡献，而把承认他的所在地为一个国家作为报偿。”作为军事性质的雇佣兵国家，往往采取君主专制的制度，雇佣兵队长也因此而成为暴君。这些暴君国家加强了当时流行的“国王之风”。同时，无论在何种意义上，雇佣兵所建立的暴君专制国家，都带有一定的非法性，它们的建立没有历史承继依据，没有名正言顺的爵位头衔依据，它们的存在纯粹依靠实力。布克哈特说：“只有最完美的品质才能使他们（雇佣兵队长）免于变成罪大恶极的人。如果我们发现他们蔑视一切神圣的东西，对他们的同胞——那些不关心他们会不会被教会禁令处死的人——残酷而狡诈，那就没有什么可奇怪的了。同时，由于这种形势的逼迫，他们当中许多人的天才和能力得到了人们所能想象的最高度的发展，并使他们赢得了部下的忠诚和爱戴，他们的军队也是近代历史上最早以领袖的个人威信为唯一动力的军队。”因此，所谓把国家治理视作一门艺术，善于招纳真才实学之人，在雇佣兵国家里表现得非常彻底。在雇佣兵队伍里不关注出身只关注能力，如布克哈特所说：“在雇佣兵队长这一个阶级里边，出身是一件无足轻重的事情，这就很清楚地表明什么样的人掌握着真正的权力。”此后随着文艺复兴的展开，雇佣兵国家转而变成了文艺复兴文学艺术的支持者和庇护者，成为庇护文人的君主的一员。加林在评价雇佣兵队长时总结说：“他们当中一些人通过从事军人职业所获得的荣誉和地位，又把他们带向社会，使他们赞助某些奢侈的文化项目。”文艺复兴时期的意大利人为他们的士兵花了很多钱，但他们的后裔却又以文化上受益的形式，持续地获得回报。

雇佣兵虽然存在种种问题，但却是文艺复兴社会过渡时期的必然，有的学者将其称为“囚徒困境”，正如博曼（Nick Bohmann）所说：“如果雇佣兵不值得那些雇用他的人依赖，或者不值得依赖他向其前任雇主索取，雇佣兵成为中世纪文艺复兴意大利战场的支柱的答案就在于当时意大利独特的政治、经济和军事环境。它形成了一种‘囚徒困境’，其中，冲突中的城市共和国都试图最大化其胜利的机会，而导致所有的派别都每况愈下。”因此，雇佣兵在从四分五裂的封建状态过渡到统一的君主制民族国家过程中，有着重要的地位，他们适应王权摆脱贵族、消除封建割据的总体进程，他们为军事力量的真空填补了空白，在他们中发展起来的实用主义、功利主义、注重实力、善待人才的细流，都在一定程度上汇入了文艺复兴的大潮。

5 理性意识的文化基础

布克哈特在总结中世纪和文艺复兴时期的本质区别时说：“在中世纪，人类意识的两方面——内心自省和外界观察都一样——一直是在一层共同的纱幕之中，处于睡眠和半醒状态。这层纱幕是由信仰、幻想和幼稚的偏见织成的，透过它向外看，世界和历史都罩上了一层奇怪的色彩。人类只是作为一个种族、民族、党派、家族或社团的一员——只是通过某些一般的范畴，而意识到自己。在意大利，这层纱幕最先烟消云散；对于国家和这个世界上的一切事物做客观的处理和考虑成为可能的了。同时，主观方面也相应地强调表现了它自己；人成了精神的个体，并且也这样来认识自己。”这段话的意思是说，在中世纪人们无论看待世界还是看待自己，都隔着一层非理性的面纱，而且人没有自己的个性，到文艺复兴时期这层面纱被扯去了，人们开始睁开眼看世界，理性地对待自己和身处的外部世界。在评价文艺复兴的特征时我们都会说，文艺复兴的价值是将理性引入了人的认识，追求对世界和自身的客观认识。但这里我们要问的是，所谓的理性来自何方？它不可能在文艺复兴时期凭空出现。从历史的连续性来看，人们对理性的认知一定经过了长期的文化积累，只是在文艺复兴合适的环境下最终开花结果。所以，我们有必要首先探寻促成文艺复兴理性认识的文化源头。

文艺复兴的理性文化源头之一来自教会信仰内部。我们现代社会经常笼统地将宗教信仰归入迷信范畴，给它打上非理性的标签，但是不能否认历史上宗教理论同样依赖理性的建构，柏拉图哲学、亚里士多德哲学以及斯多葛派哲学都被长期用来论证基督教信仰。尤其到了12世纪后，欧洲的宗教信仰无论在实践中还是心智上已经超越了利用单纯的神迹进行传播的阶段，而进入了哲学论证时期，试图将神学信仰哲学逻辑化，从而引发了经院哲学(scholasticism)的兴盛。所谓将哲学引入神学，其实也就是将理性逻辑引入到宗教理论之中，从而不可避免地在教会神学家和法学家内部围绕理性和信仰产生了争论。

在中世纪，教会所代表的是官方文化，官方文化内部的论争，代表着官方意识形态内部的动摇，这对社会的心理影响巨大。尽管教会内部的神学家们都没有对上帝产生任何怀疑，但是针对认识上帝的路径，针对在认识上帝过程中人的作用问题则产生了巨大的分歧。按照正统神学的主张，了解上帝应该信仰当先，正如某位神学家所坚持的"我信仰所以我理解"。也就是说，我们是无法通过我们的理性来完全认识上帝的，认识上帝只有靠上帝的启示。因为上帝是最高理性，上帝是全知全能的，我们一般人尽管有理性，但是我们只是分享了上帝的理性因而是有缺陷的，试图以我们有缺陷的理性来认识上帝这个绝对理性是根本不可能的。与这种认识上帝的观念相匹配，这一派主张一般高于个别，概念高于具体，个体是概念的流溢，所以，我们拥有思想是因为接受了上帝流溢的光照。个体是不真实的而概念是真实的；个体是流动不定的，而概念是绝对的。上帝作为概念的集合体是最真实的，而我们一个个的个体是不真实的。持这种传统观点的神学家们在经院哲学中被称为"唯实论"(Realism)派。与此相对，教会内部产生了另外一种流派，他们认为在认识上帝的问题上应该理性当先，认为我们是认识上帝的主体，而上帝是我们的认识对象，也就是认识客体，因此要先理解而后信仰，只有我们的理性所理解的东西，我们才会信仰。这一派强调人的理性在认识上帝方面的优越性和可能性。与此相匹配，他们主张个体是真实的，概念是虚幻的，概念只不过是个名称而已，而非真正的实体。他们被称为"唯名论”(Nominalism)派。

这两派的争论在经院哲学的集大成者托马斯·阿奎那那里得到调和。托马斯·阿奎那撰写了洋洋洒洒的《神学大全》,目的是在坚持基督教信仰的前提下调和信仰和理性,认为在现实世界之外存在着超验世界,人们无法通过理性去认识这个世界,只能依赖上帝的启示。但是他同时认为,哲学并不和神学相矛盾,而是代表着真理进程的两个不同阶段,尽管哲学所代表的理性相比信仰具有缺陷,但是却可以辅助信仰,即哲学是神学的婢女,通过自然理性获得的知识可以引导人们趋向信仰。

托马斯·阿奎那

教会内部唯实论和唯名论的哲学论争尽管没有超出宗教的范围,目的都是为了论证信仰,但是至少在认识上帝问题上,他们引入了理性并强调了人的认识的重要性,倡导人作为认识主体的能动性。即使坚持唯实论的人也无法停留在启示阶段来宣扬信仰,必须在逻辑上为信仰提供论证。这种争论一直持续到文艺复兴时期,并为文艺复兴时期将现实的人进一步放大提供了理论基础和理论武器。在早期文艺复兴时期,人文主义者并没有那么激烈地反对经院哲学,甚至对它表示认可,也始终没有摆脱神学的框架。彼特拉克在一封信中探讨了经院哲学的辩证法,可以表明这种态度:“我知道它是自由艺术之一,也是人们升上更高等级的基石。在那些通过哲学的荆棘探寻道路的人们手里,它绝非无用之物。它使头脑敏锐,划出通向真理的路径,并教导如何避免谬误。如果说它不能获得别的,当然可以给人以需要的智慧并使其足智多谋。对此我并不否认。”①

民间自发形成的教会所称的“异端运动”，也埋藏着理性的种子，“异端运动”这一名称，是从所谓正统基督教的角度来看的，后者将不符合教会正统信仰解释的学说和行为，都称为异端。以我们现代人的眼光看来，所谓异端运动，无非就是基督教徒内部的持不同政见者。异端运动尽管由来已久，而且最初主要出现在东方，但是随着西方城市和商业的复兴，东西方交往的频繁，异端运动在西方呈现喷涌之势。这些异端本身就是随着世俗城市生活的发展而同步出现和传播的。

异端运动尽管有许多派别，各自宣扬的理论不一，许多学说也没有体系化，但是他们有一个共同的特点，就是更加贴近人的理性和理解能力，在此基础上对教会所钦定的某些宗教问题的阐释产生怀疑，从而宣扬一些更加符合人类理性认知的解释。他们最初的目的并不是为了对抗正统教会，而是真诚地认为自己的认识更加符合常理。这些异端派别和同时兴起的方济各会(Order of Friars Minor 或 Franciscans)或多明我会(Dominicans)的区别，就在于他们是否得到了教会的认可。根据当时教会指控异端的言辞可以看出，异端分子无非对一些神学概念进行了更加世俗化的解释，并对教会的官方解释提出一定的质疑：他们对洗礼的神圣性产生怀疑，认为洗礼本不能洗去人的罪恶，因为洗礼的水和我们平常的水没有什么区别；他们对圣餐产生怀疑，在他们看来，圣餐所吃的无非是普通的面包，喝的无非是普通的酒。他们认为，如果我们所吃的是耶稣的身体，那么吃了一千多年，即使耶稣的身体有阿尔卑斯山那么大，也早就该吃光了。他们怀疑十字架，有人说，十字架是什么？无非就是一块木头罢了。从这些对异端的指控中我们可以看出，他们看待事物并不纯粹是从神学或者神秘的角度去认识，而是从理性和一般的常识去理解。这些异端分子往往不是神学家、哲学家或法学家，而是

① Francesco Petrarca, Letter to Tommaso Caloria, in Kristeller, *The Renaissance Philosophy of Man*, Chicago: University of Chicago Press, 1948, p.137.

忙碌在城乡生活中的普通人。金兹伯格(Carlo Ginzburg)的《奶酪与蛆虫》中那位被异端裁判所追究的异端分子,不过是一个没有什么文化的磨坊主。所谓纯洁派(Catharism)的教主也无非是一位积攒财富后心存忏悔的商人。

异端分子通过世俗的见解去解释宗教信仰,当他们遭到教会的否定和逼迫后日渐走上偏离正统修行的轨道,开始反对教会的等级结构,反对教会拥有财富,而主张散财、赤贫、鞭笞等修行方式。这些异端运动的出现,对正统的基督教社会产生了巨大的冲击,也对基督教会大一统的思想意识起到了瓦解作用。所以针对异端运动,教会进行了非常严厉的镇压,异端裁判所(Inquisitio Haereticae Pravitatis)也应运而生。这些异端运动同样把人的理解引入到对宗教问题的解释中,不但对文艺复兴甚至对宗教改革都产生了非常重要的影响。

理性主义增长的第三个表现是异教学问涌入西欧,人们对异教的学问重新燃起热情,并且形成了对异教学问宽容的氛围。在正统基督教会眼里,任何非基督教的学问都是异教的,无论这些学问是基督教产生之前的还是之后的。因此,不但与基督教同时存在的伊斯兰的宗教和思想属于异教,而且传统的古希腊罗马学问也是异教的。这些学问都是基督教应该摒弃的,或者只是供基督教会改造的东西,是非正统的。但是,随着 11 世纪城市复兴和商业的活跃,尤其是随着 11 世纪末开始的十字军东征,西方人大量接触了拜占庭所保持的希腊文化,大量接触了西方称之为魔鬼化身的阿拉伯人,他们发现,古代文化和阿拉伯人的生活方式,并不像西方所长期宣传的那样,相反,他们认识到阿拉伯的文化和生活方式在很多方面远比基督教社会发达。东西方的频繁交流打开了西欧对外认识的窗口,此后就再也封闭不了人们已经开启的心智。所以,大量古典文化著作以及阿拉伯人的著作被引入到了西方,在 12 世纪就已经形成了规模。

美国学者哈斯金斯(Charles Homer Haskins)曾经写过一本书《12 世纪文艺复兴》。他认为文艺复兴早在 12 世纪就已经开始了,其典型表现就是大量的古典著作和阿拉伯人的著作被翻译成了拉丁文。其中,很多古典时代的著作是通过阿拉伯而被西方认识的，因为阿拉伯人非常注重世俗文化，他们把帝国统治地域内的许多古典文献都翻译成了阿拉伯文进行保存，形成了历史上阿拉伯著名的“百年翻译运动”。随着西欧社会接触了越来越多的异教文化，对异教文化了解的愿望也越来越迫切，这激发了西欧的译书运动，即将大量的异教书籍翻译介绍到西方。

当时的翻译运动形成两个中心。第一个中心是西班牙。1125 年在西班牙托莱多由雷蒙德大主教首创了一所翻译学校，集中了当时欧洲各地的学者，掀起一个翻译阿拉伯文著作的高潮。在此期间，大量古希腊文化著作的阿拉伯译本重新被译成欧洲各种文字，对中世纪末期欧洲的文学产生了深远影响。翻译家们来到托莱多时大多不懂阿拉伯语，于是他们借助于居住在托莱多的犹太学者将阿拉伯语译为西班牙语，然后再译为拉丁语。第二个中心是西西里。这个地区在翻译和传播阿拉伯文化方面也起了非常重要的作用。西西里翻译运动的活跃首先取决于这个岛屿特殊的地理位置、语言环境和历史背景。它位于地中海中部，居北非和亚平宁半岛之间，为联结北非和欧洲的海上通道，处于东西方文化的交接点上，是阿拉伯-伊斯兰文学传入欧洲的又一重要渠道。此外，由于这里是各种文化的汇聚之地，岛上居民有说希腊语的，有说阿拉伯语的，还有懂拉丁语的，数种语言在官方和民间通行，极大便利了不同文化成果的译介。

这些不同的源头所引发的文化和思想上的变化，都反映了人的主体性和理性的萌芽。随着各种理性思潮的泛起，社会不再是铁板一块，而是出现了多元化的思想。多元化思想的出现带来了两个积极的结果，一个结果是对教会的思想统治形成了强烈的冲击，另一个是在混乱的思想中为新思想的萌生提供了空间。文艺复兴就是在这样的思想基础上开始萌芽和展开。

6 黑死病与文艺复兴

有时候历史会把一场悲剧变成一场喜剧，文艺复兴前夕发生的黑死病就是如此。从黑死病给人们带来的痛苦以及所导致的欧洲人口锐减而言，它当然是一场悲剧，但是放在欧洲社会走出中世纪的大背景下，它似乎又变成了一场喜剧，从客观效果上大大加快了社会转型的进程。

对这场灾难，当时的人们并没有准确的称呼，基本上笼统地称为瘟疫。该瘟疫主要有两种典型的症状：一种症状是在腹股沟和腋窝下形成肿块，一种症状是脖子上有肿块，通常伴随着身体其他部位的小水泡，伴随着突然发冷、发热和针刺痛的感觉，浑身倦怠。有时还会引起肺部感染，出现胸痛和呼吸困难的症状。这种病是由啮齿类动物携带的，一般不大会在人类间传播，但是如果环境出现变化，这些啮齿类动物特别接近人类生活，那么就可以通过另一个媒介跳蚤传染。

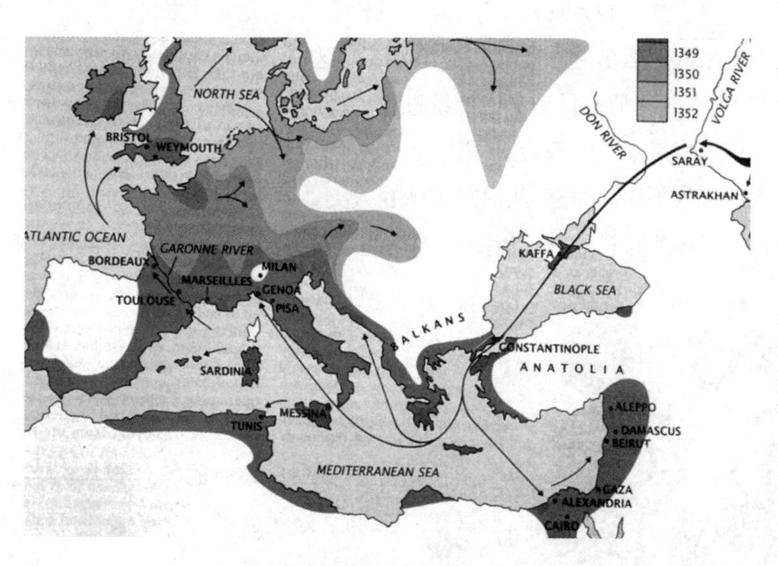

黑死病传播路线图

该瘟疫在1331年至1332年活跃在中亚地区，然后开始向南进入中国和印度，向西到达波斯，并在1345年至1346年到达南部俄罗斯，包括阿斯特拉罕（Astrakhan）。此后，这种瘟疫迅速沿着重要的商路传播。就欧洲而言，当时主要的传播线路是沿着陆路到达克里米亚，然后通过热那亚在黑海的商业中心经海洋到达意大利。1343 年意大利的商人在加法城(Caffa)遭到鞑靼人围攻，为染上瘟疫的鞑靼人所感染。这些染病的热那亚人在 1347 年逃到君士坦丁堡，并于同年到达意大利，导致瘟疫在意大利迅速传播。从地中海开始，黑死病向北传播到法国，在 1348 年洗劫了阿维农，并于 6 月到达了法国。与此同时向西传播，穿过图卢兹和波尔多，在加斯贡尼渡海于 1348 年夏天到达英国。瘟疫在英国迅速从港口燃遍了内陆，并于秋天到达伦敦。这场瘟疫断断续续在 1349 年结束，但是很快接连发生了几次同样的瘟疫，只是没有这一次严重。这场瘟疫给欧洲带来了前所未有的恐慌和灾难，几近三分之一甚至半数的人口死亡。

面对黑死病的大规模暴发，人们不禁要问，它是如何发生的？为什么会发生？采取什么措施才能战胜这场灾难？这一系列的问题需要权威部门作出解答，也对欧洲的思想文化传统进行了拷问。

作为权威部门的教会出面进行了解释，他们说黑死病的发生是上帝因为人类行为不端而愤怒，从而降灾惩罚人类。如果要想灾难停止，只能祷告上帝。但事实是祷告并未能阻止人们的死亡，而且教会把人们集中起来进行祈祷，反而加速了人们的死亡。医生也出面解释，他们认为瘟疫的发生是星球之间相互作用的结果，星球之间相互发生作用，会产生某种弥漫于太空的气体，气体刮过地面之处便会产生瘟疫。他们认为，为躲避瘟疫，人们要待在低的风刮不到的地方，并时常闻有香味的木头，等等。当时医学的极度不发达也大大削弱了医学的作用，那时外科医生往往是由剃头师傅兼任的，

鞭笞运动

而内科医生则醉心于理论阐述。有的小修道团体也出面帮人解释，他们认为既然正统的教会通过祈祷不能阻止瘟疫，那么我们应该自行采取其他措施来平息上帝的怒火。一种方法就是寻求圣徒的保护，尤其是寻求圣母玛利亚的保护，她作为女性对人类有慈爱之心，而且作为耶稣的母亲能够让耶稣回心转意。另一种方法就是自我实行更加严格的赎罪措施——自我鞭笞，由此产生了鞭笞运动(Flagellants)。有的人开始将瘟疫视为社会异己分子的破坏，于是他们找到了倒霉的犹太人，认为他们有组织地大规模在欧洲的井水中投毒，结果导致大批的人染病。欧洲因此而兴起了大规模的屠杀犹太人的运动，即使教皇等权威部门出面制止也无法控制局面。

但是这些解释和措施对阻止黑死病和减少人口死亡都毫无效用，死亡当前，任何解释和措施都会立刻得到检验的情况下，那些看似权威和正统的部门公信力大幅下降，开始失去人们的信任。正是在这种情况下，社会上开始自发出现一些理性主义的应对措施，这些措施包括：首先，人们认识到瘟疫似乎和污染有关，于是每个城市开始自发地采取清除污染的措施，清理街道、整顿血污遍地的屠宰房，等等；其次，人们认为，清除瘟疫应该控制瘟疫的传染源，于是许多地方开始集中清理因瘟疫而死去的尸体，统一采取消毒、深埋的措施。另外，人们也认识到，作为个体要避免感染，也必须使自身与瘟疫源隔开来，于是隔离服也开始出现。

除了这些理性的应对措施外，面对瘟疫，人们的生活态度也发生了变化。有人将自己封闭起来，与世隔绝；有些人寻欢作乐；有的人则逃亡到郊区。社会纪律松弛了，道德下降了，生活进入一种无序状态。薄伽丘在《十日谈》中就谈了黑死病给人们造成的影响：“浩劫当前，这城里的法纪和圣规几乎全都荡然无存了；因为神父和执法的官员，也不能例外，都死的死了，病的病了，要不就是连一个手下人也没有，无从执行他们的职务了；因此，简直每个人都可以为所欲为。”“城里的人们大难当前，丢下一切，只顾寻欢作乐；乡下的农民，自知死期已到，也再不愿意从事劳动，拿到什么就吃什么；从前他们在田园上，在牛羊上注下多少心血，寄托过多少期望，现在再也顾不到了。这样,牛、驴子、绵羊、山羊、猪、家禽,还有人类的忠诚的伴侣狗,被迫离开圈栏,在田里到处乱跑,田里的麦早该收割了,该打好收藏起来了,却没有一个人来过问一下。”①

正是在教会等权威机构遭到质疑、人们的思想产生混乱、社会秩序动荡的前提下,新文化有了生长的空间。

后世的研究者们将黑死病置于更广阔的西欧社会转型的背景下,认为当时瘟疫所造成的所有损害都是一种短期影响,它反而在客观上给西欧社会转型和发展提供了多方面的动力。

首先,学者们在经济领域中达成共识。认为黑死病后的状况是人口短缺,土地价格下滑,从而导致劳动力价格上升。尤其是在西欧,人口下降迫使地主降低租金,为农业劳动力提供高工资,用货币补偿传统的劳役。戴维·赫里希(David Herlihy)也同样认为:随着人口缩减,下层人的消费水平明显提高,威胁着要抹平明显的社会区别,并削弱社会等级的基础。哥特弗雷德(Robert S. Gottfried)则认为:黑死病带来了明显的社会和经济效果。由于劳动力缺乏,各种服务都要求工资大幅度上扬;黑死病带来了贵族的危机,结束了欧洲的自给自足经济,人口开始广泛流动;黑死病也造成农产品的价值下降,而农业工人的价格上升;另外,黑死病也造成地主的社会声望降低,他们管理的能力下降了。

其次,学者们认为,黑死病严重冲击了教会,最终使教会失去了其在经济和文化上原有的领导地位,为新的思想观念的发展留出了空间。1893 年一位红衣主教加斯科特(F. A. Gasquet)出版了一部全面论述黑死病的著作《大瘟疫》。尽管这部著作从教会的角度出发责骂这场瘟疫导致了教会的衰落,认为“整个教会体制都彻底瓦解了,所有的事情都要从头开始”。但是他同时指出黑死病结束了中世纪,把黑死病的影响提高到一个前所未有的高度。齐格勒(Philip Ziegler)在他的著作《黑死病》中也详细论述了黑死

---

① [意]薄伽丘:《十日谈》,方平、王科一译,上海:译文出版社,2004 年,第 5、9 页。

病对教会的冲击,认为黑死病造成大量的教士死亡,许多教会职位空缺,因此许多不够资格,甚至根本不适合当教士的人也被招入教士队伍,这种局面造成教会纪律松弛和信仰薄弱,这些仓促杂凑起来的队伍已经不可能成为精神的引导人。多哈尔(William J. Dohar)则以英国的一个小教区为考察对象,详细分析了黑死病对教区慈善事业和牧师生活的影响,认为黑死病的首次光顾便扫荡了将近百分之四十的有俸教士,同时人口的持续下降也使教士的采地变得贫穷,因此到了 14 世纪末,教士的质量已经不能承担高标准的工作。通过这些研究,学者们向我们表明,黑死病使教会不可置疑的权威受到了挑战,而且再也难以恢复。

第三,黑死病对政府管理和教育有重大影响。就前一方面而言,帕尔莫(Robert C. Palmer)认为,由于劳动阶级有了讨价还价的能力,这会影响传统社会的权力机构。面对这一危机,“黑死病之后,为了尽可能地保持原有的社会地位,英国社会的上层构成了更具凝聚力的政府,从而促使上层坚守自己的职责,同时也迫使下层完成自己的职责”。为了能够顺利达成这一目标,法律成为最主要的工具,“黑死病之后的几十年里,在法律的各个层面都出现了新的发明,与 1348 年前相比,这些新的法律相对更加具有强迫性”。黑死病之后英国政府的变化首要关注的是下层,指望通过一系列的机制“强迫人们工作,减少竞争,缓和人们对高工资的要求”。由此他总结说,“黑死病的影响造成了英国法律和政府的转变,法律方面的变化来自黑死病造成的社会创伤,而不是源自对法律原则和诉讼策略的内部考虑”。就后者而言,坎贝尔(Anna Montgomery Campbell)认为黑死病造成了教师的短缺,促成民族语言取代拉丁语而成为教学语言,等等。通过这些探讨,坎贝尔告诉我们,“瘟疫毫无疑问地冲击了大学、教育和学问”。

透过这些观点,我们可以明显地感受到,学者们不但把黑死病的发生提升为西欧经济制度发生转变的巨大动力,而且将其提升为整个西欧社会转型的巨大推动力,似乎在黑死病的冲击和人口下降的情况下,蔓延长达数世纪的庄园制度、农奴制度、自给自足的经济制度都迅速瓦解和崩溃了;以土地为中心的贵族等级制度、封建秩序也无法维持了;医学从抽象的理论走向了实践;教会不可避免地衰落了;政府的管理方式被迫改变了,教育和学术也开始转向。

通过本讲的描述,我们可以看出,文艺复兴并不是突然在意大利地区冒出来的,它的来路并不是那么简单,在历史的连续性中蕴含着文艺复兴的种子。经济转型带来了新旧价值观的冲突,城市世俗生活的勃兴改变着人们对事物的认识,民族国家形成的过程加深了地区间的联系和矛盾,理性的思维从不同的角度在积蓄着力量,就连瘟疫也无意中起了助推的作用。而这一切都集聚在错综复杂的意大利地区,因而,文艺复兴首先在意大利出现了。这里是商业和城市最发达的地区,这里是古典学问的故乡,这里是和异教学问接触的前沿阵地,这里是教会统治的堡垒,人们对教会有着最深切的认识,这里四分五裂最能调动有识之士的情感。所以文艺复兴在这里最先爆发,而后传播到欧洲的其他地方。

本讲参考文献

1. [美]查尔斯·霍默·哈斯金斯:《12 世纪文艺复兴》,夏继果译,上海:上海人民出版社,2005 年。

2. [英]丹尼斯·哈伊:《意大利文艺复兴的历史背景》,李玉成译,北京:生活·读书·新知三联书店,1988 年。

3. [美]保罗·奥斯卡·克里斯特勒:《文艺复兴时期的思想与艺术》,邵宏译,北京:东方出版社,2008 年。

4. [英]G.R. 波特编:《新编剑桥世界近代史》(第一卷:文艺复兴),中国社会科学院世界历史研究所组译,北京:中国社会科学出版社,1988 年。

5. [美]坚尼·布鲁克尔:《文艺复兴时期的佛罗伦萨》,朱龙华译,北京:生活·读书·新知三联书店,1986 年。

6. [意]欧金尼奥·加林主编:《文艺复兴时期的人》,李玉成译,北京:

生活·读书·新知三联书店,2003 年。

7. [瑞士]雅各布·布克哈特:《意大利文艺复兴时期的文化》,何新译,马香雪校,北京:商务印书馆,1983 年。

8. Bohmann, Nick, "The Dilemma", *Medieval Warfare*, Vol.8, No.1(2018).

9. Campbell, Anna Montgomery, *The Black Death and Men of Learning*, New York: Columbia University Press, 1931.

10. Dohar, William J., *The Black Death and Pastoral Leadership. The Diocese of Hereford in the Fourteenth Century*, Philadelphia: University of Pennsylvania Press, 1995.

11. Gasquet, Francis Aidan, *The Black Death of 1348 and 1349*, London: George Bell and Sons, 1908.

12. Hays, J. N., *The Burdens of Disease, Epidemics and Human Response in Western History*. New Brunswick: Rutgers University Press, 2009.

13. Herlihy, David, *The Black Death and the Transformation of the West*, Cambridge: Harvard University press, 1997.

14. Palmer, Robert C., *English Law in the Age of Black Death, 1348-1381: A Transformation of Governance and Law*, Chapel Hill and London: University of North Carolina Press, 1993.

第二讲

人文主义者的思考

一场文化运动的表现形式可能是散乱的，就每一个参与其中的个体而言甚至是无意识的，但是从整体而言它是有核心的，这一点，后人往往比身处其中的人能更加客观地认识到。我们在概括文艺复兴时期的核心思想时，一般将其笼统地称为“人文主义”，同时将提倡这些思想的人称为“人文主义者”。将整个时代的特色概括为单一的概念，可以使我们从纷乱的历史中理出清晰的头绪，但是也会使得历史本身变得僵化和单调。针对“人文主义”之类的标签式的定义，丹尼斯·哈伊有自己的看法。他说：“长期以来，在关于文艺复兴的一般讨论中，我们已经习惯于把它视为一成不变的东西，如像处理杂货店的货物一样来标明它的特征，从贴有‘人文主义’标签的罐子里拿出一些包裹寄往那不勒斯、法国或波兰。还有贴着‘现实主义’‘古典主义’‘柏拉图主义’‘佩脱拉克主义’等标签的罐子。在所有这些死的主义中最有害的是‘人文主义’这个词。一方面，它是被从历史中抽出来，变成一个既适用于中世纪学者阿贝拉尔多，也适用于现代存在主义者的常带刺激性的字眼；另一方面，它被不加区别地使用于十五和十六世纪间任何写过一两行拉丁文或希腊文的人。”

尽管哈伊如此说，但我们不能误解为他想从文艺复兴身上撕掉这个标签。“人文主义”这个概念尽管是后来人归纳出来的，但是它已经如此深入人心，任何人靠一己之力或个人的看法，都不可能将它抹杀掉。哈伊其实意在说明，一旦给文艺复兴贴上了“人文主义”之类的标签，就会掩盖文艺复兴的丰富性和复杂性，或者武断地给这个概念附添上可能并不存在的内容和情感，或者不顾时代差异将具有相同表象的内容胡乱联系，或者将文艺复兴所对应的活生生的社会变成干巴巴的教条。所以我们应当避免定义式地了解“人文主义”，而要将它与文艺复兴时期的人、社会、历史和源流等结合起来进行考察。

1 人文主义的古典渊源

文艺复兴中的“复兴”一词本身就有恢复过去的意思，而这里的过去指向古典时代也是非常明确的，因为正是文艺复兴时期的历史学家比昂多(Flavio Biondo, 1392—1463)在《罗马帝国衰落的千年史》(*Historiarum ab inclinatione Romanorum imperii decades*)中首次提出了“中世纪”这一概念，用来指称5至15世纪的那一千年。作者有意贬低和淡化中世纪，而将相隔遥远的古典时代和文艺复兴时期联系起来。所以，如果说作为文艺复兴时期核心思想的人文主义与古典文化有着渊源，几乎没有人会否认。彼特拉克被冠以“人文主义之父”的称号，他自己就明确表达过对古代社会的向往之情。他在一封信中说：“在我感兴趣的课题中，我尤其沉溺于古代。因为我自己的时代总是拒斥我，因此，如果不是因为热爱我亲爱的人，我宁愿选择出生在别的时代，而不是我自己的时代。为了忘记我自己的时代，我经常极力把我自己的精神置于其他时代里，所以我喜欢历史。”①

① Petrarch: To Socrate，本书所引用的彼特拉克的书信除特别注明外，均来自 James Harvey Robinson, ed. and trans., *Petrarch: The First Modern Scholar and Man of Letters*, New York: G. P. Putnam, 1898。为方便起见，均采取如上简注的方式。

在当时人们的表现中,确实可以看出好古已经成为一种时尚。文艺复兴时期的人们对古代的作家们充满了敬仰之情,甚至将他们奉若神明。彼特拉克这样来描述古罗马的西塞罗(Marcus Tullius Cicero,前106—前43):"他的火炬为其他人照亮了道路,而他自己却在那里跌倒"①;对古希腊的诗人荷马,他这样来赞美:"我们不仅在享受储存在你的神圣的诗歌中的智慧宝藏,而且也享受你的讲演的甜美和魅力。"②他也没有忘记赞颂古罗马著名诗人维吉尔:"地球上再也没有像维吉尔那样没有污点的灵魂。"③他把他们看成是精神上的导师、知识的宝库和完善的灵魂。布克哈特描绘说,从14世纪起,西塞罗的著作被普遍认为是最纯洁的散文典范,甚至隆哥利乌斯在本波的劝告下决定用五年长的时间来专读西塞罗的作品,并最后发誓不用这个作家未用过的字。可见人们对古典作家的迷恋达到了痴迷的程度。在尚古的风潮影响之下,当时人们广泛搜集和传抄古代的著作,几乎达到了狂热的地步,甚至不惜倾家荡产。彼特拉克就曾经担忧人们无益地堆积大批书籍,认为这是愚蠢时尚;乔万尼·曼志尼嘲笑一位老者宁愿牺牲自己的房产、土地、妻子和自己来增加藏书。布克哈特甚至认为,在意大利好古不仅限于知识分子,而是全社会的共识:"在欧洲的其他地方,人们有意地和经过考虑地来借鉴古典文化的某种成分,而在意大利则无论有学问的人或一般人民,他们的感情都自然而然地投向了整个古典文化那一方面去,他们认为这是伟大的过去的象征。"

为什么崇拜古人和喜欢古代文化就会形成人文主义,或者说人文主义为什么一定要和古代社会建立联系呢?对此学术界进行过不少探讨和争论。首先我们应该明确的是,文艺复兴时期并没有"人文主义"这个概念,人文主义是后人演绎和概括出来的,20世纪50年代,根据著名文艺复兴史

---

① Petrarch: To Marcus Tullius Cicero.

② Petrarch: To Homer.

③ Petrarch: The Young Humanist of Ravenna, To Boccaccio.

家克里斯特勒的研究,文艺复兴时期指称人文主义的词汇是"人文学"(humanities),前者带有一些政治意味,而后者主要指某种学问。甚至在后来的学界最初使用"人文主义"这个词的时候也不具有政治含义,甚至也不是专门与文艺复兴时期相关联。德国学者 F.G.尼特哈默(Friedrich Immanuel Niethammer),在一次关于古代经典在教育中的地位的辩论中首次提出来了"人文主义"一词,他把古代经典教育的知识称为 Humanismus,目的是呼吁人们重视中学里的古代经典教育。根据切伦扎(Christopher S. Celenza)的描述,"在完全理论意义上使用'人文主义'一词是 1808 年,当时,德国教育家弗里德里希·伊曼纽尔·尼特哈默运用它强调基于希腊和罗马经典的中等教育体系的重要性……它反映了对古典语言,尤其是希腊语的热爱,相信为了让年轻的头脑发挥最大的潜力,古代、古典世界是最有益的参考"。

到 1859 年,乔治·伏伊格特(Georg Voigt)在其《古代经典的复兴》(*Revival of Classical Antiquity*)中才首次将 Humanismus 一词运用于文艺复兴,用于表述一种以个人主义为特征的新的世俗文化的出现,这时才把人文主义和文艺复兴时期联系起来。

将古典和文艺复兴时期联系起来的不是人文主义,而是"人文学",也就是说,人文学架起了古代和文艺复兴沟通的桥梁。那么,人文学是如何具体地将两者沟通起来的呢?克里斯特勒对该问题非常感兴趣,他提出了独特的"修辞学传统说",得到学界的普遍认同。他认为,修辞学原来是中世纪大学基础课的一部分,属于"七艺"(Seven Liberal Arts)之一。中世纪大学一般分专业系和学艺系,前者培养医学、法学、神学三种博士;后者则讲授"三科四学",即文法、逻辑、修辞和数学、几何、天文、音乐,可以说,三科(Trivium)是文章之学,四学(Quadrivium)则是数理之学,两者都是为专业系做准备的基础课程。在中世纪,神学处于统治地位,因此,中世纪大学特别重视逻辑而压低修辞,因为逻辑主要用来论证神学的内容。但是,城市生活更需要修辞,因为在意大利的发达城市中,许多有学问的人是外交家、秘书、学者。在他们的生涯中,写好书信或运用辞令的能力是十分重要的,因此,当时的城市共和国无论在日常生活中还是在政治生活中，修辞学必不可少。新经济、新政治的需要在学术、教育上的反映，首先就是把这种先后次序颠倒过来，提高修辞学的地位。由于中世纪长期不重视修辞学，所以修辞学的水平很低，而古希腊罗马因民主政治生活的需要反而特别重视修辞学，因此，在文艺复兴时期人们的眼里，修辞学本身是希腊罗马古典学术的一部分，它的教材、范本也全部来自古典文学和其他学术著作。因此，学修辞在当时就是学习古典拉丁文学，兼及历史、哲学等学科。这些学问，在古典时代被称为“人性之学”“人文之学”。由于古代有这样的看法，文艺复兴时代的人就把他们的古典学术研究以及有关的学术思想活动总称为“人文学”，因此，“人文学”既可以指古代的学问，也可以指文艺复兴时期的学问。这样就形成了修辞学—古典学术—人文学的发展路线。而和它对立的则是中世纪教会的神学和经院哲学。贡布里希（Ernst Hans Josef Gombrich）将这个过程形象地称为“三种初级的学艺（Trivium）对四种高级的学艺（Quadrivium）的反叛，是那些教语言的而不愿充当次要角色的人的反叛”。

七艺示意图

如果说文艺复兴时期只是出现了一群对古典学问感兴趣或者留恋过去的人，那也只能停留在学问意义的人文学阶段，不可能对当时产生那么大的影响，后人也不会给它贴上带有政治意味的“人文主义”标签，即使有人提出“人文主义”来指称文艺复兴时期的特征，也不会得到学界同行们的普遍认同。人文主义这个词之所以被普遍接受，其中最关键的是，文艺复兴时期这群研究人文学的人不仅仅怀旧，而且开始观照现实。他们是立足于现实来研究古典的，或者通过从古典中吸收的营养来剖析和改造现实，试图给困惑的现实社会提供新颖的答案。这样，他们就超出了纯粹学问的范围，而成为新社会的代言人，人文学也就顺理成章地成了人文主义。

布克哈特认为，“征服西方世界的不单纯是古典文化的复兴，而是这种复兴与意大利人民的天才的结合”。当时人钻研拉丁古籍，不仅是仰慕其修辞方式，更主要的是重视它的思想内容。因为古典文化主要形成于古希腊罗马奴隶制民主政治的环境中，其优秀成果具有一定的民主性与科学性，而民主和科学这两个东西，正是新兴资产阶级解释新的社会问题所需要而在封建旧文化中难以找到的。所以，人文学虽然来源于修辞学，但它的内容绝不限于修辞，它的兴盛总是和吸取古典遗产以建立新文化息息相关。

文艺复兴时期涌动的世俗潮流最初更多地表现在实践层面上，而不是在理论层面，如果要从理论层面上对这个新的潮流进行诠释，必须寻找一定的素材，当人们越过中世纪的黑暗后，看到了古典时代。正如布克哈特所说的：“文化一旦摆脱了中世纪的桎梏，也不能立刻在没有帮助的情况下找到这个物质的和精神的世界的途径。它需要一个向导，并在古代文明的身上找到了这个向导，因为古代文明在每一种使人感到兴趣的精神事业上具有丰富的真理和知识。人们以一种赞羡和感激的心情采用了这种文明的形式和内容，它成了这个时代的文明的主要部分。”

古典时期虽然和文艺复兴时期所处的时代不同，但是在文化本质上两者有着一致性。因为古典文化本身就是以人为本的，他们的教育非常注重对健康和全面的人的教育，古典文化注重对现实的描绘和考察，无论在自然科学和哲学方面都进行了全方位的研究，构成了一个完全不同于中世纪的知识结构。所以如果要抛弃或者怀疑现有的知识结构，人们完全可以在古典时代找到滋养自己的素材。另外，古典时代还代表着一种异教文化，利用它可以反观现在占统治地位的基督教文化；同时古典时代也代表着基督教的早期文化，因此，回到早期基督教所处的环境，恢复到其纯洁状态，可以认识到历经千年的基督教如何背离了最初的教义，而陷入了何种错误。正是在这种意义上,文艺复兴时期人文主义者找到了与古典文化的沟通点。布克哈特说,一方面,"通过但丁和彼特拉克,正如真正的艺术仿佛又从一座坟墓里爬起来一样,真正的诗歌和古代的智慧已经在一千年的昏睡之后'复活'了"。另一方面,"以它的文化重新武装起来的意大利人不久就感觉到他自己是世界上最先进国家的真正的公民"。

2 人文主义者的形象

人文主义概括的是整个文艺复兴时期的思想特征,但是体现人文主义的是人文主义者。由于人文主义者是一个个具体的个人,要归纳和概括人文主义者到底是何种形象,其实是很困难的,不同的人从不同的角度会得出不同的结论。坚尼·布鲁克尔把人文主义者和资产阶级联系在一起,把他们看成同盟者。他说:"文艺复兴文化,正如各类教科书强调的那样,是由一个新兴的社会阶级、城市资产阶级资助扶持起来的。在取代贵族和教士而成为社会的统治集团之后,资产阶级也把贵族、教士作为文化庇护主的传统角色担当起来了。他们依靠从商业、银行和工业活动中获得的财富,能够雇佣、延聘大批诗人、学者和艺术家,让这些人的辉煌成就为他们和他们城市扬名争光。通过这些作为雇员和助手的知识分子和艺术家,资产阶级得以发抒他们自己的理想与价值观念。"

这段话隐含的意思是说,文艺复兴时期的人文主义者,似乎是一个有组织的统一的团体,有着共同的政治倾向,有着共同的理论基础,代表着否认旧制度而开拓新社会的资产阶级的力量。但在布克哈特看来,并没有证据表明人文主义者是一个有组织的统一的团体,也没有看到他们和新兴资产阶级的密切联系。这一点,在他的《意大利文艺复兴时期的文化》一书中明确提到:"在所有形成一个阶层的人们当中,他们是最没有共同利益感,并且也是最不尊重关于共同利益感的一切的。如果他们之中的一个人看到了有取代另外一个人的机会,采取一切手段就都被认为是合法的。"由此看来,布克哈特的看法与布鲁克尔明显不同。

如果笼统地界定人文主义者是那些在文艺复兴时期热心于古典学术研究及其思想的人们,并以此作为他们的共通性,那么,无论在人员构成上,他们服务的对象上以及他们的思想方面,人文主义者都表现出非统一的复杂性和矛盾性特点,使得我们无法把他们看成一个有组织的实体。

从人文主义者的人员构成上来看,人文主义者具有成分复杂的特点。他们的来源根本没有在某一个社会阶层中集中的倾向,可以说他们是来自当时各种不同的阶层和阶级。阿伦·布洛克(Alan Bullock)说:"他们是一群最复杂的,形形色色的人物,今天具有这样一副面貌,明天又换了另外一副面貌。"这些人文主义者既有来自意大利商业城市共和国的,有来自专制暴君统治的君主国的,也有来自教皇所统治的教皇国的。有出身新兴商人资产阶级家庭的,也有出身于世袭贵族家庭的,还有的来自教会人士本身。这些来自不同背景的人文主义者,尽管有着某些共通的东西,但更有着各自不同的志趣和倾向。正如阿伦·布洛克所言:"人文主义者中不乏趋炎附势之辈,以其才能巴结权势人物,当然也有书呆子。"

人文主义者作为一种新的思想文化的代表,理应服务于社会中出现的新生力量,就文艺复兴意大利而言,他们应当成为新兴资产阶级的代言人。但是,事实却使我们得出了矛盾的结论。人文主义者虽然也攻击教会和宗教,但是许多人文主义者却长期为教皇和教会服务。无论是攻击教会腐败的彼特拉克、证明"君士坦丁的赠礼"是教会伪造的瓦拉(Lorenzo Valla, 1407—1457),还是擅长揭露教会丑行的波吉奥(Poggio Bracciolini, 1380—1459),都曾长期为教会和僧侣服务;从另一个方面来说,作为受攻击对象的教皇在一定程度上反倒成了人文主义者的最大资助者。教皇利奥十世(Pope Leo X, 1513—1521 在位)就因为其热爱人文主义和大力资助人文主义者确立了自己在文艺复兴中的地位。同样,我们看到作为专制暴君典型的美第奇的宫廷,成了当时人文主义者荟萃的中心。因此,我们看到,一方面人文主义者在理论上具有反封建、反宗教的进步性,而另一方面,他们又在生活上实际地依附他们所要攻击的对象,与他们形成保护人和被雇佣的关系。在这种情况下,他们“往往被迫迎合他的保护人和雇主的兴趣”。

就是在思想表现方面,人文主义者也未表现出有团体组织的特征。人文主义者相互之间的理论出入很大,甚至在某些问题上相互对立,他们之间的相互攻击司空见惯。布洛克说,人文主义者“是一群争论不休,脾气暴躁,动辄生气,性好妒忌的人,总是不断地互相写信,指摘和挑剔对方”。不仅如此,就是每个人文主义者自己前后的思想也经常相互矛盾。著名人文主义者彼特拉克、布鲁尼(Leonardo Bruni, 1370—1444)和萨卢塔蒂(Coluccio Salutati, 1331—1406)都曾经热情赞颂尘世的价值,认为知识并不是孤立地存放在象牙塔里的东西,而是存在于城市中、为民众造福的东西。但是他们又非常轻视自然科学,讽刺医生是机械师,从医是一件卑鄙的事情,说自然科学具有自己的理论价值,却没有实际价值。里努奇尼(Alamanno Rinuccini, 1426—1499)曾经激烈地反对禁欲主义,但是后来他又赞赏“寺院的和潜修的道德”。薄伽丘在《十日谈》里对教会大加讽刺,但后来又想皈依正教,做僧侣,卖掉自己的书籍。幸而是彼特拉克极力劝阻他才没有彻底放弃人文主义立场。

布洛克曾这样来总结文艺复兴时期意大利的人文主义,说它“既不是一种信条,也不是一种哲学体系,不代表任何一个利益集团,也不想把自己组织成一种运动”。虽然这样说有些言过其实,但也从一个侧面说明人文主义者无论在人员构成,思想体系和具体实践中都没有形成一个有组织的团体。因此,如果我们从整齐划一的角度去认识人文主义者,就难免过于强调其共性而忽略其复杂性,从而造成理解和认识的偏颇。

人文主义者以他们的理论而为后人所称道,但是人文主义者并不是坐在书斋里创造理论体系的理论家,他们在当时是切实地融入社会的人。正如达·芬奇、米开朗琪罗和拉斐尔等艺术家在当时首先是匠人而后为艺术家一样,人文主义者也首先是社会实践者而后是理论家。当达·芬奇等艺术家怀着满肚子才学求雇于大公、公爵、宫廷和教会的时候,人文主义者也同样漂泊于社会之中。布克哈特说:"人文主义者的地位和固定居处不能相容,因为他不是为了生活不得不流离四方,就是个人的心情受影响永远不能再长期安居一地。"而且,有时候,他们所处的职位,在我们看来很难同他们的理论联系起来。我们简要地剖析一下一些人文主义者的生活经历,便可以清晰地看出这一点。

彼特拉克是"人文主义之父",但他接受过僧职和低级神品。在克勒芒六世教皇(Pope Clement VI, 1342—1352 在位)期间,他被委任了一个副修道院长的职务,并继而成为帕尔马修道院的教士;以写《十日谈》而著名的薄伽丘在离开自己的出生地那不勒斯前往佛罗伦萨后,成了罗伯特宫廷宠幸的人物,后又受托作为外交家,出使阿维农、拉文纳和威尼斯等地;马基雅维里在通过他的《君主论》《佛罗伦萨史》和《兵法》等著作阐释自己的理论前,是在政治上极为活跃的人物,历任佛罗伦萨共和国政府助理员,第二秘书厅秘书长,十人委员会秘书,并领导创建国民军,后来又被教皇任命为佛罗伦萨城防五人委员会主席。

因此,我们看到,人文主义者并没有因为看到当时社会的弊端而抛弃社会,社会也未因他们的理论而拒绝他们。不仅是因为立足社会是人文主义者的生存之本,也同时是因为他们的存在确实对当时的社会有用。布克哈特说:"一个人文主义者不论对于共和国或是对于君主或教皇之所以成为不可或缺,是因为他有两项用途:即为国家草拟公函和在公开而庄严的场合担任讲演。"在这一点上,他们与他们所批判的对象有着广泛的合作基础。在斥责暴君,揭露教会方面,人文主义者自有其不可磨灭的功绩,在暴君和教会用文化人来粉饰自己的暴行,用华美的词句来打动信徒方面,人文主义者也同样功不可没。甚至在特定圣徒们的崇拜节日上、在日常的婚葬典礼上或者在一个主教的就职典礼上的演说,甚至一个神祇朋友的开台弥撒的介绍演说或者在某些修会的节日上的讲演,都有人文主义者接受委托担任主角。因此,我们看到人文主义者是实际地活跃在社会各个层面上的人,到处都能见到他们的身影。

彼特拉克

尽管人文主义者属于入世的那一类人，但是他们的文化教养又使他们不屑于与平头百姓为伍。布克哈特说："这个进程的一般结果就是，在此前把西方国家联结在一起的教会之外，产生了一种新的精神影响的力量，这种精神影响力量从意大利传播到国外，成为欧洲一切受过良好教育的人们所必需的东西。这样运动的最大坏处可以说是它是排斥人民大众的，可以说通过它，欧洲第一次被鲜明地分成有教养的阶级和没有教养的阶级。"约翰·欧拜尔(John Oppel)这样来看待这群人文主义者："他们越来越成为一个与社会分离的团体的成员，是一个城堡的成员，是一个世界中的小团体的成员，他们的地位非常类似于教士。"

我们还是以彼特拉克为例。彼特拉克在当时获得了巨大的名声，并得到许多人的崇拜，但是，彼特拉克并没有作为一个引领者的意识。虽然他注意到近来甚至木匠、漂洗工和农夫都放弃了自己的职业而讨论阿波罗和缪斯，但是，他从不认为诗歌等文学创作是一种大众的行为，而只能是少数精英的工作，因为，"虽然诗歌所带来的兴奋是巨大的，但是只有极少数的天才才能理解它，这些天才不在乎财富并明显地蔑视此世的东西，而且这些人从本质上被赋予了特别崇高和自由的灵魂"①。正因为如此，他从不认为自

① Petrarch: To the Abbot of St. Benigno.

己的创作和民众的喜好以及民众的认同与否有什么关系。他在信中非常直接地说出了自己的这种看法,“我恭喜自己,我不但一点也不渴望得到公众的认同,相反,我追随维吉尔和荷马,我远离这一点,因为我充分认识到无教养的民众的喝彩对学者而言一钱不值”①。这充分说明彼特拉克无法理解民众在这股新的潮流中到底能够扮演什么角色和起什么作用。这一点同他在许多地方以嘲讽的口气来评判民众的行为是一致的。

作为总结,我们可以引用贡布里希对“文艺复兴时期的人”的一段充满纠结的评价:“对于一个‘时代’的概括能告诉我们些什么?一个社会中的全部人都有统一的精神或心态的‘时代’是没有的。人们的教育程度不同、党派不同、志趣不同,机会也不同。在文艺复兴中,谁是真正的文艺复兴人,如果你这样问,那实在是太可笑了。答案当不会是‘伐木者’‘汲水者’、普通商人或一般去教堂者。有发言权谈论时代的人,数量总是少的。大众传播媒介发明之前,人数尤其少。此外,他们每个人都是互不相同的个体。人是复杂的,他们会由于考虑声望而口头上说一套,但在心灵深处或在临终时刻,会忽然记起他们早先的虔诚。”

我们不必为人文主义者这样的形象感到失望,因为人文主义者的复杂性其实正反映作为过渡时期的文艺复兴时代的复杂性。人文主义的力量并不是表现在他们作为个体的整齐划一上,而是体现在有血有肉、个性鲜明的个体所形成的“合力”上。

3 人文主义的演化

人文主义者虽然不是一个有组织的团体,但是他们“合力”促成的人文主义还是有鲜明的特征。同时由于人文主义的发展持续了两三个世纪,所以在不同的阶段有不同的代表人物,不同的阶段又呈现出各自不同的特征,

① Petrarch: Petrarch Disclaims All Jealousy of Dante, To Boccaccio.

形成了一条比较清晰的从兴起到衰落的轨迹。

14 世纪的人文主义一般被认为是早期人文主义阶段,是在中世纪的迷雾中透露出文艺复兴晨曦的时期。这一时期出现了一些至今令人敬佩的伟大人物,包括文艺复兴之父彼特拉克以及薄伽丘、萨卢塔蒂,等等,如果把更早期的但丁包括进来,人们也往往将这一时期称为"文艺复兴三杰"(即但丁、彼特拉克、薄伽丘)的时期。克里斯特勒认为,无论如何彼特拉克都是第一个人文主义者,他在文章中说:"意大利人文主义的源头通常归诸彼特拉克,他之前确实有一些先驱,但是根据一般的观点,他并没有前辈。毫无疑问,彼特拉克是意大利人文主义者中第一位伟大的人物。"他们代表着刚刚走出中世纪步入文艺复兴时代的人,这些人认识到旧的时代存在很多问题,感受到新时代各方面的变化,但他们对新时代还没有系统的认知。他们从批评的角度出发,提出了许多新颖的观点,开始了对宇宙和人生的新思考;他们多才多艺,在文学上造诣颇深,并对教会进行了多方位的批评;同时,他们创作了不朽的著作,成为文艺复兴先导性的人物,并成为人文主义理论的源泉。但是,这时期的人文主义者虽然成就很高,但思想散乱充满矛盾;虽然他们对教会进行了严厉的批评,但是他们从来不敢走出否认信仰的一步;他们注重从心智的角度来认识世界,但并不崇尚科学;他们表现出爱国的热情和对意大利统一的向往,但是没有找到任何实现这些目标的途径,他们纠结在俗语和拉丁语、爱情和禁欲、世俗和上帝之间无法自拔。

丹尼斯·哈伊这样来评价这一期时期的代表人物彼特拉克:"佩脱拉克在他的文章中所提出的看法,也并非都是新的:对不少问题的看法不仅是传统的观点,而且在表达上也是混乱的。但是他有时表现出的这种不一致性,倒使人们觉得他的思维方法更合情合理,和更乐意接受。他有时认为宗教的形式所产生的影响是消极的和阴暗的,但有时又赞扬僧侣。认为爱情是神圣的和纯洁的,但也是肉欲的和丑恶的。劳拉使他激发诗的灵感,但他的情人或是情人们又为他生了许多儿子。他是一个教士,并且尖锐地抨击淫乱的丑行,但同时他又贪图俸禄,是一个真正的游荡之士。”

丹尼斯·哈伊认为,从萨卢塔蒂开始,人文主义开始走出早期阶段,而步入第二个阶段,而且他比较了萨卢塔蒂和彼特拉克的不同:“我们看到,佩脱拉克在面临‘消极生活’和‘积极生活’的选择中,尚未突破传统的禁欲主义的框子。而在后一代人科卢乔·萨卢塔蒂身上却不再有这样的犹豫。佩脱拉克曾谴责西塞罗在政治上搞调和,并竟然说消极避世本身也是‘积极生活’的一种形式。萨卢塔蒂认为正是由于西塞罗是个积极活动的公民,所以他才是一个伟大的智者。”

以萨卢塔蒂为先导,15 世纪早期和中期是“市民人文主义”(civil humanism)时期。市民人文主义者的主要代表是布鲁尼、波吉奥·布拉乔里尼、阿尔贝蒂(Leone Battista Alberti, 1404—1459)、帕尔米耶里(Matteo Palmieri, 1406—1475),等等。这一阶段的人们开始抛弃纯粹的思考和学究式的研究,而主张更加深入地涉足社会生活,把自己的知识用于对社会有益的活动中,这也是他们被称作市民人文主义的原因。当然,市民人主义的概念和人文主义概念一样,也是由后人总结的。这一概念的出现归功于汉斯·巴隆(Hans Baron),正是他在 1928 年提出了市民人文主义的概念,而且他对该流派的代表人物布鲁尼进行了比较深入的研究,并撰写了名著《早期意大利文艺复兴的危机:古典主义和暴君时代的市民人文主义和共和国自由》(*The Crisis of the Early Italian Renaissance: Civic Humanism and Republican Liberty in an Age of Classicism and Tyranny*)。在他看来,14 世纪末,人文主义的发展出现了新的变化,主要表现为佛罗伦萨的人文主义者开始把他们的古典知识和佛罗伦萨的现实生活结合起来,为佛罗伦萨共和国政治服务。市民人文主义包括两方面的内容,一是赞美城邦的共和政治制度和古罗马的公民精神。在中世纪,人们相信统治精神世界的罗马教廷和统治世俗世界的神圣罗马帝国是上帝意志的体现,但这时人们更多地赞美自己的国家,他们认为,佛罗伦萨和米兰之间的战争实质上是共和制度和专制制度的较量。市民人文主义的另外一个重要内容是强调市民的“积极生活”,也就是强调城邦的市民生活。

丹尼斯·哈伊如此评价市民人文主义者:“由于这些(萨卢塔蒂、布鲁尼、阿尔伯蒂)理论,上千年来束缚人们思想的禁欲主义逐渐瓦解了。到了15世纪中期,世俗群众、法官和士兵终于抬起了头来。僧侣不再是道德的垄断者。虽然人们还在继续重复那些谴责商人或士兵的宣扬道德的陈词滥调,但它们已经在走向衰落。”

从15世纪下半期起,人文主义进入了第三个阶段,即后期人文主义时期。这一时期的代表人物在意大利有菲奇诺(Marsilio Ficino, 1433—1499)、皮科·米兰多拉(Giovanni Pico della Mirandola, 1463—1494)等人,在意大利之外有伊拉斯谟(Erasmus of Rotterdam, 1466—1536)和托马斯·莫尔(Thomas More, 1478—1535)等人。这个时期最明显的标志便是由原来积极的市民生活而转向隐修宗教生活,主要体现是转向了柏拉图主义和亚里士多德主义等哲学范畴。这种转变的原因之一是因为在1434年美第奇家族开始执掌佛罗伦萨共和国的政权,为了维护其专制统治,一边拉拢人文主义者,一边引导他们转向与现实问题关系不大的哲学问题的研究;另一个原因就是大批的拜占庭学者这时候来到意大利。他们把对希腊哲学的研究也带到了意大利,从而促使了哲学研究的兴起。结果这时候出现了许多以哲学研究而著名的人物,他们力图把基督教和柏拉图哲学、亚里士多德哲学等结合起来,证明人文主义、基督教和古希腊哲学的一致性。

从后期人文主义开始,人文主义的锋芒渐渐消失,他们提出了很多问题,但是他们无法解决问题,同时他们与宗教纠缠不清的关系使得他们不可能再前进一步,结果人文主义走向了另一个极端,一种表现就是开始极力调和人文主义、基督教和古典哲学的关系,表现出极大的妥协性,另一种表现就是堕入纯古典学问的研究,越来越走向封闭,他们的学问成为曲高和寡的阳春白雪。人文主义者的学问优势也渐渐失去,开始走向衰落。

布克哈特认为,到16世纪,“在他们的理论和学术不能再掌握群众的心理之前，这整个阶层就已经普遍而深深地遭到贬黜。虽然他们仍然是诗人、历史家和讲演家的模范，但就个人来说，则谁也不同意自己被认为是他们当中的一员。”

人文主义衰落的理由既来自自身，也来自环境的变化。从自身原因而说，人文主义并不是一个团结一致的整体，人文主义者为了个人的名利和私欲，总是相互讽刺和谩骂，总是想办法消灭对方。甚至不惜用肮脏下流的语言。所以人文主义者在当时丢尽了脸，人们对人文主义者这一类型的人物越来越厌倦。

衰落也同人文主义者成长的轨迹和生活轨迹有关。早期人文主义者无论在名声、地位和经济利益方面都取得了巨大的成功，引发了社会的羡慕。如果说早期的人文主义者是靠自己的真才实学而起家的，那么后来的许多人文主义者则是刻意培养的。最有价值的真才实学常常为厚颜无耻的浮夸虚饰所代替。同时，人文主义的生活从本质上来说并不是非常平静和安定的，他们经常为了生活而不得不游走四方，生活沉浮的磨炼使得他们产生了放荡不羁和极端骄傲的性格。布克哈特说，16 世纪人们对人文主义者进行了全方位的指责，说他们愤怒、虚荣、固执、自我欣赏、放荡的私生活、各种各样不道德的行为，异端和无神论，信口开河、卖弄学问、忘恩负义以及对大人物献媚，等等。

人文主义衰落的外部原因主要是政治环境的变化。从 15 世纪末开始，文艺复兴的两大中心佛罗伦萨和罗马先后进入动荡的时期。意大利和平和繁荣的政治局面结束。一方面许多杰出的人文主义者在这一时期相继去世，同时又有大批的人文主义者和艺术家离开了佛罗伦萨，使得人文主义运动不可避免地走向衰落。伴随着政治危机而来的经济危机也对人文主义的发展产生了重大影响。随着哥伦布发现新大陆，欧洲的对外贸易商路开始从地中海向大西洋沿岸转移，意大利的商业地位丧失，加上战争频繁，外部势力的掠夺，使得财富对文化事业的赞助越来越少，这样人文主义文化不可避免地走向衰落。另一个方面是教会态度在这时候发生了根本性的转变。

其起因便是1517年马丁·路德(Martin Luther, 1483—1546)发难,正式拉开了宗教改革的序幕。教会开始采取严厉的立场,对异端思想进行严厉镇压,罗马教廷也改变过去支持人文主义文化的立场,转而采取压制的态度。许多著名人文主义者的著作都遭到了禁止。因此伴随着教会的宽容和文艺复兴自由精神的丧失,人文主义在意大利走向衰落。

4 人文主义的人性观

我们说人文主义是文艺复兴的核心内容,那么人文主义到底是什么呢?它的核心价值是什么呢?

综合而言,文艺复兴时期人文主义含义最集中的体现是追求理想人性,使人成为人。说到底,人文主义就是要把长期受到宗教压抑的人性释放出来,并证明其正当性。

首先,人文主义者开始把人看作自然的人,把世界看作是自然的世界,或者说他们开始把人放在自然的角度去考察。这一在我们现代人看来理所当然的事情,在文艺复兴时期,人们却需要极大的勇气来证明这一点。这一观念转变的意义不能孤立地来了解,而应该把它放到中世纪的大背景下以对比的角度来认识。

按照中世纪天主教神学的说法,由于人是有原罪的,所以此生此世是罪恶的,人本来应该生活在伊甸园里的,并不必然地生活在世俗自然界。因此一切世俗活动都是人类堕落的后果。所以,和世俗生活相关的一切表现都带有罪恶的标记,不论是人的自然情欲的满足,还是人的独立理性的发展,都是违背了神的旨意,因而也是罪恶的。这种观念在漫长的中世纪都被认为是理所当然的正统学说,制约着人的思维也影响着人们的具体行为。

正是人文主义者开始率先反对这种神学的说教。我们很难说人文主义者否认神和天国的存在,事实上他们并不否认上帝创造的宇宙,也不否认人对天堂的追求，但与此同时，他们并不认为人在进入天堂之前，世俗的人生和自然的世界是罪恶的。他们认为：自然的人和世俗的自然同样是上帝所创造的，所以自然所赋予人的肉体、情欲、理性不可能是邪恶的；人的周围世界也并非过渡的，而是现实的。一旦有了这样的认识，即使不否认上帝，也给人认识世俗的自身以及周围的自然界提供了极大的空间。布克哈特说："当幻觉的纱幕一经扯碎，当对于自然的恐惧和对于书籍和传说的盲信一经克服时，就有无数的问题摆在他们面前等待解决。当别的民族对于自然仍淡然漠视的时候，这整个民族却喜好研究自然和考察自然。""在意大利人的心目中，大自然这时已刷掉罪恶的污染，摆脱了一切恶魔势力的羁绊。"佛罗伦萨的僭主柯西莫(Cosimo di Giovanni de' Medici, 1389—1464)有几句话足以说明人文主义的思想特色，他说："你们追求无穷，我追求有穷；你们把梯子放在天上，我呢，在地上，因此我爬不高，也跌不低。"他所说的"你们"和"我"十分明显地划分出中世纪神学和人文主义之间的界限。说到底，这些言论所反映的是两种价值观的对立：中世纪所追求的是人的终极价值，而人文主义要求人们重视现世价值。

因此，人文主义者的思想核心就是对自我的发现和对人的发现，开始把人放到了中心位置，认为人是生活的创造者和主人，证明了人就是人，而不是神，值得赞美称颂的是人而不是神，人作为实实在在的血肉之躯，有自己的人性和个性。人文主义者由对神的唯一关注，而转到对人本体的关注。

把人从宗教的压抑下解放出来只是完成了第一步，还要进一步界定到底什么才是世俗意义上的人，需要对人性做出自己的新定义。

首先，他们发现人是有强烈荣誉感的，追求名利，重视自己的名声或声誉，是人的本能。反映在文艺复兴时期，14 世纪意大利的人文主义诗人都享有崇高的荣誉，而人们对诗人的崇拜和赞誉几乎达到神化的地步，对人的崇拜真正代替了对神的崇拜。布克哈特提到，有一次一个人从上面立着十字架的祭坛上取走了烛灯，并把它们放在但丁的墓前说："收下吧！你比

切利尼

他，那个被钉在十字架上的人，更值得接受它们!”教皇和君主不论旅行到哪里都要给诗人加冕，人文主义诗人和学者，也把加冕当作自己所能得到的最大荣誉，一生追求的最高目标。人对自我的兴趣也在提高，人需要观察自己，所以，文艺复兴时期肖像画和自画像非常流行，人们通过肖像画和自画像来发现自我，表现自我。许多文艺复兴时期的艺术大师，不仅常常画自己，而且还经常把自己画成画中的人物。传记文学也是人们彰显自我的流行形式，而且在传记中大都不吝笔墨赞美自己。切利尼(Benvenuto Cellini, 1500—1571)在自己的自传中直白地说:“凡人历为，不应同别人相差太远，因此我在写自传时，也经常自我吹嘘。自夸的方式是有多种多样的，而主要的一种，是让人知道，自己是出自世代名门的贵族后裔。”①布克哈特评论说:“如我们所已经看到的，这个时期首先给了个性以最高度的发展，其次并引导个人以一切形式和在一切条件下对自己做最热诚的和最彻底的研究。”

文艺复兴对人的第二个发现，是发现了人生的价值和意义。人文主义者发现，尽管来世上天堂会获得幸福，但人的幸福也应该表现在现世，通俗

① [意]切利尼:《致命的百合花:切利尼自传》，平野译，上海:上海人民出版社，2008年，第15页。

一点说，人不应该为了到达目的地而忽略了沿途的风景。人不应该禁锢自己，不应该默默地虚度一生，人应该享受自己应该享受的东西，人生没有快乐是不可想象的。荷兰的伊拉斯谟说，人生的目的，首先在于寻欢作乐，如果把生活中的欢乐去掉，那就不是生活，就不配称作生活。拉伯雷（Francois Rabelais，约1494—约1553）的《巨人传》里曾描述过一座新建立的特乐美修道院："特乐美修道院规定，除了貌美、身材姣好、有才情的女子和英俊、健美、有才情的男子，其余一律不接收。同样，由于一般女修道院不允许男人入内，除非他们黑灯瞎火偷偷溜进去，因此，特乐美修道院将规定有女人就必须有男人，有男人也就必须有女人。同样，不论男人或女人，一旦进入修道院，经过一年试修后，就必须终身修行。有鉴于此，特乐美修道院则规定，无论男女，入院后，进出自愿，来往自由，不受任何约束。同样，一般的修士或修女通常要发三种誓言：守洁、清贫、遵守戒律。特乐美修道院规定，男女可以光明正大结婚，也可以变得富有，想住哪里就住哪里。关于年龄规定，女人进入特乐美修道院的年龄是十到十五岁，男人则是十二岁到十八岁。"①

文艺复兴对人的第三个发现，也是最重要的发现，就是发现了人的个性，人不再是一个统一的概念，而是一个个具有个性的个体，没有个性就没有人性。布克哈特说："14世纪的意大利人对于任何形式的虚伪的谦恭或者伪善都不熟悉；他们之中没有一个人害怕与众不同；害怕在穿着打扮上和在立身行事上是一个和他的邻居不同的人。"甚至有人曾经这样说过，如果不能出人头地，为人又有什么意思呢？

人文主义者对人的价值、人的尊严和人的个性的强调，必然带有强烈的个人主义色彩。从积极的层面上讲，这种对个人主义的渲染是非常有意义的，因为凡事都要通过个人的努力、奋斗和牺牲去成就，则个人不再

① ［法］弗朗索瓦·拉伯雷：《巨人传》（上），蔡春露译，武汉：长江文艺出版社，2008年，第142页。

被看成是可有可无的东西。反映在社会风气上，这时个人的价值不再取决于家世出身，而在于才干和美德。既然不论是什么出身都可以取得统治者的地位，那么依靠才干和心机爬到统治者地位的人，也就必然重视才能而轻视家庭出身。在这种个人主义的基础上形成了一种新的平等观念，也就是人们在才能和财富面前一律平等。也正是在这样的观念之下，意大利才能在各个领域涌现出一批批巨人。布克哈特说："当这种对于最高的个人发展的推动力量和一种坚强有力、丰富多彩并已掌握当时一切文化要素的特性结合起来时，于是就产生了意大利所独有的'多才多艺的人'。"

但文艺复兴人文主义对个性的强调主要是释放个性，而这种个性并没有理性的界限，所以也会导致极端的个人主义，即一种突破了所有道德、法律约束的个人主义。布克哈特尽管赞赏人文主义提倡的人性，但也忧虑地看到了极端个人主义所造成的无序："看到别人利己主义的胜利，驱使他用自己的手来保卫他自己的权利。当他想要恢复他的内心的平衡时，由于他所进行的复仇，他坠入了魔鬼的手中。他的爱情大部分是为了满足欲望，转向于另外一个同样发展了的个性，就是说转向了他的邻人的妻子。在一切客观的事实、法律和无论哪一类约束面前，他保留着由他自己做主的感情，而在每一个个别事件上，则要看荣誉或利益、激情或算计、复仇或自制哪一个在他自己的心理占上风而独立地做出他的决定。"

所以，我们可以对文艺复兴时期人文主义所倡导的人性做这样的理解，当时的人性是经历了长期宗教压抑后的尽情释放，这种人性建立在人的感觉和欲望层面，所以追求荣誉、财富、出人头地成了当时人性的集中体现。这些人性的追求在当时当然有着积极的意义，是彰显和确立人性所必不可少的内容，符合文艺复兴时构建世俗社会的整体潮流，但是没有约束的人性泛滥在冲开旧的束缚的同时，也会破坏正常的法律和道德秩序，给社会带来一定的负面影响。

5 人文主义与宗教

不可否认，人文主义者提出自己的主张是以批评教会为突破口的，几乎所有人文主义者在申明自己观点的同时，都会从这样或那样的角度对教会的观点，对教士的行为提出质疑或进行尖锐的抨击。尽管每个人文主义者所持有的观点并不相同，但对教会的批评却出奇地一致。在此，无须赘述人们都普遍认知的事实，而是需要提出更进一步的问题。比如，人文主义者是否从对抗的角度整体上批评和否定教会？如果不是，那么人文主义者宗教批评的限度到底是什么？如果不弄清这些问题，我们就会直观地夸大人文主义者与教会的对抗程度，从而推导出偏颇的认识。

首先，人文主义者宗教批评始终固守着一个不可逾越的界限，那就是人文主义者从来没有达到否认宗教和教会的地步，也就是说，他们所做的一切批评都是在承认宗教信仰、保持虔诚的前提下进行的。人文主义者以讽刺和揭露教会的腐败，暴露教会的丑行而著名，似乎人文主义者给人的印象是否认宗教，同宗教格格不入的。这其实是一个认识误区。人文主义者批评宗教，但没有任何言论和行动可以说明他们是否认宗教的。布克哈特说，“他们之中没有一个曾经承认或者敢于承认是一个正式的哲学上的无神论者”，甚至他们对待宗教的态度比一般的人还要虔诚：“一个奇怪的事实是，这个新文化的某些最热心的倡导者是最虔诚地敬上帝的人乃至是禁欲主义者。”对教会的揭露和批判同对宗教的虔诚似乎是一对无法调和的矛盾，但是，如果我们了解人文主义者对待言语的态度，也许可以部分理解这一矛盾。人文主义的雄辩和激烈言辞并不是代表要推翻什么，而是更强调言辞对某些心灵病症的“治疗”作用，马克鲁尔（George W. McClure）指出：“在其早期的著作《秘密》和信件中，我们可以看出彼特拉克试图成为 *medicus animorum*，即成为一名医治者，用言辞治愈自己和其他人的各种疾病。”因此，他们的批评本身往往带有良药苦口的意味。正因为如此，韦斯曼（Ronald F. E. Weissman）通过探讨大众团体的宗教行为和人文主义者的思想，找到了两者的共通之处，认为文艺复兴时期的"大众团体和人文主义者的虔诚都源自同样的道德和精神世界"，"两种团体都对宗教文化做出了实质的贡献"。

人文主义者承认宗教信仰和保持虔诚的态度，可以从两个方面得到明显的体现。一方面，人文主义者的实际生活同教会密切结合在一起。人文主义者或是亲身担任教职，或是为教皇所重用，反过来，教会往往热情地接纳人文主义者。丹尼斯·哈伊说："因此如像过去一样，不少从事研究古典著作的人，他们把在教廷里担任秘书或是什么工作当作他们晋升的阶梯。"洛伦佐·德·美第奇（Lorenzo de' Medici, 1449—1492）是佛罗伦萨的统治者，本身又是一个人文主义者和艺术的保护人，他又极力安排他的儿子乔瓦尼成为红衣主教，并最后登基为教皇，由此而出现了一个著名的人文主义教皇。在洛伦佐给儿子的一封信中，他除了教导自己的儿子不要学坏和不要奢侈外，特意教导他说："我首先要告诫你，你一定要感谢上帝，并不断地想起不是因为你的美德，审慎和节制而使得我们家族荣耀和尊贵，而是因为他的恩惠，你应当通过虔诚，贞洁和模范生活来报答。"①彼特拉克是"人文主义之父"，但根据维肯斯（Ernest H. Wilkins）的记述，"他居住在当时的教皇城（即阿维农），是年轻的贾科莫·柯隆那的朋友，后者拥有隆贝的主教职位，而他很自然地决定进入教职。他那时一定举行了削发式"。他曾经在罗马柯隆那红衣主教的宫殿里愉快地做了七年食客，他后来经常给后者写信，或是求教或是袒露自己的心迹。在获得桂冠诗人称号后，他"接受了好几个教俸，富裕得足以轻视财富"。尽管瓦拉在1440年便已经写出了他著名的考据文章，证明了教会所珍视的"君士坦丁的赠礼"是伪造的文件，并

---

① Lorenzo De Medici, "Paternal Advice to a Cardinal". trans. by Merrick Whitcomb, *Source-Book of the Italian Renaissance*, revised ed. Philadelphia: University of Pennsylvania Press, 1903, p.82.

因此同当朝的教皇发生了矛盾。但是，他后来还是得到了后继教皇的支持，并在1448年担任了教皇秘书。著名的新柏拉图主义者费奇诺从1473年开始正式成为一名牧师，之后又获得好几个基督教有薪俸的职位，最后成为佛罗伦萨大教堂牧师会的成员。著名学者皮科在十岁时便被命名为教皇法庭首席公证人。人文主义者积极投身教皇宫廷或担任教职，说明人文主义者同教会有着广泛的合作基础，正是教会为人文主义者的生活提供了物质保障，为人文主义者的研究提供了广阔空间和文化基础，同时也正是教廷为人文主义者提供了施展才华的机会。教皇利奥十世时，人文主义者与教皇的合作是非常典型的。利奥十世奖励和帮助古典及人文主义作品的编定和出版工作，邀聘和保护艺术巨匠，给予优厚待遇与赏赐，不遗余力地收集古典文物、古典著作，大量的人文主义者都投到他的麾下。对教会而言，人文主义者也似乎是不可或缺的，可以用他们的才能来装点教会。因此，在实际的生活中，人文主义者并未抛弃教会而形成为独立的阵营，教会也没有因为人文主义者的主张而把他们拒之门外，双方反而形成了相互扶植和相互合作的关系。尽管他们之间也有着这样或那样的矛盾，但是这些矛盾并没有引发人文主义者与教会的彻底决裂。

希尔维斯特一世教皇与君士坦丁大帝浮雕

其次，就人文主义者的理论而言，他们在批评教会的同时，也极力维护宗教和教会的至上地位。彼特拉克在他的文章《论无知》中非常清楚地阐明了这一观点。他说,“我的心灵的最深处是与基督在一起的”,“当这颗心灵思考或谈到宗教时,即在思考和谈到最高真理、真正幸福和永恒的灵魂的拯救时,我肯定不是西塞罗主义者或柏拉图主义者,而是基督徒”。在克里斯特勒看来,就彼特拉克而言,“宗教信仰和宗教虔诚在他的思想和著作中居于核心地位,并且也没有丝毫理由来怀疑他的陈述是否真诚。假如在宗教和古代哲学之间发生冲突的话,他将站在前者的教旨一边”。乔瓦尼(Giovanni Dondi Dall's Orologio, 1330—1388)在自己的通信中也表达了同样的情感。他说,虽然我非常喜欢古代,但是这种喜欢并不包括神圣的宗教和信仰,与古代人相比,在宗教信仰上我们要幸福得多。尽管在其他方面古代有优越于我们之处,但在信仰方面我们不会居于他们之下,因为古代人是在异教的引领之下,必将走入歧途,而我们则沐浴着基督教的光芒。所以“那些追随他们的领路人走入地狱的人是不幸的,相反我们是非常幸福的。我们已经看到了真正的光芒,它使得我们知道了我们所愿,并为我们打开了道路,沿着这条道路,我们可以达到真正的幸福”①。马基雅维里批评罗马教会使意大利陷入四分五裂状态,因为它一方面占有世俗权力,但又没有足够的力量来控制它。但是尽管如此,他仍然认为宗教不可或缺。因为“维持宗教的基础并维持它们,是共和国或一个王国的统治者的职责;如果他这样做了,就会很容易保持他们的共和国虔诚,结果会保持国家完美和团结”②。因此,无论在实际生活中还是在理论上人文主义者都没有否认宗教和教会,这成为他们进行宗教批评的前提,也成为他们和教会合作的基础。瓦拉讲了一句有道理的话,他说:如果要让世界上的人对享乐问题进行投票的话,伊壁鸠鲁将会获胜。对安分守己的人,包括大部分文学家和艺术家来说,还

---

① Giovanni Dondi Dall's Orologio, “Letter to Fra Guglielmo Centueri da Cremona”, from *Readings in Western Civilization: The Renaissance,* edited by Eric Cochrane and Julius Kirshner, Chicago: The University of Chicago Press, 1986, p.70.

② Niccolo Machiavelli, “Discourses on the First Ten Books of Titus Livius”, from *Readings in Western Civilization: The Renaissance.* p.203.

是让神父(多少世纪来已是如此)来消除这种肉体和灵魂之间的分歧吧。意大利那不勒斯的人文主义者说:"批判完了之后,灵魂仍然存在,对圣母还是像过去那样迷信。"

第三,从人文主义者宗教批评的内容方面,同样体现着他们的限度。人文主义者由于并没有形成统一的力量,因而也没有形成系统的理论体系,同时他们又是作为虔诚的信徒进行宗教批评,所以他们的宗教批评内容同样带有零散性和不成体系的特点。概括起来讲,人文主义宗教批评的重心不是整个神学体系和整个教会本身,而是神学中的某些问题和教会中的某些人员;不是注重宗教理论的评点,而是针对教会人士的种种行为;不是注重教会人士的所有行为,而主要注重教会的世俗化行为;不是针对所有的世俗化行为,而是针对他们言行不一的欺骗行为。从人文主义者的著作中我们可以很明晰地看出,人文主义者批判的对象主要集中在教会中出现的生活腐化以及道德堕落现象,而且主要以低级教士、僧侣和修道士作为批评的靶子。有学者认为,这是由于"他们是过时价值的载体。他们也是最容易受到讽刺的对象,他们离世俗的人和诱惑很近,但又宣称纯洁和拥有特权。按照人文主义者观点,他们拥有教会前辈的缺点但缺乏前辈的美德"。确实,在文艺复兴时期,教士和修道士在宗教信仰上出现明显的衰落趋势,教士的素质明显下降,许多教士不了解基本的宗教仪礼常识,甚至有的教士是完全的文盲;教会中担任教职的人员成分变得复杂,许多人进入教会组织并不是为了信仰,而是为了金钱或其他目的;随着教士素质的下降,随之而来的是教士在道德上的败坏和堕落。正是在这样的状况下,人文主义者对教会进行了攻击和嘲讽,他们揭露和攻击的目标是教会出现的弊端,而不是把矛头指向整个教会,更多地是希望驱除教会中出现的腐败的东西。既然人文主义者的宗教批评具有这样零散的特点,所以我们就不能把这些批评简单地整合为"反对教会"的结论,正如张椿年先生所指出的,"批判僧侣的行为与反对僧侣制度;反对个别教皇与反对所有教皇;反对僧侣制度、反对教皇与反对整个教会;反对教会与反对神是有区别的。每一个批判与反对不等于另一个批判与反对,同一个批判与反对,也可以从不同的立场、角度与深度去进行"。

人文主义者开始尝试着评点教会,研究《圣经》的前提不是教会在日益走向没落,反而是因为基督教会经过几个世纪的发展,无论在思想上还是在力量上已经取得了绝对的优势。对它进行评述,对异教思想进行研究,不但不会妨碍基督教会的优势地位,反而在一定程度上能够促进基督教会的发展。正如布克哈特所评论的,之所以可以对教会进行批评,是因为"真正的宗教已经站稳了脚步,异教已经被毁灭,而胜利了的教会已经占领了敌人的营垒。现在几乎有可能和异教接触并对它加以研究而没有什么危险了"。因此与其说人文主义者对教会的批判和评点是出于对宗教的厌恶,倒不如说是对宗教的"关心"。与其说人文主义者沉迷于古典学,研究古代希腊和罗马的典籍和思想是为了寻求与教会对抗的工具,倒不如说是在古典文化中寻求素材,来延伸和扩大当时占优势的文化。

只有了解了人文主义者对宗教的真正态度和宗教批评的前提和限度,我们才可以真正了解为什么语言学和古典学这些充满异教思想的学问研究,差不多都会得到教皇和主教等的赞助,为什么人文主义者往往会成为罗马教廷和主教官邸里的红人,为什么人文主义者激烈地批评教会但从来没有越过否认教士的界限,为什么在文艺复兴的发源地意大利没有完成或更早地完成像在德意志发生的宗教改革。这一切都是由人文主义者对教会的态度所决定的。

当然,人文主义者不反对神性,是不是意味着其宗教观、人神关系理论仍然是中世纪的,并没有什么进步呢?显然不是,人文主义者开始以人为中心,重新审视神、重新确立神的地位、重新揭示神的内涵。人文主义者的人神关系理论是将基督教经院哲学体系中排除出去的人,重新呼唤出来,确认其真实的乃至中心的地位。在新的人神关系中,是人在呼唤神而不是以往的神超度人,是人性和神性的统一而不是以往的神性贬抑人性。

本讲参考文献

1. [英]阿伦·布洛克:《西方人文主义传统》,董乐山译,北京:生活·读书·新知三联书店,1997 年。

2. [美]保罗·奥斯卡·克里斯特勒:《意大利文艺复兴时期八个哲学家》,姚鹏、陶建平译,上海:上海译文出版社,1987 年。

3. [英]丹尼斯·哈伊:《意大利文艺复兴的历史背景》,李玉成译,北京:生活·读书·新知三联书店,1988 年。

4. [法]弗朗索瓦·拉伯雷:《巨人传》(上),蔡春露译,武汉:长江文艺出版社,2008 年。

5. [英]G.R. 波特编:《新编剑桥世界近代史》(第一卷:文艺复兴),中国社会科学院世界历史研究所组译,北京:中国社会科学出版社,1988 年。

6. [美]坚尼·布鲁克尔:《文艺复兴时期的佛罗伦萨》,朱龙华译,北京:生活·读书·新知三联书店,1986 年。

7. [瑞士]雅各布·布克哈特:《意大利文艺复兴时期的文化》,何新译,北京:商务印书馆,1983 年。

8. [美] 威尔·杜兰:《世界文明史·文艺复兴》,幼狮文化公司译,北京:东方出版社,1999 年。

9. 张椿年:《从信仰到理性:意大利人文主义研究》,杭州:浙江人民出版社,1993 年。

10. 郑如霖:《教皇利奥十世的历史地位》,《华南师大学报》,1988 年第一期。

11. [英]E.H. 贡布里希:《文艺复兴:西方艺术的伟大时代》,李本正等编选,杭州:中国美术学院出版社,2000 年。

12. Celenza, Christopher S. "Humanism and the Classical Tradition", *Annali d'Italianistica*, Vol.26(2008).

13. *Readings in Western Civilization: The Renaissance.* Edited by Eric Cochrane and Julius Kirshner, Chicago: The University of Chicago Press, 1986.

14. Kristeller, Paul Oskar, "The Philosophy of Man in the Italian Renaissance", *Italica,* Vol.24, No.2(1947).

15. McClure, George W., "Healing Eloquence: Petrarch, Salutati, and the Physicians". *Journal of Medieval and Renaissance Studies* Vol.15, No.2(1985).

16. Medici, Lorenzo De, "Paternal Advice to a Cardinal". trans. by Merrick Whitcomb, *Source-Book of the Italian Renaissance,* revised ed. Philadelphia: University of Pennsylvania Press, 1903.

17. New, John F. H., *The Renaissance and Reformation,* New York: John Wiley & Sons Inc, 1969.

18. Oppel, John, "Alberti On the Social Position of the Intellectual", *Journal of Medieval and Renaissance Studies* Vol.19, No.1(1989).

19. Weissman, Ronald F. E., "Humanist Preaching and Lay Piety in Renaissance Florence". Edited by Timothy Verdon and John Henderson, *Christianity and the Renaissance,* Syracuse: Syracuse University Press, 1990.

20. Wilkins, Ernest H., "Petrarch's Ecclesiastical Career", *Speculum,* Vol.28, No.4(1953).

第三讲

文学的形式与主旨

学界通常都认为,文艺复兴是从"文艺复兴三杰"开始的,所谓"三杰"最初主要是指文学三杰,即但丁、彼特拉克和薄伽丘,以后才有所谓类比性的"艺术三杰",即达·芬奇、米开朗琪罗和拉斐尔。这说明,文艺复兴最先是在文学领域露出曙光的,此后雕塑和绘画艺术才接过这杆大旗。尽管"文艺复兴艺术之父"乔托(Giotto di Bondone,约1267—1337)生活的年代几乎与但丁同时,两者还是好朋友,其中但丁在其名著《神曲》(*The Inferno*)中称赞乔托的荣誉盖过了当时所有的名流,并认为他是画家中的画家,但是整体上文学成熟得比较早,而新艺术从萌芽到成熟经历了比较长的时间。文学三杰中最后一位薄伽丘在1375年去世,而达·芬奇要到1452年才出生。因此,如果我们说早期文艺复兴是通过文学所表现的,应该没有什么大的争论。正如布克哈特所说的:"文学——诗歌属于其中的一种——像在意大利的其他事务中一样,是走在造型艺术前边的,而且事实上给它们以主要的刺激。过了一百多年,绘画和雕刻的精神要素才在任何方面得到了可以和《神曲》相比的表现力量。"

1 俗语与拉丁语

一个显见的事实是,文艺复兴文学的兴起似乎伴随着俗语和拉丁语的争论,也就是说俗语打破了拉丁语作为书面语言的垄断地位而进入了文学的殿堂,并成为很多新文学形式和新内容的书写语言。不管是俗语促进了文艺复兴时期的作品还是作品促进了俗语,如果说俗语作为书面语言的兴起和文艺复兴的新文学的兴起有着某种关联,应该是没有什么疑问的。如果我们回想一下五四运动时期兴起的"白话文运动",就能揣摩一下新语言载体和新文化之间的关系。

俗语与拉丁语的讨论与文艺复兴的萌芽相伴而生,它是由"旧时代最后一个人和新时代最早的一个人"但丁开始挑起的。威尔斯(Anne M. Wiles)指出,"作为诗人的但丁,语言是艺术表达的媒介;作为哲学家的但丁,语言是研究的对象。但丁是其艺术的主人,这意味着他拥有有关它的理论知识;他也实践性地去理解人类性质、特征和感情"。他站在新旧时代的门槛上,意识到了俗语的价值,在1304年专门就此写了一篇短论《论俗语》(*De Vulgari Eloquentia*),发出了把俗语与文学结合的宣言。在这部短论中,他明确地指出了什么是俗语:"我说的'通俗语言'是婴儿从最早开始区分声音时起,通过周围人习得的那种语言。或可简单来说,我定义通俗语言为:未知任何规则,而模仿乳母学来的语言。"如果说俗语是自然而然地形成的,是原创的,口头的,那么拉丁语则是派生的,是罗马人所称的"文学语言"。但丁说:"而我们还有门较生疏的第二语言,罗马人称其为'语法'。除希腊和一些别的地方的人外,并非所有人都有这门第二语言,且很少有人做到对其了如指掌。因为若想把自己塞入其条条框框,非得通过长期努力和坚持学习不可。"①如果说俗语和拉丁语之间只是一种类型上的划分,或

① Dante, *De Vulgari Eloquentia*, translated by Steven Botterill, Cambridge: Cambridge University Press, book1, chapter1: 2—3.

者只是为书写再增添一种语言，那么俗语的价值也不过尔尔。但重要的是，但丁进而将俗语和拉丁语的比较提升到某种价值观念的高度，并颇具争议性地抬高俗语而贬抑拉丁语。他认为这两种语言中“俗语是较高贵的”，一方面是因为它是人类最初使用的，一方面因为它是自然的，而比较而言，拉丁语则是“人为的”。接着他就开始着手为自己的论点进行辩护。

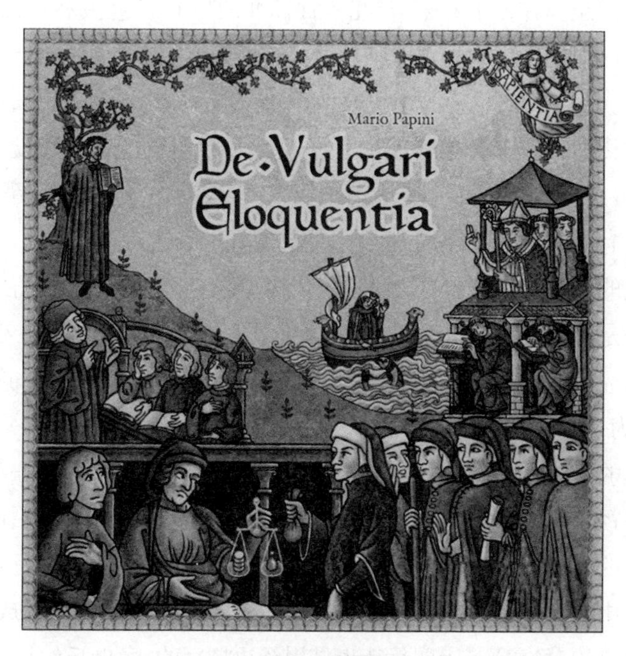

但丁《论俗语》封面

虽然俗语是多种多样的，不同地区有着不同的俗语，但是但丁所主要提倡且得到广泛响应的是他家乡的托斯卡纳语，其目标是将托斯卡纳语推广为意大利广泛使用的书写诗歌和散文的语言。克里斯特勒说：“在使用托斯卡纳语还是用其他方言之间，从来就不存在着任何选择，选择只存在于是用正统的、模仿的托斯卡纳语，即当代托斯卡纳语，还是用经过改造的、标准化的托斯卡纳语，托斯卡纳语被普遍接受，还伴随着对它的拼写和语法做规范化。”

但是我们也不能认为但丁是在狭隘地推广自己家乡的俗语,也不是推广一种粗鄙的语言,而是希望以托斯卡纳语为主,结合其他地方的俗语,经过严格地筛选词汇,整合成一种可以与拉丁语媲美的可用于诗歌和散文创作的“光辉的俗语”。而且当时在口语中已经有了这样的语言基础,正如依沃特所说:“至少在但丁看来,存在一种标准的‘口语’意大利语(也许是在有限的人口中应用),它区别于各种地方方言,包括托斯卡纳语及其变种佛罗伦萨语。它与博洛尼亚的用法很接近,已经有一些作家在使用,尽管他们并非无可挑剔,正是这种语言应该用于文学。”这种筛选的过程就是把那些标准的、最好的字全部收集在一起。这种标准要考虑到发音,所留下的字和词汇要具有歌唱性,同时留下的字也能够最好地表达诗意。因此,我们理解但丁所说的俗语以及文艺复兴时期的俗语,并不是指乡野村夫粗俗的语言,他们也不是寻找一种反叛性的语言,这种语言只是相对于带有“文言”性质的拉丁语而言是俗语,这种俗语来自民间语言,但是经过了不断的筛选和提炼,它成为一种高雅的文学语言。

但丁的这一做法,无疑为尚处于四分五裂的意大利找到了一种语言上统一的路径,为意大利语的出现奠定了基础。但丁的呼吁和号召应该说得到了广泛的呼应,不但使俗语成为人们谈论的热点话题,而且实际推动了俗语在文学中的广泛运用。但丁的不朽名作《神曲》就是用俗语写成的,后继的彼特拉克的《歌集》等十四行诗也是用俗语撰写的,薄伽丘的《十日谈》也同样使用的是意大利方言。文学三杰的作品都不约而同地同俗语联系在一起。

毋庸置疑,经过理论探讨和文学实践,俗语在文艺复兴时期取得了长足的进步,但不能因此说俗语取代了拉丁语,事实上两种语言在文艺复兴时期一直是并存的。克里斯特勒说:“拉丁文在14世纪末之后的很长时间里,仍然是大量文献的书写语言。14世纪中期以后,不同的方言越来越频繁地用于同城官员之间的内部交流,而意大利不同城市或城邦间的外交往来仍然使用拉丁语。”有趣的是，但丁的《论俗语》是用拉丁文写成的，而不是使用他所提倡的俗语；彼特拉克虽然用俗语写了许多诗歌，但是彼特拉克的英雄史诗《阿非利加》（*Africa*）是用拉丁文写成的，而且正是靠着这部著作，他获得了“桂冠诗人”的称号。同时，他的许多严肃的论文也都是用拉丁文写成的；薄伽丘尽管用方言写了《十日谈》，但是他晚年比较严肃的著作如《异教诸神谱系》（*De genealogia deorum gentilium*）和《但丁传》（*Vita di Dante Alighieri*）都是用拉丁文写成的。这说明一个事实，尽管文艺复兴时期的人们已经开始热情地拥抱俗语，但是他们都同样精通和热爱拉丁语，他们都能够熟练使用俗语和拉丁语进行创作。在当时何种情况下使用俗语何种情况下使用拉丁语，似乎有着某种心照不宣的分工。一般情况下，诗歌、散文或者贴近市井生活的内容往往用俗语写成，而学术性著作或者有关宗教、政治等严肃的话题则用拉丁文创作。两者之间似乎只有分工不同而并没有高下的差异。

两种书写语言长期并存并且依据不同的文学体裁和内容进行分工，一方面反映了俗语的时代性，一方面也反映了拉丁语的局限性，同时也和社会生活的变化以及文学目的的不同有关。在漫长的中世纪，由于知识主要和宗教有关，而且所谓的知识阶层基本上都是教士，因此教会人士讨论宗教问题几乎成了知识活动的全部。同时，由于教会是普世性的而非地方性的，所以，宗教信仰的传播需要语言的统一性，也就是说，无论在任何地方，语言的统一保证了信仰的统一。所以，拉丁语作为一种通用语言载体成为宗教的特定语言。但是，随着城市的兴起和市井生活的丰富，随着世俗的抬头和理性的增长，人们需要充分表达个人的情感，描绘生动的生活画面，而且创作者和读者已经脱离了原来的教会人士的范围，因而迫切需要一种更加贴近生活，普通百姓喜闻乐见的文字载体，这样原来主要作为严肃话题载体的拉丁语已经不敷使用，俗语的抬头势所必然。

不可否认，俗语的出现大大弥补了拉丁语的不足，而且促进了新文学风格的兴起。但是针对俗语在文艺复兴时期的作用却有着不同的看法。有的人把俗语问题与文艺复兴的精神联系在一起,认为方言书面语在与拉丁文的对抗中兴起,是一种世俗精神反对教会权威的斗争,是民主反对封建主义和专制主义势力的斗争,是爱国主义反对外国或国际影响的斗争,是思想开放的普通市民反对学术派系的狭隘专业兴趣的斗争。笼统地说,这种观念也有一些道理,但是其过于绝对、非此即彼的结论并没有得到学界的普遍认同,甚至遭到许多研究者的质疑。克里斯特勒说:"这类多少强调了这一论题的说法散布在学术文献里,它们也许包含了最初的真实,然而它们总体上很难相互一致,或者说它们很难符合它们试图解释的历史事实。"

事实上,正如前面所说的,俗语和拉丁语并非此长彼消的关系,而是和平共处的关系,俗语文学和拉丁语文学和谐地出现在同一个人文主义学者那里。不仅如此,也明显存在着与上述结论相反的历史现象。如果说俗语代表着世俗精神对教会权威的反抗,但我们分明看到教会人士对俗语的欢迎。红衣主教本波在致朱利奥·珀塞雷格的信中说:"尊敬仁慈的珀塞雷格先生,我怀着极大的喜悦阅读了您的信。在信中,您告诉我在布雷西亚有许多青年致力于俗语研究,他们成立了新的社团,在节日期间为着共同的利益和兴趣而共聚一堂。在那里,我们的埃米里奥先生向他们读了彼得拉克的诗和我的讨论语言问题的散文。说真的,听说意大利人正尝试着用俗语进行充分的表达,而且能够恰当地理解用方言写成的名著(首先就是彼得拉克这位意大利诗歌导师和领袖的作品),我感到心满意足、非常高兴。"①同时,在人文主义阵营内部,有人极力在促成俗语的流行,但俗语方言的阻力也来自人文学者。克里斯特勒说:"方言的倡导者们在当时便受到来自无数拉丁语捍卫者的挑战,大多数拉丁语捍卫者属于人文学者阶层,即拉丁文的专业学生和教师。"但同时他也承认:"如果16世纪的人文主义者真正试图阻止或延缓方言文学的发展,那么他们的努力无疑是完全徒劳的。不

① 红衣主教本波致朱利奥·珀塞雷格,载《文艺复兴书信集》,李瑜译,上海:学林出版社,2002年,第56页。

过，就他们力图捍卫作为学术的和书面语的拉丁文而言，他们绝没有被打败。在16世纪中期之后的很长时间里，拉丁语在诗歌以及散文文学，尤其在大学里的教学和学术论文写作中继续使用。这一事实得到大量文献和书目证据的证实。”

因此，很难说两种语言之间存在着严重的对立，也很难简化为政治问题。如果我们将它们放到纯粹的文学载体的角度来考察，意识到它们相互之间具有一定的互补性，各自能够满足不同的论题的需要，既满足了传统的惯性，又拓展了新的思想表达空间，也许是更加客观的态度。

2 新体诗的勃兴

俗语发展的结晶之一是文艺复兴时期诗歌的勃兴，尤其是作为新诗体的“十四行诗”的出现和定型，但丁和彼特拉克的名字都和这一诗体密切联系在一起，尤其是彼特拉克，正是他将十四行诗推向了成熟。他通过大量实践，定型了十四行诗的韵律和格式，并使其成为文艺复兴抒情诗的重要载体，所以十四行诗又被后人称为“彼特拉克体”。

十四行诗虽然是新体诗，但属于格律特别严格的类型，由于在形式上一般采用前段八行后段六行的形式，故有此名。其格律是一种特别复杂的技艺，在此详述会偏离我们所要探讨的主题，故略去不再赘述，而集中对其来龙去脉进行追溯。一般认为，十四行诗从起源到成熟大致经历了几个阶段，分别是中世纪游吟诗人的爱情诗，西西里诗派，托斯卡纳的“温柔新体”和彼特拉克体四个阶段。

中世纪游吟诗人的故乡是法国的普罗旺斯，在战争频繁的中世纪这里始终是个清净之地，和平的环境促使这里的宫廷礼仪文化特别发达。贵族骑士们欢聚一堂，在宴饮之余喜欢聘请游吟诗人助兴，这些游吟诗人并不传唱骑士的英勇事迹，反而喜欢演绎骑士的爱情故事，从而兴起了所谓的“典雅爱情”(Courtly Love)及其爱情诗。

这些爱情诗所传唱的故事情节尽管各不相同,但主题是类似的:一位卑微的骑士爱上了一位贵妇人,于是展开对贵妇人的热烈追求,愿为贵族人献出一切,并唯贵妇人之命是从。反过来,贵妇人往往表现得态度高傲,冷若冰霜,对骑士的追求不予理睬,或只是给予些许回应和鼓励。尽管这种爱情有可能修成正果,或者贵妇人允许骑士投入自己的怀抱,但一般情况下,这种爱情不以婚姻为目的,而以宣扬忘我的精神之爱为核心。恋爱双方是地位低的骑士和地位高的贵妇人,两者具有天然的不平等性。在典雅爱情中,骑士无论遇到何种苦难和羞耻,都要对贵妇人真诚、专一、炽烈,他要用全身心的奉献换取女主人点滴的馈赠。正是这种地位和追求过程的不平等成为典雅爱情展开的源源不断的动力,如诺贝特·埃里亚斯(Norbert Elias)所言,它“使得男性强人无法将其喜欢的女人手到擒来,使得男人对女子可望而不可即,或者难以到手。同时正是因为其地位高,难以到手,所以更成为男人渴望得到的对象”。同时这种爱情也培育了一种社会崇尚的心态,即如坦娜西尔(Reay Tannahill)所说的:“把女人抬到一个纯洁无瑕的境界,从而把一切肉欲的污点从她们的爱情中清除出去,让爱情自由地翱翔,上达精神领域。”

游吟诗人的典雅爱情诗歌的出现在一定程度上翻转了女性的角色,改变了女性依赖男性的传统角色。这种转变和封建制度式微和中产阶级逐步兴起有关,随着诗歌受众的变化,歌颂征战的英雄史诗开始让位于描绘爱情的抒情诗,随着越来越多的女性能够阅读书籍,诗歌也开始适应女性的视角和后者的新角色。在现代人的眼里,这种爱情有其荒诞之处。但是其在浓重的中世纪的氛围下确定了“爱情”这一源远流长的创作主题,并影响深远。

这种从宫廷里发展起来为游吟诗人传唱的独特爱情主题越出了普罗旺斯的宫廷,在神圣罗马皇帝腓特烈二世(Friedrich II, 1194—1250)的西西里宫廷里扎下根来,形成了“西西里诗派”(the Sicilian School)并直接导致十四行诗体的出现。腓特烈在当时属于开风气之先的皇帝,他基本上废除了

腓特烈二世

从诺曼人继承下来的封建统治体系，不任命贵族和教士阶层的人担任官职，而是从俗人群体里选拔官员，从而摆脱对贵族的依赖并远离忠于教皇的人；取消内部的封建壁垒，鼓励自由贸易和致富，实行巡回审判制度，形成了带有近代气息的官僚制度。据说，十四行诗的发明者是伦蒂尼（Giacomo da Lentini，约1210—1260），他是一位著名诗人，也是腓特烈二世宫廷里的公证人。尽管“西西里诗派”的诗歌最初限于宫廷，但是其整齐的格律和丰富的词汇已经超出了西西里语言的范畴。“西西里诗派”的诗歌尽管受到法国诗歌的影响，但两者还是有着本质的区别。前者描绘的女性更加和蔼可亲，已经有点类似后来但丁和彼特拉克所推崇的女性形象。通过吸收民间爱情诗歌，通过融合新的拉丁词汇和普罗旺斯的语言，大大拓展了现存的俗语范围，从而首次创建了一种基于方言的意大利文学语言标准和风格。

十四行诗有固定的格式。它由两部分组成，前一部分是两节四行诗，后一部分是两节三行诗，共十四行。每行诗句通常是十一个音节，抑扬格。每行诗的末尾押脚韵，和歌谣、抒情短歌同为当时意大利抒情诗中流行的体裁。13 世纪末，十四行诗体的运用由抒情诗领域扩及叙事诗、教谕诗、政治诗、讽刺诗，押韵格式也逐渐变化。

腓特烈二世死后，西西里诗派迅速衰落，意大利诗歌的中心从南方移至意大利北部的波洛涅亚和托斯卡纳，意大利俗语诗歌取得了长足的发展，一种崭新的诗体走进文学的圣殿。克里斯特勒说：“13 世纪见证了西西里、博洛尼亚和托斯卡纳三地抒情诗歌流派的迅速发展，它们都使各自的方言对最终形成书面语言产生了影响。托斯卡纳的影响最终奏效,因为它主导了抒情诗歌发展的最后阶段,并产生了几位最伟大的诗人。托斯卡纳诗派在但丁时期达到顶峰,也是但丁赋予这种书面语言以最终的形态,于是意大利在1300年前后获得了一种共同的书面语言。”但丁把这种新诗体称为“温柔新体”(dolce stil nuovo)。“温柔新体”是波洛涅亚诗人圭多·圭尼泽利(Guido Guinizelli, 1240—1276)开创的,但真正把这一诗体发扬光大的却是托斯卡纳诗人圭多·卡瓦尔坎蒂(Guido Cavalcanti, 约1255—1300)等人。随着“温柔新体”诗派的出现,意大利两大抒情诗体,即“歌体”(canzone短情诗,也是后来西方所有情诗的先驱)和“商籁体”(sonnet)均趋于成熟。

但丁本人也是“温柔新体”诗派的杰出代表,他的抒情诗集《新生》(*Vita Nova*)是这一诗派最优秀的作品之一。《新生》是但丁早期的代表作,记述他对贝雅特丽齐(Betrice Portinari)的爱情和她芳魂早逝的悲剧。温柔新体诗人所咏颂的主题几乎是一成不变的:即“优雅爱情”(courtly love),这显示了他们与北方“优雅爱情”诗歌传统之间的亲和性。不过,温柔新体诗人讴歌的对象不是北方宫廷世界的贵族女性,而是生活在托斯卡纳城市里的普通女性。更重要的是,温柔新体诗的表现手法也与北方传统不同:但丁把北方直抒情怀的爱情诗改造成一种新的讽喻诗(allegorical poetry)。这一转变标志着意大利“诗歌革命”的完成,也就是说,意大利诗人彻底摆脱了北方“优雅爱情诗”传统的束缚,形成了自己的个性。

到彼特拉克时期,十四行诗达到成熟,他也成为这种诗体的主要代表。布克哈特说:“当时在欧洲大量出现的、许多严格对称的韵律形式之一的十四行诗,在意大利成了一种标准的和为人所承认的诗律。诗韵的押法乃至诗行的数目在整个一世纪中都是有变化的,一直到佩脱拉克才把它们永久固定下来。”他一生写了三百多首十四行诗。他继承“西西里诗派”“温柔的新体诗派”的传统,以浪漫的激情,优美的音韵,丰富多彩的色调,表现人物变化而曲折的感情,在其中注入了新时代的人文主义思想。

彼特拉克的十四行诗,成为其他国家诗人后来竞相模仿的重要诗体,对欧洲诗歌的发展产生了重大影响。因此,意大利体的十四行诗又称“彼特拉克体”。这一诗体以按 abbaabba 韵脚押韵的前八行为一单元,以按 cdecde 或变形为 cdccdc 押韵的后六行为另一单元。布克哈特称十四行诗是对意大利诗歌的“天赐之福”,“它的层次分明结构美丽,后半首更加流畅的风格使人意气风发以及它的容易成诵,甚至最大的大师们都非常予以重视。事实上,如果不是他们深刻地认识到十四行诗的独特的价值,他们也不会继续运用它一直到我们自己这个世纪”。

从普罗旺斯游吟诗人的诗歌,经过西西里诗派、托斯卡纳的温柔新体一直到彼特拉克体,这一诗歌的发展都是围绕着一个共同的主题:爱情。他们的共通之处都在于宣扬一种精神之爱,或者说脱离肉欲的爱情。游吟诗人的诗歌歌颂的是带有效忠色彩的可望而不可即的爱情,但丁和彼特拉克歌颂的也是与婚姻无关的纯洁的爱恋。但丁的诗歌主要献给了一位叫贝雅特丽齐的女性,相传但丁九岁时见到她便一见钟情,后来经常能见到她并互致问候,但并没有真正成为恋人关系。他在诗中将其描绘为近乎女神的存在,她的早逝给但丁的心灵带来重创。彼特拉克歌颂的是一位叫劳拉(Laura)的女性,尽管其在诗中将爱恋描绘得淋漓尽致,但现实生活中并没有与劳拉有太多的交往。因此,他们更多地是借助某位女性表达自己对爱情的看法,阐发世俗之爱的美好。但与游吟诗人的诗歌相比,十四行诗远离了封建宫廷的场景和骑士贵族的世界,而将爱恋的舞台搬到了普通的城市,女性也从贵妇人变成了普通的邻家女孩,这样爱情主题也从畸形的不平等爱情变成了民众朴素情感中的爱情。正是因为十四行诗成为表达这种普通人爱恋和情感的载体,所以才成为文艺复兴文学园地中富有魅力的文学样式。

3 小说的构型

如果说十四行诗成为歌颂爱情的重要文体,那么小说则成为描绘文艺复兴丰富生活画卷的载体。文艺复兴时期涌现出薄伽丘、萨凯蒂(Franco Sacchetti, 1335—1400)和钦奇奥(原名Giovanni Battista Giraldi, 1504—1573)等一大批小说家,他们的作品描绘了形形色色的人物,反映了多彩的市井生活和更加复杂的世俗情感。十四行诗的主题相对比较集中,但小说的主题更加开放,两者相互配合和补充,基本上能够满足新时代的情感诉求。

文艺复兴小说体裁的出现,并不像十四行诗那般复杂,它实质上是中世纪以来故事集形式的延续和革新。在中古时期,当意大利城市文学随着城市复兴而同步发展的时候,便出现了一些叙事传奇作品,其形式主要是散文故事集。这样的散文故事,到13世纪已经成为一种很流行的文学体裁。《古代故事百篇》《七个智者的故事》是这一时期比较优秀的作品。它们以民间流传的故事,或法国骑士传奇,或东方故事为素材,由佚名作者改编,在流传过程中,为了适应市民的趣味,经过不断的再创作,逐渐具有了比较浓厚的生活气息和吸引公众的艺术形式。这些故事篇幅短小,情节凝练,叙述朴实,语言生动,而且,每一则故事都蕴含了道德教诲。它们为文艺复兴时期意大利文学的重要体裁——短篇小说的发展,提供了借鉴和基础。城市文学比较有名的作品是《列那狐的故事》《农民医生》等。

VMANA COSA ELHAVER COMPASSIONE
A GLI AFFLITTI. e come che a ciaschuna psona stia
bene a choloro massimamẽte e richiesto liquali gia hã
no di conforto hauuto misteri & hãnolo trouato in al
cuno fra liquali se alcuno mai nebbe o gli fu caro o gia
ne riceuette piacere. Io sono uno di quelli pcio che dal
la mia prima giouenezza insino a questo tempo oltra
modo essendo stato acceso da altissimo & nobile amo
re forse piu assai chella mia bassa conditione non pare
be narrandolo io si richiedesse; quantunque doppo
coloro che discreti erano & alla cui noticia puenne io ne fussi lodato & da mol
to piu reputato. Non dimeno mi fu egli di grãdissima fatica a soffrire certo
non per crudelta della donna amata ma per souerchio amore nella mente con
cepto da pocho regolato appetito. il quale percio a niuno regolato cõueneuo
le termine mi lascia contento stare piu di noia che di bisogno nõ era spesse uol
te sentire mi facena. Nella qual noia tanto refrigerio mi porsero li piaceuoli
ragionamenti dalcuno amico & le delecteuole sue cõsolatiõe che io porto fer

《十日谈》插页

文艺复兴时期的短篇小说继承了故事集的形式,只不过在架构上进行了变形,也就是用一个叙事框架把零散的故事整合起来,看似这些故事是在一个逻辑框架中发生的,并把各种不同来源的故事都搬到了意大利的舞台,呈现出意大利文艺复兴时期的场景。薄伽丘是采用这种框架结构并创造这一小说体裁的第一人。尽管他在《十日谈》(*Decameron*)中所讲述的故事来自各个时代和不同的地方,但是他以文艺复兴时期发生的事件为线索和引子,不露声色地把这些故事串联起来,松散的故事有了灵魂,突出了作者想要表达的主题。薄伽丘的《十日谈》从1348年发生的黑死病谈起。由于发生了黑死病,引起人们的恐慌,在各种措施都不能有效阻止死亡的情况下,人们剩下的唯一途径是躲避和逃跑。于是十个男女相约到了乡间别墅,为了打发时光他们决定相约轮流讲故事:“让我们尽量欢乐吧——因为我们从苦难中逃出来,也就是为了这个目的的呀。不过几百样事,要是没有个制度,就不会长久。我首先发起,让这么些好朋友聚合在一块儿,我也希望我们能长久快乐。所以我想,我们最好推个领袖,大家应当尊敬他、服从他;他呢,专心筹划怎样让我们过得更快乐些。为了使每个人,不分男女,都有机会体味到统治者的责任和光荣,也为了免除彼此之间的妒忌,我想,最好把这份操劳和光荣每天轮流授给一个人。第一个由大家公推。到了晚祷的时分,就由他或者她,指定第二天的继任人。以后就都这么办。在各人的统治时期都由他或者她,规定我们取乐的场所,以及取乐的方法等这一切问题。”①薄伽丘通过这样一个引子,把各种各样的故事让文艺复兴时期的人讲出,而且将其浓缩在十天的时间限度内,给散漫的故事提供了时空框架。

薄伽丘创立的这种小说模式影响深远,其他许多小说家都是模仿他的框架结构整合零散的故事。钦奇奥就是其中的一位,其短篇小说集《故事百篇》(*Gli Hecatommith*)也是流传很广的一部作品。它实际上结集了一百三十篇故事,基本上采用了薄伽丘的叙述模式。叙述1527年罗马大屠杀

① [意]薄伽丘:《十日谈》,方平等译,上海:上海译文出版社2004年,第15页。

后，侥幸逃生的一群男女，邂逅相遇，在一起讲述故事。这些故事内容广泛，结局幸福或悲惨的爱情，夫妻之间忠贞或背叛的关系，奸诈、嫉妒、豪爽和友爱的品行和行为，各式各样的命运际遇，等等，都获得逼真的展现。与薄伽丘相比，钦奇奥偏重描写残忍的、罪恶的甚至血淋淋的事件，表现紧张的、动人心魄的命运冲突。这些短篇小说来源广泛，叙述灵活，能够反映当时丰富的社会生活和不同人的精神面貌和心理活动。

当然，文艺复兴时期的小说题材也并非都按照薄伽丘的框架结构，中古时期流传下来的纯粹的故事汇编仍然流行，也有相当的影响，其中比较著名的就是弗朗科·萨凯蒂，其著名的著作是《故事三百篇》(*Novelle Di Franco Sacchetti*)。这部作品1385年左右开始构思，其中大部分写于1392至1397年间，但流传下来的仅二百二十三篇，有一些是残存的片段。它并没有采取任何类似于薄伽丘的框架结构，但在具体描写方面还是受到薄伽丘的影响。作者在“自序”中说，这些故事的素材采自日常生活或民间传说，都系作者耳闻目睹，或亲身经历的趣事、奇遇。故事中的人物全是普通的市民、手工艺者、民间艺人、小丑、仆役。萨凯蒂热情歌颂这些虽然出身低贱，但有着许多美德，聪明、善良、豁达、明智的下层人民，或抨击君主的专横、愚蠢，或挖苦富贾的贪婪、冷酷，或讽刺僧侣的伪善、龌龊，或嘲弄各种丑恶的人和事。萨凯蒂认为，文学是教诲和醒世的手段。

小说是文艺复兴时期讽刺性主题的主要载体，小说以针砭社会、揭露人性为主要内容。其主题大致可以概括为讽刺或质疑教会，反映普通人的机智以及对爱情的追求。

对教会的讽刺几乎贯穿在所有的故事里，一个恶贯满盈的坏蛋齐亚帕雷托在临终时欺骗性地向神父忏悔，受蒙骗的神父将其奉为圣徒。作者说：“我不打算说他不可能在天主面前蒙受祝福；他的一生虽然作恶多端，但是在临死的那一刻，他可能痛心悔过，而天主也可能对他特别宽大，把他收容进天国，不过这都是我们无从窥测的事了。我们只能拿显而易见的常情常理来猜度，他此刻应该是在地狱里，在魔鬼的手里，而不是在天堂里跟天使们待在一起。"①一位犹太商人到了罗马，发现教皇、红衣主教、主教和所有神职人员个个淫乱好色，非但喜欢女人，还好男色，不知人间有羞耻二字。他说："照我看，天主应该惩罚这班人，一个都不饶。要是我的观察还准确，那么那儿的修士没有一个谈得上什么圣洁、虔敬、德行，谈得上为人表率。那班人只知道奸淫、贪欲、吃喝，可以说是无恶不作，还到了不能再坏的地步。这些罪恶是那样配合他们的口味，我只觉得罗马不是一个'神圣的京城'，而是一个容纳一切罪恶的大熔炉！照我看，你那位高高在上的'牧羊者'，以至一切其他的'牧羊者'，本该做天主教的支柱和基础，却正日日夜夜，用尽心血、千方百计，要叫天主教早些垮台，直到有一天从这世上消灭为止。"②可以说，《十日谈》通篇都是这样的讽刺故事：神父裁判官假借审判之名而捞取钱财；修女们争着和修道院的园丁睡觉；修道院长把人送进炼狱（地窖）与他人妻子私通，等这位妻子怀孕后，他又让这位丈夫从炼狱中复活，充当孩子的父亲。一位修士冒充大天使和一位太太睡觉，最后被识破，等等。通过这些故事，作者从多角度揭露了教士尤其是低级神父们的虚伪、淫乱。

小说还尽情描绘了市井人群的机智幽默和生活百态。如讽刺大富翁的贪婪，历经磨难的人突然好运降临；人们如何通过机智而摆脱惩罚；有情人终成眷属的故事，等等。当然，《十日谈》中有更多的是关于爱情和偷情的故事，我们对此将进行专节进行剖析。

小说配合新兴的十四行诗体裁，能够把人们的爱欲、人性、社会等丰富的画卷和内心世界真实地表现出来。

4 书信体的流行

书信也是当时非常重要的文体。正如克里斯特勒所说："一些私人书

① ［意］薄伽丘：《十日谈》，第28—29页。

② 同上书，第32—33页。

信极为有趣。不仅是它们的风格,还有它们的内容。它们对于作者的生活、思想和学术来说是十分有价值的记录。对于他们所处的时代的文学和政治历史来说也是有价值的文献。”当时的人都留下了大量的书信,其中又以彼特拉克的书信最为著名。彼特拉克特别善于用书信体来表达自己的思想感情。我们就以彼特拉克的书信集为主探究一下这种文体及其价值。

彼特拉克作为“文艺复兴之父”,一生中除了创作诗歌、散文和论文之外,还写有大量的书信。这些书信是他有意识地写成的,同时也是他精心保存并最后亲自编辑成册的。①虽然我们称之为书信,但这些书信却有着同一般的书信不同的特征。他不但写信给同时代的人,也写信给古希腊和罗马的古人,同时也写信给还没有出生的后人,而且很多信并没有实际发出或根本没有办法寄出。因此,他的书信除了具有一般书信的功能之外,更多地是他用来表达自己的思想的一种载体和形式,有着很高的学术价值。正如布克哈特所说:“写信的目的很少像今天这样,报告一些写信人的情况或者其他人的消息;它毋宁被看作是一种文学著作,用来证明自己的学问和取得收信人的重视。这些书信最初是用来进行学术探讨的;采用这种书信形式的佩脱拉克恢复了旧日尺牍体的形式,用古典的‘汝’来代替中世纪拉丁文中的‘你’。在以后一个时期,书信成了优美洗练的成语的总汇,用来鼓励或屈辱部下,恭维或侮辱同侪,歌颂保护人或者向他乞求。”

书信的写作和流行,非常符合当时时代的特点。就当时的时代而言,刚刚处于摆脱中世纪和新思想萌芽的时期,还没有形成非常有系统的新思想,往往是一个个思想的片断和个人对不同问题的理解,人们需要的是自我思想和自我感情的自由表达。书信体可以使他不拘一格,不但可以把古人、现代人和后人拉到同一个时空中,而且书信体特有的第一人称的方式,可以使

① 本节所引用的彼特拉克的书信内容,除特别注明外,均来自 James Harvey Robinson, ed. and trans., *Petrarch: The First Modern Scholar and Man of Letters,* New York: G.P. Putnam, 1898。

他以自我为中心自由地宣泄感情和思想。他们在书信中的表达可以反映文艺复兴时期人们的所思所想,可以体现文艺复兴时期人们的追求。正如克里斯特勒所说:“私人信函不单是人们交流的载体,它一开始便作为一种文体为人模仿和诵读。人文主义信札作者们有意识地模仿古代西塞罗或者塞内加的文采。他们并且写作、收集和出版信札,使之作为他们的学生和继承人的模本。尤其是,在没有新闻界以及传播迟钝和不确定的时代,书信还部分地充当了报纸的角色。最后是,人们喜欢用信札权作短文讨论学术、文学和哲学话题,因为人文学者热衷于以第一人称、个人的和主观的方式来谈论他们的经验和看法。换言之,书信比论文更个人化却又具有论文的功能,因而信札实际上是论文的文学先导。”

彼特拉克的信件,主要是由仆人,或者委托国王和主教的信使传递的。鉴于当时的传递条件,肯定有不少的信件没有传达到,或者根本就没有送出。也许,有些信件彼特拉克压根就没想送出,否则他就不会动笔给那些根本无法收到的古人和后人写信。因此,在很大程度上,彼特拉克是通过书信这种形式来表达自己的思想。

彼特拉克书信集封面

最初,他并没有把自己的书信编辑成册的想法,但是1345年,当彼特拉克在维罗纳图书馆找到西塞罗的书信并抄录时,首次产生了编录自己书信的念头。但是,彼特拉克并不想把自己的所有通信通通编进自己的通信集中,为了保证自己的书信能够与西塞罗和塞内加(Lucius Annaeus Seneca,约公元前4—公元65)著名的书信集媲美,彼特拉克在编辑时进行了大量筛选。

关于筛选的标准,彼特拉克在其通信集的序言中有所提及。他说:在一封信中,某些话会给人带来快乐,但同样的话在集子中不断重复会惹人生厌,因此,在收录时只保留一封信,而剔除其他的信件;要剔除那些太私人化的东西,那些信件在写作时并不一定一钱不值,但是现在最热情的读者也会感到乏味,所以这类信件要剔除;要剔除那些感到后悔和应受到谴责的信件。①

彼特拉克在信中非常注意把"真正"的自己呈现给其他人,因为他觉得让别人来评价自己,往往会有误会和曲解,从而给他人以及后来的人以不客观的形象。正如他在《致后人》的信中所说的:"首先来说我自己,人们对我的说法会相差很大,因为在短暂的判断中,人们往往更多的是受到喜好的影响而不是受到事实的影响,好的和坏的传说同样没有限度。"②他的这种担心正是促使他给未出世的后人写信的原因。

在《致后代》中他表明自己年轻时期的激情和热情完全是一种错误。他说:"虽然我曾经为年轻时的热情和激动的感情所左右,但从内心深处我一直憎恨这种罪恶。随着我的年龄到了四十岁,虽然我的能力和感情丝毫未减,但我不但突然完全抛弃了我的坏习惯,而且连对他的回忆也抛弃了,就像我从来没有正眼看过女人。"③他的这种矛盾的态度和意识,其实恰恰反映了彼特拉克作为一个过渡时期的人物的矛盾心态,这样的心态同时还表现在他的诸多方面。

---

① See Aldo S. Bernardo, "The Selection of Letters in Petrarch's Familiares", *Speculum*, Vol.35, No.2(Apr., 1960).

②③ Petrarch: To Posterity.

彼特拉克惯于从自我出发来认识当时出现的一些现象。尽管彼特拉克的诗歌创作确实对当时人们热衷于诗歌起着一定的引导和促进作用,但他对社会上出现的对诗歌的普遍热情并不能十分理解,当许多人向他寄信或者寄去诗歌请他进行评点时,他陷入了一种不知所措的矛盾心境之中,他说:“如果我详细地回应这些请求,我将成为世界上最忙的人,如果我谴责这些作品,那么我就成为其他人优秀作品的苛评者;如果我为此说上一两句好话,那是由于虚伪地渴望获得和蔼可亲的印象,如果我对此保持沉默,那是由于我是一个粗俗无理的家伙。”①这充分说明,彼特拉克还没有自己是一个领导者的自我意识,也无法理解民众在这股新的潮流中到底能够扮演什么角色和起什么作用。这一点同他在许多地方以嘲讽的口气来评判民众的行为是一致的。

但一方面,他又很享受为人追捧的地位。在一封信里,彼特拉克详细描绘了自己所受到的无人享受过的招待,“在那里,我受到了盛大的招待,我坐下来享受国王般的盛宴,而不是招待艺术家和哲学家的那种。我的紫色的躺椅展开在一个房间里,闪着金光,正如主人发誓说的那样,这是神圣的,以前从没有人躺过,以后也不会有人躺”②。在这封信里,彼特拉克通过描绘这位崇拜者的狂热,突出的正是自己无与伦比的名声。其实,追求荣誉,获得名声正是人文主义者所追求的个人价值的最直接的体现,也是人文主义思想的一个重要的组成部分。

在《致苏格拉底》的信件中,他这样来表明自己:“我本质上是一个热爱安静和孤独的人,是朝廷的敌人和财富的蔑视者。”③而实际上,他不但不是一个不爱财富的人,也不是朝廷的敌人。彼特拉克一生中与某些国王和红衣主教都有着非常密切的关系,他与红衣主教柯隆那家族过从甚密,同时他

---

① Petrarch: To the Abbot of St. Benigno.

② Petrarch: The Visit to the Goldsmith at Bergamo, To Neri Morando.

③ Petrarch: To Socrate.

与罗伯特国王也是交往甚笃,一直被奉为座上客。连彼特拉克自己都承认"该时代的伟大国王都喜欢我,并设法获得我",但同时他又解释说发生这一切的责任不在于他,因为他并不想这样做,"他们也许知道为什么,而我当然不知道,我与他们其中的某些人关系如此良好,因而在一定意义上,他们是我的客人,而非我是他们的客人"①。

彼特拉克通过书信表白自己,为自己辩护,说明彼特拉克已经开始把自我摆在一个相当重要的位置。他不但非常注重自己的名声,而且开始从自我出发来认识周围的事物,这说明他已经为继他到来的时代开启了自我意识觉醒的大门。

对古代和古人充满赞美和向往,力求在古代世界中寻找自己的精神家园,对教会持批评态度同时又对它难以割舍,是文艺复兴时期人文主义者的一个重要特点。作为文艺复兴之父的彼特拉克,已经充分表现出这样的倾向。

彼特拉克在信中直言不讳地表达自己对古代的崇敬,甚至把沉溺于古代当作自己摆脱现实种种不如意的途径。在《致乔瓦尼·柯隆那》一信中,他说:"我越旅行,我对意大利的崇拜就越增长。如果柏拉图说他感谢不朽的神使他成为一名希腊人而不是蛮族人,我们为什么不应当感谢主给予了我们所出生的地方,除非出生而成为希腊人,那比出生为一名意大利人要高贵。"②彼特拉克除了从整体上向往古代世界之外,对古代世界,主要是希腊罗马时代的那些伟人们更是从不吝惜自己的赞美之辞。彼特拉克绝不容许有人对这些人胡乱批评和横加指责。在一封给薄伽丘的信件中,他严厉批评了那些以批评古代伟人为业的所谓批评家们,他说:"你明白如果不是极其愤慨和义愤,我就不会讲这些事情。新近出现了一些辩论家,他们不仅是无知的而且是精神错乱的。就如同来自一些腐朽的橡木的黑色蚂蚁大军,

① Petrarch: To Posterity.

② Petrarch: To Cardinal Giovanni Colonna.

他们从隐藏地蜂拥而出,毁坏了健康的学问领地。他们谴责柏拉图和亚里士多德,嘲笑苏格拉底和普塔戈拉斯。我的天哪,他们是在怎样愚蠢和无能的领导人领导下,提出了这些意见啊!我宁愿不给这些人一个称呼。他们没有做任何值得给予一个称呼的事情,尽管他们的愚蠢使得他们变得非常有名。我不希望把我看来与最卑鄙的人为伍的人置于伟大人物之列。这些家伙放弃了可以信赖的领导人。"①

然而,人们往往过分强调彼特拉克崇敬古人的一面,其实彼特拉克对待古人还是非常有理性的,这一方面表现在他会坦诚地指出那些古人们所固有的缺陷,同时也表现在他对有些人痴迷于古人进行的批评上。一位老人对彼特拉克批评西塞罗的态度感到不满,这位老人太崇拜西塞罗,他宁愿在西塞罗错的时候也进行赞美,而且认为西塞罗压根就不会犯错误。对此彼特拉克说:"如果他是一位神,他当然不会犯错误,但是我从来没有听到人们这样称呼他。"②

彼特拉克同文艺复兴时期的许多人文主义者一样,曾对教会进行过很多的批评,据说他曾经写过不少针对教会的言辞激烈的信件,但是最后他在编定通信集的时候,把这类信件都剔除在外了。有的研究者认为彼特拉克此举是为了避免遭到教会的迫害,其实并不是如此,而是真实反映了彼特拉克对待教会的矛盾情感,因为彼特拉克内心深处从来没有产生否定教会的想法,他自始至终都是一个虔诚的基督徒,在《致后代》的信中,他这样描绘了他与红衣主教的关系:"我在嘉科莫的弟弟,红衣主教乔瓦尼·柯隆那的宫廷里度过了许多年,并不似他是我的主人,而是他是我的父亲,或者说是我最挚爱的弟兄,不仅如此,我似乎是在我自己的家里。"③针对当时社会上出现了一些对早期教父和教义持怀疑态度的所谓新神学家,彼特拉克以讽

① Petrarch: On the Italian Language and Literature, To Boccaccio.
② Petrarch: The Old Grammarian of Vicenza, To Pulice di Vicenza.
③ Petrarch: To Posterity.

刺挖苦的口气向薄伽丘描绘了他们的嘴脸:“我不知道这些新的神学家的来源,他们不宽恕那些伟大的导师,而且将不再宽恕使徒和福音本身,除非其事业面临考验的耶稣出面干涉并压制这些狂怒的畜生,他们厚颜无耻的嘴脸不久就会转向耶稣。”①面对有人公开否认和侮辱教义和教会,他便会怒不可遏,他往往这样来回应:“你可以走了,你和你们这些异教徒,不要再回来。同时我猛扯他们的长袍,用一种不太适合我的不讲礼节的方式,把他们撵出房间。”②

彼特拉克一方面会对教会进行激烈的批评,一方面又极力维护教会和教义的存在,这种矛盾的行为其实恰恰反映了彼特拉克的一种理想。在一封信中他对自己的评述,很好地反映了他的这种理想:“我们这些凡人总是用两只眼睛的一只看天上的事物,而用另一只看地上的事物,而你抛弃了看地上事物的眼睛,而满足于使用更加高贵的一只眼睛。”③因此,他对教会的批评和对世俗生活的强调都是基于这样一种理想,而不是力图用一方来取代另一方。也正因为如此,彼特拉克内心也时常处于一种不平衡的矛盾之中,因为他尽管向人们展示了一幅世俗生活的场景,但他又会因为自己沉溺世俗生活而感到不安。

彼特拉克非常崇尚古代和崇拜古人,并声称自己愿意生活在古代社会里,但是彼特拉克并没有真的置身于自己所生活的现实社会之外,成为纯粹具有好古癖的人物,相反,他一直涉足现实生活的方方面面,把握社会变化的节奏和韵律。对当时的社会变化和人们心理的变动进行评点,这构成他的书信的一个重要内容。

彼特拉克针对社会上出现的那些以攻击他人为乐的所谓“评论家”进行了深刻的揭露和讽刺。这一点集中体现在他给薄伽丘写的信件中,因为薄伽丘面对那些评论家的攻击,对自己产生了极大的怀疑,自己的意志动摇

①② Petrarch: On the Italian Language and Literature, To Boccaccio.

③ Petrarch: To His Brother Gherardo.

了，甚至想通过把自己过去的著作全部付之一炬，来否定自己的一切。彼特拉克认为，这些所谓的评论家是愚蠢和令人讨厌的，因为“这些人总体上对他们所赞美和所谴责的东西并不了解，他们把他人的诗歌读错或者断章取义，使得他遭受到从来没有遭受过的伤害”①；同时这些人是无礼和懦弱的，因为“他们会攻击别人著作中他们不喜欢或者不熟悉的任何东西，而这些东西是他们自己所无法完成的”，因为这些人确信，“对自己来说困难的事情对其他人来说一定是不可能的；他们一定是根据自己来衡量他人，从而以此来保持自己的优势”②。因而，这些人是既无知又粗俗，同时又狂妄自大的人，他们不学无术，只是指望通过攻击别人的名声和毁灭别人的成果来抬高和证明自己。

他劝薄伽丘“你不用害怕这些勇士们会走到公开的诚实辩论的场合，不管是用口辩论还是用笔辩论。他们属于昆提兰在讲演术学院所说的那种阶层，他们在争论中找到了兴奋点，但是一旦不让他们吹毛求疵，他们就会变得无助，就像一些小动物，他们在狭小的空间里是非常活跃的，但是一到了开阔地就很容易被抓住”③。因此，最好的方法就是认清这些人的真面目，对他们的赞美也好，批评也罢，不予理睬，“我对这些粗俗的人，人类的渣滓无话可说，他们的说法和看法会激起嘲笑，不值得严肃的批评”④。

在批评社会的不良现象的同时，彼特拉克还从正面的角度向人们展示了作为一个学者所应具备的素质。首先作为一个学者要端正自己的态度。他认为，一个学者无论在任何时候都不能忘记自己的目标和理想，不要因为过程中的细枝末节而使自己迷失方向。他说：“作为旅行者，除非他疯了，不会因为旅途的愉快而忘记了他的目的地。他典型的优点是能够尽快到达

① Petrarch: Petrarch Disclaims All Jealousy of Dante, To boccaco.

② Petrarch: The Story of Griselda To Boccaccio.

③ Petrarch: His Aversion to Logicians, To Tomasso da Messina.

④ Petrarch: On the Italian Language and Literature, To Boccaccio.

目的地,从不在路上停留。我们何尝不都是旅行者呢?”①作为一个真正伟大的学者,应该善于吸收别人的长处,但不是简单地模仿和抄袭,而是要最终形成自己独特的风格,“我们必须像蜜蜂采蜜一样来写作,不是收集花朵而是把它们转换成我们自己的芳香,把许多不同的芳香调合为一,而它不同于以前的所有东西,而且会比他们更好”②。他认为,思想的潮流绝不会因为几个天才的出现而停住脚步,对未知的探索永远没有止境,任何人的辛劳都不会是徒劳,“任千年流逝,世代更替,对美德的赞美从来没有充分过,对渴望的头脑而言,探索新观念的道路从来没有阻塞过。因此让我们拥有良好的心境,让我们不要徒劳地工作,那些在多年以后出生并在成熟的世界结束之前的人,都不会徒劳。相反最可怕的是,在我们的人文主义研究突破真理的内在秘密之前,人类已经不存在”③。因此,一个学者要坚定自己的理想,创造自己独特的东西,决不要像干燥和贫瘠的峭壁那样,只会形成回声,而没有任何辨别的力量。

至此,我们通过彼特拉克的书信,从几个方面梳理了彼特拉克的思想轨迹,也充分反映了书信所蕴含的思想价值。尽管从中反映的彼特拉克的思想是零散的和不成系统的,但是我们还是可以充分感受到他作为一个过渡时期人物的独特特点:他崇尚古人,但又不迷信古人;他批评教会,但又保持着对宗教的虔诚;他调动了民众的情绪,但又内心对民众轻视;他结交权贵,但又向往自由;他倡导世俗生活,但又感到良心不安。正是在这样的矛盾情感中,他开始走出阴霾浓重的中世纪,开启了一个新的时代。

① Petrarch: His Aversion to Logicians, To Tomasso da Messina.

② Petrarch: The Young Humanist of Ravenna, To Boccaccio.

③ Petrarch: On the Study of Eloquence, To Tommaso da Messina, from *Readings in Western Civilization: The Renaissance*, edited by Eric Cochrane, Julius Kirshner, John W. Boyer, Chicago: University of Chicago Press, 1986, p.32.

5 爱情是什么

文艺复兴时期人文主义的重要内容就是彰显人性，正因如此，爱情才成为文艺复兴时期，尤其是早期人文主义时期文学家、艺术家集中描绘的对象，成为承载人文主义思想的内容之一。但丁的《新生》、彼特拉克的《歌集》(*Canzoniere*)、薄伽丘的《十日谈》等文学作品无一例外都以爱情为主题。

与普罗大众不同的是，人文主义者作为知识分子，并没有将世俗的爱情停留在模糊的感觉层面，而是试图将其纳入理性的认知框架，将其正当性建立在牢固的理论基础上。但是，这种认识和论证的过程并不如我们想象得那样简单。一方面，这些早期人文主义者，虽然正在走出或已经走出中世纪的迷雾，但仍然背负着宗教信仰所积淀的传统包袱，他们在认识事物时无法完全摆脱传统的知识和认知结构；另一方面，爱情长期以来是一个可以上达上帝之爱下迄罪恶肉欲的存在，既关涉到世俗的态度也联系着宗教的教导，本身就有内在的矛盾和张力，很难在理性的基础上达成平衡。因此，我们看到，早期人文主义者对爱情似乎并没有统一的认识，而是明显分化成了两种相对的爱情观，分别表现为“精神之爱”和“肉欲之爱”。他们各自选取了不同的角度，致力于从理性上构建什么是爱情，但无论是片面强调爱情的精神性还是强调其肉体性，都没有真正触及爱情的本质，为其找到恰当的位置，最终都变成了一种虚幻的爱情意象。这种意象尽管无法真正体现爱情的真谛，但是却反映了人文主义者的理性思考和人文主义的特征。

首先，人文主义者以“信仰”为范对爱情进行阐释。作为代表人物的但丁和彼特拉克，已经认识到爱情源于人的本能的冲动，这是人性中不可压抑的对美好事物的追求。仅仅承认爱情是自然人性的体现，而且是一种美好的感情，就足以使人文主义者与神本主义者区别开来。但是，遗憾的是，限于当时的知识结构和社会氛围，人文主义者并没有或无法脱离以信仰框架解释世界的模式，当他们试图利用已有的信仰模式为自然的感情冲动寻找合理位置，并试图将爱情和信仰在目的论的基础上进行调和时，爱情不得不被扭曲，并渲染上一层比较奇怪的色彩。扭曲的表现之一，是早期人文主义者首先演化出一幅从自然冲动到精神之爱并最终回归信仰的爱情意象。

精神之爱的爱情观是从但丁开始，并由彼特拉克所倡导的，尽管两者对爱情的理解有细微的差别，但是他们所构建的整体爱情意象却大致相同。这一爱情意象的构建和他们亲身经历的大致相同的爱情故事融合在一起。关于他们的爱情经历，两人在自己的著作中都亲自描绘过，并为后人不断传诵。但出于阐释所需，我们还是有必要进行简单的描绘。据说，但丁九岁时，偶遇一位小姑娘贝雅特丽齐，心中油然萌发出一种异样的情感，那是一种爱慕之情。他说："在那一瞬间，潜藏在我内心深处的生命的精灵开始激烈地震颤，连身上最小的脉管也可怕地悸动起来。"①而且，"从那时起，爱神就统治了我的灵魂，我的灵魂立即和他结下了不解之缘。他凭我的想象力赋予他的力量牢牢地、盛气凌人地控制着我，我不得不万事听他摆布"②。九年以后，但丁在佛罗伦萨街头再遇贝雅特丽齐。他的心再次剧烈地跳动，感情再次受到猛烈的冲击。他说："在第九年后的最后一天，那位楚楚动人的女郎又在我眼前出现，她身穿一件雪白的衣服，走在年纪稍大的两位淑女之间。她经过一条街时，盈盈秋波转向我惶悚不安地站着的地方，她怀着无比的深情向我致礼，使我似乎看到幸福就近在身边。"当那位女郎向但丁问候时，他写道："我真是欣喜若狂，就如醉如痴地离开了人群，回到我房间里寂静的所在，思念起这个尤物来。"③

从但丁的描述中我们可以看出，但丁对贝雅特丽齐一见钟情，但遗憾的

---

① [意]但丁：《新生》，钱鸿嘉译，上海：上海译文出版社，1993年，第2页。
② 同上书，第3页。
③ 同上书，第4页。

是，但丁似乎并没有对这位小姑娘直接表达爱慕之情，而是把这种感情停留在心灵的震撼和孤独的思念层面。按照薄伽丘所写的《但丁传》的描述："这段爱情是纯洁的。在爱人和被爱的人之间，没有任何一个眼神，一句话，一个信息，是带有一丝情欲的。"①也正如结果所昭示的，贝雅特丽齐后来嫁了人，不久就在 1290 年去世。但丁感到非常悲哀，以后的很长时间里，但丁不能静下心来读书和写作，但后来他终于明白，这样下去他只会更消沉，沉迷于对贝雅特丽齐的悲哀之中，这是和他对贝雅特丽齐的爱不相称的。他感到要振作起来，于是决定开始认真写作。他要从感情的世界跳跃到哲学的世界，要去探索人性完善的道路。他把对贝雅特丽齐的思念化作了创作的动力。

巧合的是，被称为"人文主义之父"的彼特拉克，也有一段和但丁大致相同的经历。史载，彼特拉克二十三岁(1327 年)那年的耶稣受难节，在法国阿维农省枫丹小镇的教堂演出中，偶遇一个十九岁的美丽女子劳拉，心生爱慕。但劳拉当时已是有夫之妇，丈夫是出身家世煊赫的贵族。彼特拉克自此陷入了一种无望的长达二十年的暗恋。在当时，这种暗恋无疑是世俗难容、命定绝望的。他在自己的思念中将劳拉圣化，同时也记录了自己的欣悦和悲哀的心路历程。但奇怪的是，尽管彼特拉克痛苦地思念，但劳拉自己和彼特拉克却从来没有主动见过面，对这种爱的单相思更无从回报。彼特拉克只是孤独地将他的感情全部倾注到作品中，死守二十一年，直到她不幸去世。

从但丁或者彼特拉克个人角度来看，这似乎是他们各自人生中的一大奇遇。但是如果大致一样的奇遇同时发生在两位人文主义先驱身上，而且情节如此相似，则令人不禁疑窦丛生。在这两段故事中，两人都是偶遇了一位年轻美丽的女子，从此对这位女子魂牵梦绕；两人都没有真正大胆地追求

① [意]薄伽丘、布鲁尼：《但丁传》，周施廷译，桂林：广西师范大学出版社，2008 年，第 17 页。

这位美丽的女子,而是躲在自己的世界里孤独地日思夜想;两位美丽的女子都基本上不知道这两位思念者,或者只是隐隐地知道但并没有放在心上;这两位女子都嫁给了别人,没有同他们有任何实质性的恋爱经历;这两位女子最终都不幸年纪轻轻就离开人世,一度令但丁和彼特拉克悲痛欲绝。这两人经历了如此雷同的爱情,不仅让我们怀疑事情的真实性,所以后人有人怀疑他们所遇到的女子其实都是虚构出来的,如坎贝尔(Thomas Campbell)所说:"有的作者认为她是寓意性的存在;有的作者发现她是某种类型的圣母玛利亚;有的认为她喻指诗歌和悔罪。"无论如何,我们至少值得提出这样的问题:到底是他们的人生经历如此雷同,还是他们对爱情的认知如此雷同?是这种可遇不可求的经历让他们形成了某种爱情观,还是他们的爱情观需要这样的奇遇?如果是前者,那么这种奇遇就是偶然,如果是后者,他们的奇遇就是必然。

两人对爱情的追求其实都没有表现在真实的生活里,而是发泄在诗歌里。但丁把对贝雅特丽齐的思念写在自己的诗集《新生》和《神曲》里,尤其是《新生》,那是但丁专门为贝雅特丽齐所写的;而彼特拉克将思念写在自己的诗集《歌集》里。

首先,在但丁和彼特拉克的诗集中都表达了对爱情的肯定,他们都认为爱情是人不可阻挡的情感,谁遇到爱情都会被它俘虏。在但丁诗歌的描绘中,产生爱情的是自然、是欲念、是女人的美艳。这和普通人的感情没有什么区别。他在诗歌中吟唱道:

> 恋爱是自然的赐予,天经地义,
>
> ……
>
> 明哲的女人有的是美艳的姿容,
>
> 她勾人魂魄,又那么赏心悦目,
>
> 因为心房里升起了欢愉的欲念,
>
> 这种欲念在心房里不断地跃动,
>
> 把沉睡着的爱之精灵唤醒,

才子就此把情愫传到佳人身边。①

彼特拉克在诗歌中也表达了同样的情感，他也提到了欲念、欲望和爱情的关系，强调了爱的欲望不可压制。他在诗歌中吟唱道：

我那迷途的欲念执着而又疯狂，
正在追逐她那飘忽不定的形象，
她轻盈自如而又无拘无束，
不停地在我踯躅的脚步前跳荡。
我劝告我的欲望不要互追乱撞，
但它不听我的劝阻，一味任性倔犟，
看来规劝是徒劳无益的，
因为爱神的本性向来富有反抗。②

从上面所引用的诗歌内容来看，他们是从正面的角度论述欲念和爱情的关系。但是他们对爱情的描绘也仅仅停留在诗歌所反映的思念和赞美上，停留在爱情对内心的折磨上。在诗歌中爱情被他们表达得轰轰烈烈，但在现实生活中并没有同样轰轰烈烈的追求，也没有真实的男欢女爱。爱情从欲念开始，但最终女性在他们的笔下成了精神层面的存在。在诗歌的演绎下，所追求的女性被抬得越来越高，最终变成了神一般的形象，爱情也因此从欲念开始又最终归于神圣，正如有的学者所说的，但丁和彼特拉克一样，都通过赞美的方式，将她们喜爱的女性抬升到“崇高的、半神圣的人性高度，并将其夸赞到极致”。所以，人们把但丁和彼特拉克所演绎出的爱情称作柏拉图式的爱情，其特点是单相思式的，没有肉体的，不以婚姻为目的的，往往把所追求的女性美化为神。

但丁后来把贝雅特丽齐放到了天堂里，将这段无望的精神爱恋驶入了神圣的港湾，认识到没有神圣目指引的肉欲的爱情，无非是一种迷茫和错

① ［意］但丁：《新生》，第49页。
② ［意］彼特拉克：《歌集》，李国庆、王行人译，广州：花城出版社，2001年，第6页。

误。在《神曲》中,当古罗马诗人维吉尔带领他游历了地狱和炼狱后,在天堂里等待他的是贝雅特丽齐,正是她带领但丁游历了天堂,而且贝雅特丽齐被但丁幻化为从错误和迷雾中摆脱出来重新走向真理的领路人。所以,在但丁的爱情设计里,爱情因人的外貌的激发而引起,最终以心灵的圣化而结束,从而完成了他对人间之爱的纠结,完全沉入了信仰。

这样,但丁为之魂牵梦绕的贝雅特丽齐成为了信仰的化身,整个爱情故事也幻化成一场上帝导演的引导但丁从迷雾进入信仰的经历。其实以贝雅特丽齐为中心的这一经历也恰好描绘了但丁对爱的理解。帕芬罗斯(Kim Paffenroth)说:“他认为,所有的事物都显示着上帝的荣耀,上帝通过事物对人宣讲,也存在于事物中。创造和爱肩并肩,两者都不是罪或缺陷的结果。”正因为秉持着这样的信念,他认为自己对贝雅特丽齐的迷恋和最终走向对上帝的爱,都是自己一生朝圣之旅的一部分。

但丁对爱情的理解比较直白,对从爱情到信仰的道路比较坚定,也比较符合他一脚跨进新时代门槛,一脚还留在中世纪的身份定位。但丁接受从柏拉图到阿奎那关于爱的解释,但是与他们不同的是,但丁认为人间之爱是导向热爱上帝的一个阶段,人间之爱在这种意义上具有正当性,因此,“本质的自然之爱的冲动是无辜的,一个人不会因自然冲动而犯罪。然而,我

彼特拉克和劳拉

们拥有判断的能力,可以通过同意或否定的方式规劝自然愿望的冲动”。

但是彼特拉克却陷入了无尽的纠结之中,他不愿意像但丁那样让重新燃起的爱情之火熄灭在传统的神学海洋中,作为“人文主义之父”,试图在爱情和信仰之中找到一种平衡。他一方面承认爱情的正当性,但是又认为追求肉体之爱的污浊;一方面他维护信仰,但又试图认可纯真的人间之爱的伟大。也就是说他想在尽量不违背信仰的前提下为纯真之爱在人间找到一个合适的位置。为此他专门与代表信仰的拉丁教父奥古斯丁进行了一场对话,试图说服奥古斯丁认可自己所构建的爱情观的正当性,并因此和奥古斯丁产生了激烈的争论。这种纠结和争论集中反映在他的著作《秘密》之中。当然,奥古斯丁是不可能和他对话的,因为奥古斯丁是罗马帝国时期的人,而彼特拉克是文艺复兴时期的人,两者相隔千年。但是,其中也反映出奥古斯丁在思想上对彼特拉克的影响,正如奎林(Carol E. Quillen)所说,“学者们长期都认同,在彼特拉克的成长以及构建其主要思想方面,奥古斯丁所发挥的作用,这一作用戏剧性地体现在《秘密》中。而且,奥古斯丁的《忏悔录》和其他著作为彼特拉克提供了钟爱的文学范式。”其实,这部对话体的作品是彼特拉克的内心独白,他试图厘清肉欲、纯真的爱情和禁欲之间的关系,试图把它们协调起来,从而从理性的角度消除内心的矛盾。但是,从他愿意将自己的心扉向奥古斯丁敞开中,可以看出彼特拉克仍然坚持在神学的框架里解读自己的内心,正如特伦考斯(Charles Trinkaus)所评价的,以彼特拉克为代表的早期人文主义者,“发现离开与上帝性质的关系,离开上帝对尘世的影响和干涉,几乎不可能界定和讨论人”。

在这本书中,彼特拉克由真理女神引导和奥古斯丁相见,闲话了一番之后,开始进入正题。首先,当奥古斯丁询问彼特拉克是否受到肉欲的影响时,彼特拉克承认:“相当强烈,以至有时我会遗憾自己为何不生来无情。我宁愿做那些无动于衷的石头,也不想为这么多身体的冲动所困扰。”①奥

① [意]彼特拉克:《秘密》,方匡国译,桂林:广西师范大学出版社,2008年,第66页。

古斯丁的回答是典型的基督教的学说:“那么这就是特别令你偏离神圣的东西。没什么比柏拉图那精湛的学说更为人信服:灵魂必须保护自己免受肉欲的影响,并根除由此带来的幻想,使它能纯洁地上升至神圣奥秘的沉思,思量着自己生命的有限。”①

奥古斯丁认为,彼特拉克的痛苦就在于有两种锁链束缚住了他,他陷入了爱情和荣誉的漩涡中不能自拔,从而离开真理走入了迷途。彼特拉克不以为然,反而认为这是人类所追求的两个美好的理想。在这一点上两者发生了分歧。彼特拉克不承认自己对爱情的追求有什么过错。认为应该在爱情中进行区分,一种是高尚的爱情,一种是污浊的爱情,前者应该得到肯定,后者应该抛弃,而不应该像奥古斯丁所认为的那样,应该放弃对一切爱情的追求。这时充分表明爱情的正当性已经占据了彼特拉克的心,而且决定在这个问题上不听从奥古斯丁的意见:“我坚信自己的观点是正确的,而我认为那些持相反观点的人定是疯了。”②

奥古斯丁对彼特拉克的爱情两分法进行了批驳,认为无论是肉体之爱还是精神之爱都是一样的,两者无法区分,无论是肉欲之爱还是精神之爱都会将他带入绝境,都会使他最终脱离神圣的道路,而陷入迷雾之中。彼特拉克顺着奥古斯丁的思路说,其实他对劳拉的爱并没有偏离神圣的道路,反而增加了对上帝的爱,也就是说,从爱一个美德之人开始,最终会加深对上帝的爱。他爱劳拉正是因为爱她的灵魂,而不是她的肉体。这种灵魂之爱和爱上帝是相通的,所以,他想通过和奥古斯丁相反的逻辑证明爱情的正当性。奥古斯丁则认为爱一个人是启示和引导人们去爱上帝,而彼特拉克认为,因为爱上帝和爱一个人的灵魂是一致的,所以应该承认爱一个人的正当性。但是针对这一点,奥古斯丁直接就否定了彼特拉克的狡辩,他说你只要留恋世间的爱,就不可能只爱灵魂不爱肉体:“你只是说说罢了。如果是只

---

① [意]彼特拉克:《秘密》,第66页。

② 同上书,第94页。

能爱着出现在你眼前的事物，那么你所爱的正是她的肉体；尽管我不否认是她的灵魂和品行点燃你的爱火，因为单单提到她的名字就让你激动，而在灵魂的所有情感中，特别是爱情这一种里，小小火花常能燃起熊熊烈焰。”①

经过一番争论之后，彼特拉克败下阵来，他没有用理性消除自己对爱情的纠结，反而更加迷惑了。他用一首诗表达了自己的心声。

> 喔，可耻的行径！
>
> 现在我知道自己多么不幸，
>
> 我因爱情精疲力竭，然而熊熊烈火还在将我灼烧，
>
> 我睁大眼睛用尽所有天赋，
>
> 我还是迷失了；我不知道如何是好。②

彼特拉克的这场个人内心独白，充分说明两种非常冲突的观点在他内心相互纠结和矛盾，令他非常迷惑。但丁非常痛快地承认了自己对人间之爱的迷恋是一种错误，最终要从错误中走出来，但彼特拉克并不认为这是错误，希望能在基督教的理论体系中找到人间之爱的位置。但最后他迷失了。

至此，我们可以来尝试总结一下文艺复兴时期这种基于“信”的爱情观。首先他们肯定这种爱情观是基于人性而激发的，从他们第一眼看到一位女子内心就被深深俘虏来看，爱情源于人的感情的冲动，这种冲动是人的自然本性。但是感情的冲动更多地来自肉欲，而在但丁和彼特拉克的思想中，无论如何基于肉欲的爱情是无法具有正当性的。但丁最终从这种矛盾中走向了信仰，把自己的爱情冲动归结为迷误，最终在这位女子的引导下走向信仰。彼特拉克经历了和但丁大致相似的心路历程，但是他不愿意放弃人间爱情的正当性，在肉欲和禁欲之间纠结万分，最后想通过一种中间状态，即通过区分出人间的纯真爱情为爱情找到正当性，但是人间的纯真爱情如何与肉欲隔离，人间的精神之爱又如何与禁欲的教导相容，变成了一个难

---

① ［意］彼特拉克：《秘密》，第105页。

② 同上书，第114页。

题。他们试图在基督教的框架里找到爱情正当性的依据,但最后不是被信仰所说服,就是陷入了难以自拔的内心矛盾之中。

其次,人文主义者以“欲”为本对爱情进行解读。文艺复兴时期第二种完全不同的爱情观念是薄伽丘所倡导的。从年龄角度来看,但丁、彼特拉克和薄伽丘前后相继,但丁算是长辈,而彼特拉克和薄伽丘处于同一个时代但彼特拉克稍年长。而且,三者有着非常不一般的关系,薄伽丘非常崇拜但丁,还写过但丁的传记。彼特拉克和薄伽丘关系非常好,两者之间留下不少的通信。但是在爱情问题上,薄伽丘并没有承继但丁和彼特拉克所演绎的精神之爱的路径,而是走向了另一个极端,不但抛弃了爱情和神圣事物的关系,也抛弃了爱情和社会的关系,将对爱情的解读纯粹建立在本能的欲望基础上,将爱情等同于欲望,从另一个极端扭曲了爱情。所以,薄伽丘在自己的文学作品中所演绎的是一种纯粹肉欲的爱情,或者称本能的爱情和通奸式的爱情。这种爱情观集中反映在薄伽丘的《爱情十三问》以及《十日谈》等著作之中。这种爱情的立论基础是,爱情来源于人的本能冲动,本能冲动是合理的,无法压抑的,源自欲望的爱情无所顾忌,可以冲破世间的一切藩篱。

薄伽丘涉足爱情主题伊始,就偏离了但丁和彼特拉克所开创的道路,在他的笔下,女性并不是想象中的精神存在,也和神圣之爱没有任何关系,男女的爱情也不是单相思式的幸福和痛苦,而是真实地建立在世俗男欢女爱的基础上。他对世俗爱情的演绎明显可以分成两个阶段。第一个阶段是在社会规范认可的限度内探讨爱情,这典型地体现在他的《爱情十三问》(*Il Libro di Difinizioni*)之中。这部可以被视为《十日谈》序篇的故事集,以男女面临爱情的难题时如何选择为主线,探讨了在追求爱情中可能遇到的种种两难。包括面对两个共同喜欢自己的男人,女人该如何选择?面对分别具有慷慨、聪明、英勇品质的三个男人,少女应该如何选择?两个少女爱上了同一个男人,男人该如何选择?面对地位高低不同但同时爱他的女子,他应该如何抉择?处女、已婚女子和寡妇哪个更好?这些几乎都是正常的爱情追求中经常遇到的问题,对它们的探讨可以为恋爱中的男女答疑解惑。而且,在探讨这些问题时,薄伽丘还有意无意将爱情问题和社会所关注的财富、地位、善、恶、慷慨等品质联系起来,把爱情和某种价值观结合起来,从而为自己探讨爱情找到某种恰当的理由。这说明他在这个阶段仍然把爱情的探讨建立在社会规范和伦理所认可的范围之内。正如他在该书的“致读者”中所说的:

我讲述爱带来的烦恼,
爱情的欢乐与雷霆风暴。
讲述最能表明爱情的做法,
及无论优劣、何种选择最佳。
做一番比较,革除陋弊,
找出真正的佳良之举。
读者会从中将快乐找到,
去满足他们向善的头脑。①

但即使在这样的故事中,我们也能够发现日后《十日谈》中欲望爱情观的端倪。比如在第四问中他讲述了丈夫、情人和魔法师的故事:情人愿意为这位有夫之妇做一切事情,满足她的愿望;女人提出了一项不可能完成的任务,并以此作为条件答应接受这位情人的爱;魔法师最终帮助这位情人完成了不可能完成的任务。女子本意是通过设定不可能完成的任务而拒绝这位追求者,但最终却面临着履行诺言的困境,以至于在履行承诺和忠诚于丈夫之间陷入纠结。而结局竟然是丈夫慷慨地鼓励妻子去履行承诺。“悄悄去兑现你的诺言吧。不要顾虑,到培格尔弗那里去做你许诺过的那件事情吧。他吃尽了千辛万苦;有权得到你许诺的东西。”而且,最终还认为那位“舍弃

① ［意］薄伽丘:《爱情十三问:爱的摧残》,肖津译,北京:中国社会科学出版社,2003 年,第 16 页。

了自己的荣誉的丈夫最为慷慨”①。在这个故事中薄伽丘将婚姻的道德和伦理让位于虚妄的慷慨,其实已经悄然地让爱情脱离了社会和爱情的本质。

如果说,《爱情十三问》还有所顾忌,努力将爱情置入一种社会规范中去解读,但他随后创作的《十日谈》,则直接把宗教的约束、社会的伦理规范以及婚姻的道德本质统统抛弃掉了。在《十日谈》所搜集的一百个故事中,有七十三个是讲述爱情的,在这些形形色色的故事中,他将源自欲望的爱情冲动当作了爱情本身,将爱情和肉欲混为一谈,用本能取代了理性,标志着他以“欲”为本的爱情观的形成。

首先,薄伽丘认为,男欢女爱是人的本能,本能不可能压抑。在《十日谈》中他讲过这样一个故事:一个叫腓力·巴杜奇的人结婚生子后决定抛弃红尘,于是带着一岁的儿子在山中修行,过着与世隔绝的生活。他不但通过修行弃绝自己的所有欲望,而且通过让儿子与尘世隔离,无从了解世俗之事,而达到消灭本能欲望的结果。但随着他年纪变老行动不便,长大成年的儿子要求与父亲一同下山走走,以便日后接替父亲承担购买生活用品的任务。就在第一次下山在城里见到女性的时候,这位男孩还是本能地产生了对女性的喜爱。于是这位男子深深地感到自己的一切努力都付之东流。对此,薄伽丘发表了这样的议论:“要说从前我发誓要把自己的力量全部贡献给你们,为你们的欢乐而效劳,那么我现在这份意志就格外坚决了;因为凡是有理性的人都会说:我爱你们,就跟别的男人爱你们一样,是出之于天性。谁要是想阻挡人类的天性,那可得好好拿点本事出来呢。如果你非要跟它作对不可,那只怕不但枉费心机,到头来还要弄得头破血流呢。”②薄伽丘通过这个故事告诉我们,人爱慕异性,向往爱情的本能无论如何是无法被压抑被消灭的,决心战胜本能只是人的一厢情愿,在向往异性的本能面前,辛苦筑起的看似牢固的堤坝都会瞬间消失于无形。

---

① [意]薄伽丘:《爱情十三问:爱的摧残》,第61页。

② [意]薄伽丘:《十日谈》,第242页。

其次,薄伽丘在谈论爱情时,始终贯彻这样一个重要观点:欲是爱的根源,爱是欲的产物,所以爱情就是肉欲。在《十日谈》第四天"吉斯蒙达的故事"中,描述一位年轻寡妇吉斯蒙达和一个人通过家中的暗道偷情,在被父亲识破后遭到指责,这位寡妇不但没有感到自己行事不得体,对父亲表示歉意,反而振振有词反过来指责父亲。她向父亲说了如下的一段话:"你既然自己是血肉之躯,你应该知道你养出来的女儿,她的心也是血肉做成的,并非铁石心肠。你现在年老力衰了,但是应该还记得那青春的规律,以及它对青年人具有多大的支配力量……我是你生养的,是个血肉之躯,在这世界上又没度过多少年头,还很年轻,那么怎怪的我青春荡漾呢?况且我已结过婚,尝过其中的滋味,这种欲念就格外迫切了。我按捺不住这片青春烈火,我年轻,又是个女人,我情不自禁,私下爱上了一个男人。"①在这个故事里,薄伽丘通过这位偷情寡妇的言辞告诉我们,情欲是无法抗拒的力量,满足情欲是最正当的要求,是一种支配青春的自然法则,而满足这种情欲的形式无关紧要。这样,情欲的满足就成为高高在上的东西,它似乎可以高于任何的社会规范和社会伦理。

第三,薄伽丘所谓的肉欲的爱情往往表现为通奸式的爱情,当满足欲望具有不可置疑的正当性的时候,偷情和通奸也便具有了正当性。关于偷情和通奸的故事在《十日谈》中比比皆是。其中,第六天的故事便把这种不顾社会规范和婚姻伦理的观念发挥到极致。他写到从前在一个地方有一条法律:凡是妇女与情人通奸被丈夫发觉的,一律活焚。就在实行这条严酷的法律时,一位美貌多情的太太因和情人欢会而被其丈夫发觉,诉讼到了法庭。但这位太太在法庭上不仅坦然承认了自己所做的一切,而且勇敢地对这条不公平的法律提出了申诉:"法律对于男女,应该一律看待,而法律的制定,也必须得到奉行法律的人的同意。不过拿这一条法律来说,可就不是那么一回事,因为这条法律是完全对付我们可怜的女人的;其实女人的能耐比男

---

① [意]薄伽丘:《十日谈》,第248页。

人强，一个女人可以满足好多男人呢。再说，当时定下这条法律，女人并不曾同意过，而且也并没征求过我们女人的意见。所以这条法律可以说是一点也不公平的。”接着她又辩解说：“法官大人，假使他（丈夫）已经在我身上尽量满足了他的胃口，而我却供过于求，那叫我怎么办呢？难道把它扔给狗去吃吗？与其眼看它白白糟蹋掉，倒不如拿来送给爱我如命的绅士去享受，岂不是好得多吗？”①由于她的指摘，这条残酷的法律从此做了修改。这位女士的一番慷慨陈词证明了自己作为有夫之妇偷情的合理性，其理论基础就是自己有旺盛的精力和无尽的欲望，这种无尽的欲望可以尽情地嘲笑法律，法律也在欲望面前败下阵来。

不仅如此，这种欲望的冲动也为本应禁欲的修女们的奸情找到了理由。第九天《爱丽莎的故事》描述了一个女修道院院长抓着了一个犯了奸情的修女，正要依据院规对她严加惩戒时，但未料想修女们指出这位院长头上戴的不是头巾，而是一条男人的短裤。这样女修道院长在众目睽睽之下暴露了自己的丑事，也无法再以正人君子的形象示人，于是一改修道院长的严肃，而是用温和的口气对修女们说：“不过硬要一个人抑制肉欲的冲动，却是比登天还难的事，所以只要大家注意保守秘密，不妨各自去寻欢作乐吧。”②这种关于肉欲冲动的理论，从女修道院长口里说出来，似乎特别具有说服力。所以，薄伽丘认为，决定人的本性的并非理性，而是自然的欲望和需求，这是人性的更为“深奥的本质”，任何人，包括修行的宗教人士，都不可能泯灭这种人性。

从上面的这些故事可以看出，与《爱情十三问》比较含蓄的风格相比，《十日谈》对爱情的探讨更加无所顾忌，薄伽丘彻底降低到人的感性层面寻求爱情的正当性。这种爱情观不但与基督教的禁欲主义格格不入，甚至与社会的法律、传统和伦理也无法相容。因此，如果说但丁和彼特拉克所构建

---

① ［意］薄伽丘：《十日谈》，第386—387页。

② 同上书，第549页。

的爱情与基督教所倡导的精神还有沟通的可能性,那么薄伽丘的爱情观毫无疑问会遭到教会的否认。而且,如果教会出面去反对薄伽丘的爱情观一定也会有相当的群众基础。事实也证明了这一点。我们发现,在创作完《十日谈》后,薄伽丘的人生轨迹经历了突然的转折,因为他所宣扬的观点引起教会的注意,遭到教会人士的谩骂,由于缺少支持者,他也无法顶住压力而决定改弦易辙,开始走上全面否定自己爱情观的道路,重新回归正统。

两种不同的爱情观看似矛盾,其实可以在人文主义语境下"殊途同归"。无论但丁、彼特拉克还是薄伽丘,尽管他们表达爱情的方式和演绎的爱情内容不同,但是他们面对的敌人是一样的,那就是中世纪教会的禁欲主义。因为在禁欲主义眼里,爱情本来就是一种需要严加提防的罪恶,禁欲主义认为:人要获得精神上的救赎,必须克制肉体上的种种欲望。奥古斯丁论述说,性欲是人类邪恶中最肮脏、最不洁的,最能体现人对上帝旨意的不遵从,它能彻底摧毁理性和自由意志。是人所驾驭不了的最基本、最普遍的邪恶。在教会的教导中,基督徒只有完全否定性,过着不受玷污的贞洁生活,才能达到完美的境界。因此,11 世纪教会改革运动的目标之一就是取消教士的婚姻,建立教士独身制度,使禁止性欲从早先的被少数人追求的理想变为后来对基督教教会人士的绝对要求。而对作为一般信徒的世俗大众而言,虽然可以结婚,但性只是为了生殖而不是为了求欢。婚前性行为、通奸、乱伦、性变态等行为是对神的大不敬,必须一律火刑处死。

面对禁欲主义,尽管两种爱情观呈现出很多不同,但是在针对禁欲主义方面又有很多统一性。首先,两种爱情观都认可基于人的本性冲动的爱情的正当性,都认为这种美好的感情不可抑制,无论是但丁见到贝雅特丽齐时的心跳、彼特拉克对劳拉的一见钟情,还是薄伽丘对菲亚美达的赞美,都是承认世俗爱情美好的明证。他们只是在论证这种美好的路径上产生了分歧而已。其次,无论是但丁让贝雅特丽齐升入天堂,彼特拉克面对奥古斯丁据理力争,还是薄伽丘将本能奉为神明,其实都是力求让爱情从禁欲主义的压抑下解放出来,力图为它争得一席之地。最后,我们看到,他们对爱情的阐释最终都不可避免地和信仰本身产生了关系。但丁尽量和信仰达成和谐,彼特拉克则和信仰产生了分歧,而薄伽丘抛弃了信仰而又被迫更弦易张。这一切都说明,当他们阐释爱情的时候,都绕不开禁欲主义这堵墙,但是如何理解这堵墙的性质,如何去瓦解这堵墙,不同的人文主义者具有不同的理解,他们采取的路径也会有很大的不同。

他们作为人文主义者,在阐释爱情方面有着共同的目标,就是通过为爱情正名而瓦解宗教所维持的禁欲主义。一种爱情观借助十四行诗的体裁将爱情中的精神成分推向极致,一种爱情观借助小说的体裁将肉欲的成分向相反的方向推向极端。但是,从现代的眼光来看,两者似乎都在不同的角度偏离了爱情的本义,彼特拉克所追求的纯精神的爱情,谈不上真正的爱情;薄伽丘所说的肉欲的爱情,也谈不上真正的爱情,两者都未能将爱情建立在真正坚实的社会基础上,最终都变成了一种虚幻的意象。

无论如何,他们所提出的关于爱情的观点和相关争论是非常有价值的。他们的意义首先在于提出了爱情正当性的问题,提出了爱情理性和感性两重性的问题。其实他们分别揭示了爱情的两个方面,深刻影响了当时的艺术家对女性的描绘和塑造,从文艺复兴艺术家笔下的女性中,可以清晰地看到这两种爱情观的体现。一种是偏向神性的世俗童贞女性形象,一种是强调肉体的世俗妇女形象。

应该说,当时人们已经认识到人的主体性,但是人们不可能放弃宗教性,所以还不具备完全以人为唯一基础构建爱情的基础,当他们强调爱情的精神性的时候,试图与基督教对爱情的看法妥协,最终必然走向上帝;当他们以远离上帝的方式放弃爱情的精神性的时候,又必然滑向了本能的肉欲。只有当近代社会到来,宗教对社会的影响进一步削弱,人们能够完全基于人性来探讨爱情的时候,才能够把爱情的感性和理性合为一体,当把爱情的个人性与社会性结合考虑的时候,才产生出我们现代人的爱情观。

本讲参考文献

1. [美]保罗·奥斯卡·克里斯特勒:《文艺复兴时期的思想与艺术》,邵宏译,北京:东方出版社,2008 年。

2. [德]诺贝特·埃利亚斯:《文明的进程》第二册,袁志英译,北京:生活·读书·新知三联书店,1998 年。

3. [美]坦娜希尔:《历史中的性》,童仁译,北京:光明日报出版社,1989 年。

4. [瑞士]雅各布·布克哈特:《意大利文艺复兴时期的文化》,何新译,北京:商务印书馆,1983 年。

5. Campbell, Thomas, *Life and Times of Petrarch: With Notices of Boccacio and His Illustrious Contemporaries*, Vol.1, London: Henry Colburn Publisher, 1843.

6. Carol E. Quillen, "A tradition Invented: Petrarch, Augustine, and the Language of Humanism", *Journal of the History of Ideas*, Vol.53, No.2(1992).

7. Ewert, A. "Dante's Theory of Language", *The Modern Language Review*, Vol.35, No.3(1940).

8. Forni, Pier Massimo, "A Metamorphosis of Love in Dante and Others", *MLN*, Vol.134(2019).

9. Mazzeo, Joseph Anthony, "Dante's Conception of Love", *Journal of the History of Ideas*, Vol.18, No.2(1957).

10. Paffenroth, Kim, "Different Love in Dante", *The Downside Review*, Vol.123, issue 430(2005).

11. Trinkaus, Charles, *In Our Image and Likeness: Humanity and Divinity in Italian Humanist Thought*, Vol.1, Notre Dame IN.: University of Notre Dame Press, 1995.

12. Wiles, Anne M., "Dante on the Nature and Use of Language", *The Review of Metaphysics*, Vol.68, No.4(2015).

第四讲

艺术家的生活和创作空间

继文学的复兴之后，到来的是艺术的繁荣，两者都是同一个运动在不同形式中的依次表现，按照潘诺夫斯基(Eric Panovsky)的说法，“文艺复兴开始于14世纪上半叶的意大利，然后15世纪其古典化趋势扩展到视觉艺术，此后在欧洲其余地区的文化活动中都打上了烙印”。文艺复兴时期的人自觉地意识到新艺术的诞生和与旧艺术的决裂。我们现在使用的“文艺复兴”这个词最早就来自文艺复兴时期瓦萨里的《意大利艺苑名人传》(*Lives of the Artists*)，当时该词特指艺术的复兴，后来才用来指称整个时代。佛罗伦萨人马泰奥·帕尔米耶里(Matteo di Marco Palmieri, 1406—1475)在《论文明生活》中论述道：“从这里，我们可以看出在乔托以前的绘画是没有生命的，人物形象是可笑的。乔托和他的门徒们复活了绘画艺术，他们留下了不少令人钦佩的作品。在此以前的相当长一段时间里，优秀雕刻和建筑业被埋没了。今天有才华的大师们终于又发现了它们。八百多年以来，优秀的文学和艺术作品被世界遗忘了。”文艺复兴艺术的开创者归于乔托，他被称为“文艺复兴艺术之父”，在他的墓志铭上，刻着这样的话:“我是使失传的绘画艺术获得新生的人。”乔托率先改变了艺术的风格,后继的艺术家正是在承袭他的衣钵的基础上,将艺术发展成为独特的文艺复兴风格。尽管在和但丁几乎同时代的乔托身上就已经有了新艺术的萌芽,但是过了很久以后这种艺术才开花结果。坚尼·布鲁克尔说:“文艺复兴风格的创造者们拒绝了他们同时代的艺术,而回归到一百多年的乔托的作品中去。他们最赞赏这位大师之处是他通过创造真实的人物形象,能够把基督教传说表现得有声有色,感人极深。”

对文艺复兴时期的艺术进行研究有多种角度,当然可以从技法和艺术思想的角度去探讨,但作为历史视角的研究,更应该关注艺术作品创作者群体和这些作品得以形成的社会环境,也就是将其还原到当时的历史场景中去,只有这样才能对艺术创作有更加丰富的理解。因此,本讲将以艺术家及其作品为载体,聚焦艺术家的生活和创作空间。

1 匠人、作坊和订制

一般而言,我们所称的那个时代的艺术家,当时被称为工匠,这是他们生活的起点和艺术生涯的基础。正如加林所言:“‘艺术家’这个词在文艺复兴时期还不存在,我们用不着到画家列奥多·达·芬奇给我们留下的丰富文学遗产的词汇里寻找。”坚尼·布鲁克尔也明确地说:“15 世纪初期的佛罗伦萨艺术家属于行会手艺匠师,他们的社会地位等同于石匠和零售商贩。也没有具体证据表明,在这个革命的早期和关键性阶段,他们受到上层显贵雇主的鼓励采用古典形式。这种对古典的兴趣是艺术家自己发展起来的。”

作为一名匠人,他的职业生涯是从学徒开始的。文艺复兴时期艺术家学习绘画和制作雕塑的技巧,并不是在什么艺术学院里,而是要进入一个师傅的作坊里,这里不是什么学术中心,而是一个制作、生产和销售艺术品的小型工场。如加林所说:“学艺的过程不是通过学校,而是有组织地去当学徒,每一次取得一个承认其在某方面的技艺可以做师傅的绶带,这就是从师学艺。”

想要当一个画家或者雕塑家的人,大致在十二三岁以前就要进入这样的作坊当学徒或者帮工,大概要花十三年的时间学习基本技艺,一个人在这里很少有什么专攻,而是要学习制作一件艺术品的整个流程。在这里并不是要培养什么艺术创造力,因为师傅教给你的不是什么艺术理论,而是交给你做一件艺术品的手艺,等你丝毫不差地跟师傅做得一样的时候,你就可以出徒了。

在理论上徒弟也可以变成师傅,也去开设自己的作坊。在这样的学徒制度下,师傅并不是把你看成一个艺术天才,而是把你看成一个劳力。师傅也不怎样愿意让你过早成才,或者根本就不想把自己的全部手艺交给你让你成才,因为那会多一个竞争对手。因此只有为数不多的艺徒经过艰苦的训练后而成为师傅。

我们所知道的著名艺术家乔托、马萨乔(Masaccio, 1401—1428)、波提切利(Sandro Botticelli, 1445—1510),包括达·芬奇、米开朗琪罗等后来的艺术大师都曾经历过这样的过程。这些学徒在生活中备尝艰辛。他的师傅供给他吃穿,但他要为师傅做“家奴”,要为师傅烧饭,照看小孩,要调配颜料,或为壁画打底,他做好准备工作,师傅才能进行创作。

由于作坊欢迎廉价童工,所以大多数艺术家很早就进入作坊当学徒,如安德烈亚·德尔·桑托(Andrea del Sarto, 1486—1530)七岁进入作坊学艺,保罗·乌切洛(Paolo Uccello,约1397—1475)十一岁就成为洛伦佐·吉贝尔蒂(Lorenzo Ghiberti, 1378—1455)的学徒,米开朗琪罗跟随多梅尼科·吉兰达约(Domenico Ghirlandaio, 1449—1494)学艺时是十三岁。一个作坊,尤其是有点名气的作坊总是不断需要徒弟做帮手。

除了等人前来投奔外,师傅也会伺机寻找聪明伶俐的孩子。文艺复兴艺术之父乔托就是在路边被人发现的。他的师傅契马布埃(Giovanni Cimabue, 1240—1302)不但是位壁画家,而且还是建筑师,是使用马赛克作画的好手。他一天路过乔托所在的村子边,乔托正在放羊,没事在石头和地上画蓝天白云、羊群,被契马布埃看中,后者在征求了乔托的父母同意后把他带到了自己的作坊。

当时要想把孩子送到某个作坊当学徒,需要签订学徒契约,具有某种卖身契的味道。米开朗琪罗的父亲和吉兰达约的合同写道:“三年内,我的儿子米开朗琪罗将和他们待在一起,学习和从事绘画;他们两人有权对他监管;在三年里,他们要付给米开朗琪罗二十四个足色佛罗林,第一年支付六个佛罗林,第二年支付八个佛罗林,第三年支付十个佛罗林,共计九十六里拉。”①

学徒学到一定程度,便成为独立的助手。助手有别于学生,一个画师的助手并不都是他的学生,而他的学生也不可能全部留下来做他的助手。助手通常有画师那样高的水平,但仍然被当作工具操纵在工场主手中,或者即使师傅让他出徒,但也会出于某种顾忌,不敢独立开业。所以当时出现了这样的现象,徒弟和帮工的作品已经大大超过了师傅的水平,使得师傅无颜再在该行业立足后,徒弟才真正成为师傅。

据说,乔托进入契马布埃的作坊后,天资聪颖,很快就超过了师傅。有一次,他在契马布埃画的一个人像鼻尖上画了只栩栩如生的苍蝇。当契马布埃转身继续工作时,竟然信以为真,几次试图把它赶走。最后才发现弄错了。根据瓦萨里的记载:当时,达·芬奇的师傅维罗基奥(Andrea del Verrocchio, 1435—1488)恰好在作一幅《约翰基督受洗》画,在这幅画中,师傅画了作为画面主体的耶稣和约翰,而莱奥纳多画了旁边的天使。尽管他初入门道,但人们评价作为陪衬的小天使是这幅画最大的亮点。安德烈亚对一个孩子竟比自己精于此道感到懊丧不已,发誓从此再也不碰颜料。②

① [意]乔尔乔·瓦萨里:《意大利艺苑名人传·巨人的时代》(下),刘耀春等译,武汉:湖北美术出版社,2003年,第257页。

② [意]乔尔乔·瓦萨里:《意大利艺苑名人传·巨人的时代》(上),2003年,第3页。

维罗基奥《约翰基督受洗》

在当时,绘画或者雕塑的作坊只是当时形形色色的作坊之一,并没有什么特别,也没有什么特殊的地位。画匠、雕塑匠和鞋匠、皮革匠、理发匠无论在收入还是社会地位方面都没有什么不同。当时,这些作坊都不是完全自由自主的,均受到行会的管辖。行会对本行业作坊的数量、作坊的规模、招收的帮工或学徒的数量,包括产品的规格和价格等都有很多的规定。正如加林所说:"如果说'艺术工匠'的工作环境并不好和缺少社会的特殊尊重,也没有错。他们是些日用品的生产者,受行会的约束,各种行会都有自己的章程,经营者不能随随便便地开店。"

有趣的是,在佛罗伦萨,画家属于"医生和药剂师行会",雕塑家属于"丝绸行会",石雕艺术家属于"石匠行会"。说明当时画家和雕塑家还不足以成立自己的行会。而且在当时人们的认识中,画家要比雕塑家更加体面一些,"因为画家属于药剂师的行会,而雕刻家则作为石匠,与泥水匠并列在一起"。所以,"当庄严的洛伦佐发现米开朗琪罗作为一个雕刻家的天才的时候,父亲宣布说,他永远不会容许他的一个儿子去当石匠;只有在洛伦佐向他说明石匠与现代的雕刻家的概念之间的不同之后,他才应允了"。

当时艺术家们加入行会多半是出于功利的目的,因为行会的会员资格对他们承接一些重要的工程是至关重要的,否则他们很可能找不到活干。会员资格也是他们技能和声誉的标志。这就有些像我们现在的艺术家一样,并不满足艺术家这一头衔,总是加入各种协会或接受社会性的职务,试图在他们的作品之外,再加重一些自身的砝码。另外,行会也会在艺术家需要的时候提供某些帮助,如法律或钱财方面的。各个行会之间虽然有细微的差别,但并无严格的区分。

作坊,并不是以艺术为目的的,而完全是一个商业组织,以营利为目的。所以这些作坊一般都位于城市繁华的商业大街上,靠近教堂或市场。作坊大门通常朝向街道,作坊的产品则摆在门外展览,供顾客选购。作为店铺老板,艺术家必须熟悉和从事各种商业经营管理活动,如交纳店铺租金、获得订件、检验合同、记账、付账单、监督作坊的全部活动等,并以其声名吸引顾客,使作坊保持运营。房龙在谈到14、15世纪这些佛罗伦萨艺术大师的思想境界时说:"如果你们把他们当成超人,中午关门歇业,其余时间即在背诵但丁的十四行诗,或带他们的小孩去欣赏乔托大师可爱的钟楼,必大上其当。他们最感兴趣的是怎样赚大钱。这点和现代的商人一样。他们做买卖,搞物物交换,讨价还价,撒谎骗人。这点又像现代意大利的古董贩子。这种古董贩子口沫横飞,劝你买下他们当作拉斐尔大师的原作兜售的拉斐尔的赝品。"

所谓的艺术品一般都被看作是具有特定宗教、政治或日常生活用途的日用品。《新编剑桥世界近代史》中描绘说:"在15世纪期间,仍然司空见惯的是:艺术家们,甚至是第一流的艺术家们,都得接受任何应时应景的工作。他们不但为节日这样的短暂活动设计图样,而且为箱子和窗帘、骑兵的燕尾旗和骏马的装饰品绘图。"艺术品的整个制作过程,包括从颜料、画笔、画刷、画板的购置或大理石的开采、运输等准备工作到实际制作,都要由作坊负责。所以,大型湿壁画、建筑和雕塑往往需要投入大量时间、人力和财力,利润虽高,但风险也大,通常并不能提供稳定和有保障的收入。为此,作坊常常会制作一些低成本、见效快的产品,以弥补不时之需。画家们不仅在墙壁、画板上作画,也在婚嫁箱、游行旗帜、书籍、马鞍及床、衣柜等家具和其他日用器具上作画;雕塑家既制作大型青铜、大理石或其他材质的雕塑,也从事小件金、银、象牙、宝石雕刻;建筑师不仅是大型宗教和世俗建筑的建筑师,也从事堡垒、军事要塞的修建和战争武器设计以及引水渠、喷泉等民用设施的修建。

由于艺术品的制作需要大量时间、人力和财力,绝非作坊师傅个人所能承担,因此,加林说:“作坊内部的分工是极其重要的,但也很难做到明确。没有任何一幅壁画在绘制中不需要助手,没有任何一幅祭坛画屏在制作中不需要合作,没有任何一座雕塑在加工中不需要协助。”师傅一般负责制作建筑、雕塑的模型、绘画的构图和底图以及作品中的主要部分如圣母、基督等。具体的建造、雕刻、打磨、上色及作品中次要部分的制作等则由学徒和助手们完成。在此过程中,师傅要负责监督和指挥,以保证作品的技术水准和统一风格,而学徒也能借此逐渐掌握师傅的技能和风格。文艺复兴时期的绝大多数艺术品就是这样被创作的。艺术作品上的签名往往并不意味着作坊艺术家亲手完成了这件作品,而可能只是表明这件作品达到了作坊的质量标准。这种作坊内部所有成员或作坊与作坊之间的合作,使艺术家可以分担风险,同时也反映了艺术家独创意识的淡漠。

当时,艺术家进行创作大部分不是自发地创作艺术品,基本上是基于委托和订制,这表现在当时的许多合同上。13 世纪即已在意大利大量出现的合同形式也出现在艺术家和委托人之间。合同规定了所使用的材料、规格、质量、交货时间、支付的价格以及支付的形式等几乎所有可以想到的地方,如果是一项历时长久的作品,还需要定期更新合同。按照合同的规定,艺术家常常是被动地去按照订购者的愿望去创作,自由创作的空间其实是很少的。如果最终完成的作品无法令订购者满意,订购者有权拒绝支付艺术家的酬金,这对依靠酬金生活的艺术家将是重大的打击,违约对艺术家几乎是不能想象的。

切利尼在自己的自传中写道:我在此时,同加布里埃洛·切塞里诺先生交上朋友。他是罗马的最高长官。我为他做了一批工艺品。我所做的一件优秀作品,是用来装饰他的帽子的大帽徽,上面刻有勒达同她的天鹅。他很喜欢这玩意儿，一定要预先说个价，以便做成后我可以不吃亏。但是我把这块金帽徽做得非常精致，其价钱要比他所想象的高很多。因此，我把这个金帽徽保留在自己手里，我的辛苦一无所获。①

由于当时的艺术家接受委托进行创作时，不仅仅是在自己的作坊里制作，一些壁画和雕塑的制作需要艺术家们亲临雇主家里或者某个宫殿、教堂、修道院。在这种情况下，雇主要供给艺术家们吃饭等一些基本生活需要，但是很多艺术家并没有得到什么好的待遇，往往是粗茶淡饭，聊以温饱。说明在雇主和社会的眼里，作为工匠的艺术家们地位还是很低的。加林说："艺术家的生活环境并不是令人满意的。金钱方面的争执和竞争，甚至毁坏了他们的名誉并导致他们犯罪；而酗酒、丑闻和放荡不羁，是他们聊天中的主要话题，也引起警察们对他们的关注。所有这一切，并非都是传奇式的。这些不安定的'艺术家'们组成一个小社会。"在艺术家和手工艺人还没有什么区分的时候，他们得到的报酬并不是作品本身的艺术价值，仅仅是对于他们的廉价劳动力的酬劳，与工匠和流浪艺人领取日薪或者周薪一样，一幅作品的价格往往是根据用金粉或蓝色颜料的数量、描绘任务的多少、画幅的大小、花费时间的长短来决定。在支付酬金时，以实物支付报酬的方式是 18 世纪以前酬金制度中不可或缺的方式。如作为对小型绘画的酬报，有时是两只银烛台、三个小青铜像或者其他类似价值的东西。瓦萨里也曾经说：他为红衣主教作画，完成后红衣主教很喜欢，于是赐我一套新装，使我从头到脚焕然一新。这种物品交换大多显示了画家拮据的状况。加林说：画家还经常被迫需要按照订画人有权拒绝接收订购作品的模式行事。给执笔画家的钱并不多，但这不能认为是对他的作品质量的评价（如果是那样的话，那将是可笑的），而是对他工作时间的报酬。从一定意义上说这已形成一种惯例，对大画家和小画家都是如此。

在当时的合同中，也时常会出现这种以实物支付工资的情况，在这种情

① ［意］切利尼：《致命的百合花：切利尼自传》，第 57 页。

况下一般会清楚地注明支付的物品及其数量。如果是现金,则需要注明支付的是金币还是银币,如果调换成银币,则会使艺术家遭受直接的经济损失,类似的事件时常发生,支付者想方设法从中捞取油水。加林说:“合同也常常规定用实物来支付工资:多少袋麦子,多少瓶葡萄酒等,如果付钱,就要明确付给艺术工匠的钱是银币(里拉)或是金币(佛罗林)。工资的差别是很大的。”

这就是文艺复兴时期一个艺术家最正常的生活状态,从学徒到帮工,从帮工到师傅;他们从劳动中学习,从模仿中学习,最后变成和师傅一模一样的人。他们的身份首先不是艺术家而是工匠;他们受到行会和委托人的约束,并不能完全独立自由地创作;他们的报酬并不稳定,所获得的往往是辛勤劳作的报酬,而非艺术的价值。

2 庇护的艺术

文艺复兴时期某些艺术家们能够从匠人的群体中脱颖而出,当然离不开每个人个人的才能,但是如果没有能够促使他们摆脱这种小商小贩式生活方式的环境,这些才子也只能是一个最好的工匠,而不能成为什么艺术家。文艺复兴时期强有力的艺术庇护人的出现,为艺术家从匠人走向艺术家提供了契机。

庇护人又往往被称为赞助人,对赞助人有广义和狭义的理解,《牛津英语词典》对赞助人的定义是:“提供具有影响力的支持以促进某人、某项事业、某种艺术的利益的人。另外,在商业中用于指某位常客。”这个定义偏向广义的解释。彼得·伯克(Peter Burke)在谈论赞助人时也是从广义上去谈论的,在他的《意大利文艺复兴时期的文化与社会》中,他认为修道院、世俗人士、行会、兄弟会、国家都算作是赞助人,甚至一般穷顾客也列入赞助人行列。我们这里强调的是狭义的赞助人,即那些位高权重又热爱艺术的上层人士,主要是君主和教会。如果广义的赞助人为艺术家带来了利益,那么狭义的赞助人则提高了艺术家的地位。因此，我们用“庇护人”一词来与一般赞助人进行区别。

比较著名的艺术庇护人或机构是以教皇的宫廷为代表的宗教机构和以佛罗伦萨的美第奇家族为代表的国王和贵族宫廷。无论是教皇还是宫廷，其实都是比较特殊的订货人，由于这些人位高权重，许多人都精通艺术，给艺术家的生活和作品带来了重大影响。坚尼·布鲁克尔认为：“和那种文艺复兴时期的人欢乐地打破传统桎梏并尽情享受他们的自由的幻想相反，实况却是佛罗伦萨人力求找到新的安全和身份保障，以代替消失了的旧关系。他结成了和恩人主子的友谊与义务关系，这些恩人将保护他免受敌手之害，也免遭日益加强的国家权力的管束。同样地，这些成为恩人主子的有权有势的公民，也并不是真正自由的。他同样置身于一套义务与负担的罗网中，他们限制并控制了他的自由行动。他若摆脱这些义务而不顾，他的社会声望和政治影响就要受到损害。由布克哈特假定，又经其追随者夸大了的文艺复兴时期人们的社会自由，至少就 15 世纪的佛罗伦萨而言，只不过是一个神话。”

很多学者甚至将艺术家和庇护人的关系比喻成廷臣和统治者的关系，如罗曼诺(Dennis Romano)所指出的：“最近对文艺复兴宫廷的研究充分证明，庇护人和艺术家之间的关系既非常符合广义的人类学的庇护定义，同时符合狭义的艺术史的定义，因为艺术家非常贴近廷臣序列。二流的雕塑家如贝托多，在洛伦佐·德·美第奇的宫廷里是全职的侍者……甚至一流的艺术家也占有食客和廷臣的位置。在居住在斯福扎和后来法国弗朗西斯一世宫廷里时，达·芬奇不仅受召绘画，也受命设计从堡垒到花车的所有东西。让著名艺术家居住在自身的宫廷使庇护人当时获得名声，并因通过艺术家的作品来纪念他们的生平而获得身后声誉。”我们从一些著名艺术家的生活经历里，可以很明显地看出这一点。

教皇几乎和我们所知道的著名艺术家都发生过关系，或者说凡是著名的艺术家几乎都为教皇服务过。这些艺术家因为自己的才能而为教皇所赏识和雇佣,反过来,这些艺术家因为被教皇所雇佣而使自己的生活和创作道路发生了重大变化。

乔托由于在绘画方面颇有了点名气,教皇想聘请他为自己做事,但是教皇也只是听闻乔托的大名,所以想实地考察一下到底乔托的水平是否如传说的那样。于是教皇派自己的大臣专门到托斯卡纳去考察他是怎样一个人以及他的作品是什么样的,因为教皇想在圣彼得大教堂绘制一些画。当大臣到了乔托的画室的时候,求他能够让他带一幅画回去。根据瓦萨里的描述,一向礼貌待人的乔托拿出一张纸和一支蘸有红颜料的画笔,他把胳膊紧贴在体侧,形成一个圆规,然后反手一转,奇迹般地画了一个完美的圆,说这就是我的画。结果这个圆圈得到教皇的大力赞赏。于是,教皇派人把乔托接到罗马并亲自接待了他,委托他创作了圣彼得教堂唱诗室中以基督为题材的五幅湿壁画,还有圣器室中那幅大湿壁画,教皇非常满意,付给乔托六百个金杜卡特作为酬金,还给他其他许多赏赐①。

米开朗琪罗在艺术生涯中有大量的时间和教皇在一起。他有点名气之后,受到圣乔尔乔的红衣主教的青睐,尽管这位红衣主教对艺术知之甚少,但还是把米开朗琪罗邀请到罗马,并在他那里住了一年。圣德尼斯的红衣主教惊叹于米开朗琪罗的才能,邀请米开朗琪罗做了一件大理石圆雕《圣母怜子》。此后,他的才能和名声得到了教皇的赏识,教皇尤利乌斯二世(Julius II, 1503—1513 年在位)盛情邀请他前往罗马为自己修墓,并"与教皇建立了一种亲密关系"。期间他与教皇之间发生了误会,一气之下返回佛罗伦萨,结果"教皇的一位信差便带着教皇的信追上他,请他回去"。尽管米开朗琪罗并没有立即回去,但他最终又见到教皇时,谦卑地请求教皇宽恕。据说,当时站在教皇身边的人也为米开朗琪罗开脱,说"像米开朗琪罗这样的人都是些无知的笨蛋,除艺术外,他们对其他事都一窍不通,教皇应

① 参见[意]乔尔乔·瓦萨里:《意大利艺苑名人传·中世纪的反叛》,刘耀春等译,武汉:湖北美术出版社,2003 年,第 91 页。

慷慨地原谅他”。教皇听到这样的话,怒火中烧,操起手中的杖节就向那位主教打去,说:“无知的是你,你竟敢用这些连我都未曾想过的粗野的言辞来侮辱他。”他又被迫为西斯廷教堂画天顶画,这是份很苦的差事,而且他并不擅长作画。但是以顽强的毅力完成了,给后世留下了杰作,但也为此伤害了自己的身体。他的视力受到伤害,当整个天顶画完成之后,三十七岁的米开朗琪罗已经像个老人了。由于长期仰视,他的头和眼很久都不能低下来,读信都要举到头上去看。①

尽管米开朗琪罗与教皇之间有许多不愉快,但是教皇把他留在宫廷,委托他创作了大量作品,给了他很多的礼物和钱财。新任教皇利奥十世上台后,他又接受委托创作美第奇家庙的雕刻,其中就有昼、夜、晨、昏等雕像。1534 年,教皇克莱门特七世(Clement VII, 1523—1534 年在位)征召他绘制西斯廷教堂的祭坛画,完成了《最后的审判》。之后他还受命修建圣彼得大教堂。最终死于 1564 年。

拉斐尔更是和教皇有不解之缘。在他取得一些名声,正在佛罗伦萨制作圣灵教堂礼拜堂的一幅祭坛画时,接到好友布拉特曼(Donato Bramante,约 1444—1514)的来信,希望他到教皇宫廷一试身手。据说“拉斐尔欣喜不已”,他也受到教皇尤利乌斯的热烈欢迎。由于拉斐尔画作的高超技艺,“以致教皇尤利乌斯将其他画家所绘的新旧作品全部销毁了,只有拉斐尔才享有作画取代那些作品的荣誉”。在尤利乌斯教皇死后,继任的利奥十世教皇同样欣赏拉斐尔,仍然将大量的作品委托给他。由于拉斐尔为教皇宫廷制作了大量作品,以至于“教皇利奥欠他许多钱”。他的年轻早逝令所有人都非常悲痛,“他的去世更令罗马教廷悲痛异常,因为他曾主管议事厅的装饰工作,后来,教皇已非常钟爱他,得知其死讯后,真是悲痛欲绝”。瓦萨里在总结拉斐尔一生时评论说:“拉斐尔的品性促成了尤利乌斯二世的伟大、教皇利奥的慷慨,尽管他们身份高贵,地位尊崇,却将他视为亲密的友

① 参见[意]乔尔乔·瓦萨里:《意大利艺苑名人传·巨人的时代》(下),第 273 页。

人，给予自己所能提供的种种恩宠，由于他们的垂青和馈赠，拉斐尔方能为自身和艺术赢得巨大的荣耀。”①

从上面这些著名艺术家的创作生活中，我们可以看到教皇和教会与他们的密切关系。正如《新编剑桥世界近代史》文艺复兴卷中所说的：“显而易见，如果像人们往往所想的那样，以为文艺复兴产生了一种以世俗性为主的艺术，以为奥林匹斯山诸神代替了耶稣和一大群圣徒，那将是错误的。恰恰相反，文艺复兴艺术首先是，而且主要是一种宗教艺术。”丹尼斯·哈伊也认为：“美术的发展同严肃的文学作品一样，采用的几乎都是宗教题裁。”这种现象的出现当然和艺术家自己对宗教的态度有关，更主要的原因是这些作品的委托订制人都是以教皇为首的教会，他们作为大主顾和庇护人的角色在一定程度上决定了作品的内容和形式。

柯西莫·美第奇

除了教会外，有能力对艺术家进行庇护并实质性地影响艺术家作品创作的大人物还有君主。

达·芬奇的一生更多地是为君主的宫廷和王公贵族效力，大量的作品也是因他们的委托而作。达·芬奇在成名之后，受到“访问米兰的邀请”，公爵被他敏捷的才思“深深地迷住了”。在米兰，他为多米尼克修会的感恩圣玛利亚修道院创作了著名的《最后的晚餐》。后来在1513年到达了罗马，也受

① 参见［意］乔尔乔·瓦萨里：《意大利艺苑名人传·巨人的时代》（上），第76—103页。

到了教皇宫廷的热情接纳,并给他固定的薪俸,尽管他并没有在这里做什么事。后来他又到了法国国王弗朗索瓦一世(François I, 1515—1547 在位)的宫廷担任国王的首席画师、建筑师和机械师。

佛罗伦萨的美第奇家族是赞助和庇护艺术家的典型代表,瓦萨里的《意大利艺苑名人传》就是献给美第奇家族的柯西莫,在献词中,瓦萨里说:"这个时代、各门艺术和这个时代的艺术家都对您先祖的恩德充满了无限感激之情,同时也对您感激万分,因为你秉承了贵先祖的美德及其对艺术的慷慨赞助。"①他在自己的自传里对柯西莫公爵感激不尽,说:"慷慨大度的柯西莫公爵对我长时间的辛勤劳作给予丰厚的奖赏,除薪水和额外赏赐外,他还把佛罗伦萨和城郊的几处宽敞而体面的宅院送给我,使我能更好地为他做事。此外,他还任命我担任阿雷佐的正义旗手等官职,这使我感到莫大荣耀。"②著名画家波提切利基本上是美第奇家族的御用画家,他很早就受到美第奇家族的赏识,后者向他订购了大量的画作。与强大的美第奇家族保持着良好的关系也使画家获得政治上的保护,并享有有利的绘画条件。此外也是通过这一层关系,波提切利得以接触到佛罗伦萨上流社会和文艺界名流,开拓了视野,接触了各方面的知识。在美第奇家族掌权期间,波提切利为他们作了多幅名画,声名大噪。为美第奇别墅所画《春》和《维纳斯的诞生》,成为波提切利一生中最著名的两幅画作。

贡布里希描绘说,柯西莫是多纳泰罗(Donatello, 1386—1466)的好朋友,也是所有画家和雕刻家的朋友。在他的时代雕刻艺术无人问津。为了防止多纳泰罗遭逢厄运,柯西莫委任他制作圣洛伦佐教堂的一些铜雕布道坛,并且每周给他一笔钱,足够他和他的徒弟们用,他就这样养活他。由于多纳泰罗的衣着是柯西莫所不喜欢的,所以柯西莫给了他一件带兜帽的红外套和一件穿在外套里的衬服,把他打扮一新。

---

① [意]乔尔乔·瓦萨里:《意大利艺苑名人传·中世纪的反叛》,第 2 页。
② [意]乔尔乔·瓦萨里:《意大利艺苑名人传·巨人的时代》(下),第 507 页。

米开朗琪罗的成名,也得益于美第奇家族的培养。那个时候洛伦佐·美第奇建立了一个学院,搜罗了大量的古代雕塑和绘画,一方面用以装饰自己的宫殿,一方面充当艺术家们的学校。他提供食宿,同时还奖励那些有才能的人。虽然这里聚集了许多有名的画家,但是令他感伤的是这里没有什么有才能的雕刻家。所以他恳请吉兰达约,如果工作室里有喜欢雕塑的人就送到自己的学院。结果吉兰达约就把米开朗琪罗和另一个人送到了这里。米开朗琪罗非常勤奋,经常一个人在晚上和节日里练习,这激起了一个非常嫉妒的管理雕塑的头领的不满,他经常挑米开朗琪罗的毛病,侮辱他,最后还打他,把他的鼻梁骨打断,使他留下了终身的疤痕。洛伦佐知道后,把这个人赶出了佛罗伦萨。在这里米开朗琪罗表现出了自己的才能,深得洛伦佐的赏识,后者请求米开朗琪罗的父亲让他把米开朗琪罗当作自己的儿子看待,安排宫廷里的一间房子给他住,让他与自己的儿子同桌吃饭,那时他只有十五六岁。米开朗琪罗在那里待了四年,直到洛伦佐去世。

从本质上来说,这些庇护人也只不过是一种艺术品的订购者,也是一种委托人或顾客。但是这种委托人为艺术家的成长和摆脱匠人身份起了很大的作用。

首先,这些庇护人给艺术家大量的资金资助,使艺术家摆脱了穷困的生活状态,在财富方面开始跃上一个等级。罗马教廷在艺术市场上越来越独占鳌头,成为广大艺术爱好者的强劲的竞争对手这一事实,必然极大地影响了艺术家酬金的增长幅度。当时有不少艺术家陆续从佛罗伦萨投向宽宏大量的罗马。那些留下来的艺术家,自然得益于天主教宫廷的高薪聘请,也就是说,仅有那些较为杰出的,必须付出努力才能使其留下的艺术家才真正有利可图。

这一时期,艺术品的价格不再笼统地停留在中等水平,艺术家的报酬已经开始真正高低有别,说明人们对艺术家的态度已经开始发生变化,在15世纪末,雇主们开始肯对壁画出较高的价钱。米开朗琪罗在西斯廷教堂的拱顶作壁画获得了三千金币。16世纪著名的大师,如拉斐尔和提香

(Tiziano Vecelli,约1488/1490—1576),都享有一笔可观的收入,过着贵族般奢侈的生活。米开朗琪罗从外表看是简朴的,但他的收入相当高。被教皇宠爱,并与红衣主教和王后有着密切关系的拉斐尔,在死的时候,留下了乌尔比诺、罗马市内和郊区的房屋、宫殿、葡萄园、土地等巨额遗产,而这一切只是他二十年间的劳动所得,并且他生前一直过着极其奢侈豪华的生活。

其次,庇护人给艺术家提供了广阔的发挥艺术的舞台和发挥艺术想象力的空间。由于艺术家经常从一个宫廷转到另一个宫廷,从一个城市潜入另一个城市,这种漂泊不定的流浪生活,致使以当地情况为依据、仅在当地区域内行之有效的行会规则有所放松。由于王公贵族们不仅极力罗致本地技艺高超的大师,还经常把外地风格奇特的艺术家招聘到宫廷中来,那些外来的艺术家在执行委托时不可能顾及地方行会的规矩,不可能向地方行会的权威请求准许,或者向他们询问允许雇用多少个助手和学徒。当他们完成一个雇主的任务后,便带着助手去接受新的招聘,在新雇主的保护下又享受到同样的特权。这些流动不定的宫廷画家从一开始就摆脱了行会的羁绊,他们在宫廷中所得到的优惠若不是影响和促进了他们在都市对艺术家的待遇,并引起竞争,那是无法保持下去的,特别是对那些经常受雇于两地的大师。城市的雇主要想吸引住他们,就必须与宫廷竞争。因此艺术家能从行会的枷锁中解放出来。

再次,庇护人可以使艺术家跻身上流社会,结交名流,开阔眼界,提高名声。一些画家被召集到宫廷去装饰帝王的居室,同时也为他们画像,设计服装和装饰宫廷节日的活动场面。在15世纪有十三位艺术家被授予贵族头衔(其中十一位是意大利人),而到了16世纪则有五十九位艺术家获得了贵族头衔,其中二十九位是意大利人。当然,这些艺术家的地位并不是很稳固的,即使像达·芬奇这样傲慢的艺术家也不得不为了获得应当的报酬而讨好这些庇护人。

艺术家的地位在16世纪初发生了根本性的变化。从那时起,著名的画师不再是庇护人的庇护对象,而是自己也成了大贵族。根据瓦萨里的记载,拉斐尔过着奢华的贵族生活,而不是一个画家的生活,他住在罗马自己的宫殿里,与王公贵族和红衣主教关系甚笃,平起平坐。红衣主教的一个侄女还当了他的新娘。在著名画家菲利浦·利比死后,豪华者洛伦佐请求把他的尸体从斯波来托运回家乡,准备举行隆重的葬礼,但是没有能如愿以偿,他得到的答复是,斯波来托很遗憾不能归还大师的遗体,因为它所拥有的伟人远不及佛罗伦萨多。所有这些事例都清楚地表明了人们的注意力已经从艺术品转移到艺术家本身上来。正因如此,加林评论说:"画家或雕塑家并不愿意在教会当局严格规定的范围内工作。教会认为,画在教堂圆顶壁上和祭坛上的画,应当表示对宗教的虔诚;而作者却认为——而且他的看法越来越占主要地位——他的作品应当受到好评,应当留下画家或雕塑家的业绩。公众的态度也往往同画家的想法一致,即使在所谓的中世纪也是如此。而现在艺术家却可以超越最初只提供服务的概念,公开地要求创作自由。当订购人、慈善机构、主教、大君主,都为在自己的小教堂里、'书房'里有一幅波提切利、曼特尼亚、提香的画而自豪时,这种现象也就更为普遍了。"

但是在庇护人的庇护下,艺术家也并不是完全自由创作的,我们从文艺复兴时期的艺术家几乎都画宗教题材,几乎都喜欢画肖像画等,可以看出庇护人的影响。正如《新编剑桥世界近代史》文艺复兴卷所评论的:"与宗教作品的浩如烟海相比,异教主题在文艺复兴的雕刻中只不过是沧海一粟。"因此,他们的艺术品反映着庇护人的要求和审美趣味,一幅作品往往是艺术家和庇护人共同作用的成果。正如吉尔伯特(Creighton E. Gilbert)所说:"虽然庇护人通常提出总的主题(如给出题目),但也明显意识到专业人士才能处理好细节。"有些艺术家服务于教皇并一时深得宠爱和赏识,但他们时常又被教皇的喜怒无常和出尔反尔弄得无所适从。正如丹尼斯·哈伊所说:"任何文艺保护者,尽管是不可缺少的,都会剪去他们天才的翅膀,成为他们发展才能的障碍。"然而,尽管著名艺术家都因庇护人的原因大多创作宗教题裁的作品,这些作品也与中世纪的宗教艺术有了很大不同,"盛期文艺复兴"的这些艺术家们给宗教的题材赋予一种富有人情味的、理想化的特质，一种把神变成人的崇高的想象，在这一点上，他们是独一无二的。

3 艺术的突破

瓦萨里在《意大利艺苑名人传》的序言中说："我想让他们知道，艺术是如何从毫不起眼的开端达到了辉煌的顶峰，又如何从辉煌的顶峰走向彻底的毁灭。明白这一点，艺术家就会懂得艺术的性质，如同人的身体和其他事物，艺术也有一个诞生、成长、衰老和死亡的过程。我希望以此途径使他们更好地认识到文艺复兴以来的进步以及它在我们时代所达到的完美。"①瓦萨里希望以此来表明，艺术经历了中世纪的沉沦后，文艺复兴时期再现了艺术的新风格。

文艺复兴艺术新风格的诞生，是在对此前艺术的突破基础上形成的。在瓦萨里那里，新艺术所针对的对象是所谓的希腊艺术，也就是拜占庭所流传下来的艺术。拜占庭艺术自中世纪以来以镶嵌画而闻名，但由于镶嵌画的制作方法以及中世纪艺术所特有的精神追求，导致其形象都非常不自然。瓦萨里在介绍不同的艺术家时，屡次提到希腊人风格的缺陷或者特点，说道"希腊人的那种呆滞、僵化的艺术风格"，"希腊镶嵌画中常见的粗线索和大轮廓"，"陈旧的、粗俗的和比例失调的拜占庭风格"。而瓦萨里对新出现的文艺复兴时期的新风格则用了另外的词句进行描绘，如"画中的人物的皱褶显得更加细腻、自然、柔软和富有动感"，"人像刻画得栩栩如生，场景中的裸体人像和穿衣人像显得逼真、传神和令人倾倒"，等等。这两种表述充分反映了两种艺术风格和审美情趣之间的巨大差异。以他对乔托的评价为例："正如乔托，他把绘画艺术从一种晦涩难懂的粗糙风格转变为一种优美、流畅和飘逸的风格，成为稍具审美力的人皆可理解的艺术风格。"②

① ［意］乔尔乔·瓦萨里：《意大利艺苑名人传·中世纪的反叛》，序言。
② 同上书，第186页。

瓦萨里认为，文艺复兴艺术的新风格是从契马布埃开始的："1240年，遵照上帝的旨意，一个新生命诞生在佛罗伦萨高贵的奇马布埃（契马布埃）家族，他就是后来的乔万尼·奇马布埃。奇马布埃的诞生预示着绘画艺术的新生。"①正是在契马布埃的引导下，乔托成为文艺复兴风格的真正奠基者："乔托来到佛罗伦萨后，天生的聪慧加上奇马布埃的指点，很快就掌握了其师的风格，而且，他对大自然的成功模仿，终于使他摆脱了粗糙的拜占庭风格，而复兴了优美的现代绘画风格。"②后世的人们正是沿着他们所开创的道路，将文艺复兴的新风格推向了巅峰。

文艺复兴新风格的本质是力求自然和真实，这种自然和真实的获得首先在于师法自然，其优美来自对自然的忠实描摹。这是乔托特别强调的，潘诺夫斯基（Erwin Panofsky）说："乔托不仅是一位其名声令过去同行黯淡的人，而且是在许多世纪后将绘画艺术从坟墓里复活的人；据说这是凭借彻底的自然主义获得的——其如此彻底，不仅欺骗了许多受过训练的观察者的眼睛，而且冲击了普罗大众的口味。"瓦萨里自己直截了当地说："我认为，艺术家们应当感激大自然，因为正是大自然持续不断地为他们提供素材，使他们能从中选择最美丽的部分加以临摹和模仿。"③瓦萨里在叙述乔托在湿壁画方面所取得的成就时说："乔托总是孜孜不倦地研究大自然，并从他那里汲取灵感，因此乔托的真正老师不是任何人类的艺术家，而是大自然本身。"④在赞美乔托的徒弟佛罗伦萨画家斯特法诺时，他说："艺术家赋予斯特法诺'大自然的猿猴'的称号，意思是大自然的模仿者。"⑤在描述乔尔乔内时，瓦萨里说他"对这门美妙的艺术是如此沉迷，以至在创作中从不临摹自然之外的事物，而是紧密模仿自然，仔细地刻画下她的一颦一笑"，"乔尔

---

① ［意］乔尔乔·瓦萨里：《意大利艺苑名人传·中世纪的反叛》，第38页。
② 同上书，第86页。
③ 同上书，第85页。
④ 同上书，第88页。
⑤ 同上书，第115页。

乔内的创作准绳是忠于自然，不模仿别人的风格”。文艺复兴艺术对自然的忠实，一方面表明他们开始以自己的艺术来反映自然，一方面表明他们把自然的真实视为评判艺术的标准，艺术的美和符合自然几乎成为同义语。这种对自然真实的追求使文艺复兴艺术摆脱了程式化的技法，而更具现实主义。斯托克(David G. Stork)说：“若我们考察西方绘画的轨迹，我们看到在文艺复兴初期发生了非常有趣的事情。大约在1425年前，大多数形象都是风格化，甚至程式化的，但是此后我们几乎看到了照相现实主义。”我们来看一下瓦萨里对拉斐尔所做的“教皇利奥、红衣主教朱利奥·德·美第奇以及红衣主教罗西的肖像”的评价，就能真切地感受到这一点：“这些形象仿佛从画面上凸现出一般，极具浮雕感，教皇身上的天鹅绒披风纹路依稀可见，锦缎外袍光泽闪耀，毛皮镶边柔软而逼真，金线蚕丝仿佛是真材实料而非颜料的虚饰。还有一本绘有图案的羊皮书，真是巧夺天工，另外一个雕镂银铃更是一番不可言喻的美。靠椅上还有一个抛光金球，澄净可见，像明镜般映射着窗外的光线、教皇的背影与屋内的家什。如此精湛的技艺料想当时无人能及。”①

教皇利奥、红衣主教朱利奥·德·美第奇以及红衣主教罗西的肖像

① ［意］乔尔乔·瓦萨里：《意大利艺苑名人传·巨人的时代》(上)，第91页。

正是这种对自然真实的追求，驱使文艺复兴的艺术家们不断丰富创作的手段，孜孜不倦地探索再现自然奥秘的技巧，尝试各种新方法，并相互模仿和相互竞争。瓦萨里说："在佛罗伦萨的自由氛围中，这些新颖思想更容易付诸实践。在这种氛围下，往往会涌现出许多具有创造性和深刻思想的人才；而且，通过竞争和借助各个时代优秀艺术家总结出的原则，僵化和粗糙的东西能被克服，艺术因而不断进步。"①在尝试新方法新技术的道路上，几乎每一位著名艺术家都在尝试解决一个又一个难题，最终留下了宝贵的财富。乔托在创作比萨公墓园湿壁画的时候，发现大理石墙面面朝大海，并渗出盐分，色彩和绘画因而总是被逐渐侵蚀掉。为使湿壁画免遭破坏，他巧妙地在大理石的表面上敷上一层用石灰、白垩和砖土混合而成的涂料。这个方法使乔托的湿壁画一直成功地保存至今②。佛罗伦萨画家斯特法诺师承乔托，在他的画中，人物凌乱的衣衫随躯体的活动而形成许多新衣纹，这是以前的绘画所没有的。因为斯特法诺力图借助衣纹刻画裸体，这种观念对以前的艺术家——甚至乔托来说，都是陌生的③。同时，他还率先尝试使用透视短缩法，是"第一个探索这些难题的人"④。弗朗切斯卡也是特别习惯用衣服的皱褶来表现裸体的艺术家，他画中所描绘的服饰皱褶显得轻柔而飘逸，能恰到好处地衬托裸体人像的体形，他不断地探索给人像增添服饰的新方法，在画中展示了各种奇妙的头饰、鞋子和其他装饰⑤。艺术家杜乔则对明暗对比法进行了探索，瓦萨里评价说："我们不知道杜乔在何处去世，亦不知他的亲友、弟子及身后留下的财产等状况。我们只需记住，他为艺术宝库留下了用明暗对照法制作的大理石镶嵌画的技巧就够了。"⑥威尼

① [意]乔尔乔·瓦萨里：《意大利艺苑名人传·中世纪的反叛》，第75页。
② 同上书，第90页。
③ 同上书，第114页。
④ 同上书，第116页。
⑤ [意]乔尔乔·瓦萨里：《意大利艺苑名人传·巨人的时代》（下），第203页。
⑥ [意]乔尔乔·瓦萨里：《意大利艺苑名人传·中世纪的反叛》，第192页。

斯的安东尼奥则从不对已经干好的湿壁画润色，所以他绘制的作品至今色彩鲜艳如初。达·芬奇则渴望使自己的作品具有更强烈的浮雕感，所以"努力探索阴影的深度，寻找最暗的黑色，以便通过对比更清晰地表现光线，最后他成功了"①。同时，达·芬奇在绘画艺术上发明了"晕涂法"，从而使所创作的艺术形象有更多的生动感和浮雕感。达·芬奇还善于使用三角构图，从而使得画面稳定，充满和谐感。马里奥则认为，借助阴影可以消除画面的平板单调，而阴影太深则会使画面模糊，所以他发明了一种刚柔相济的方法②。同时，他为了能够获得一个比铅白色更加亮丽的白色，于是采用了自创的方法来表现。

这些创作技巧深刻地反映在不同艺术家的作品中。乔托的《金门相会》、马萨乔的《三位一体》以及拉斐尔的《雅典学院》都喜欢用某种建筑，尤其是门洞的景深来体现人物远近的透视关系，将主体人物置于透视关系的聚焦位置，以突出所要表达的主题。达·芬奇的《岩间圣母》，拉斐尔的《耶稣的复活》和提香的《以撒的献祭》等喜欢用阴影和色块来表现场景和人物，让主体人物聚焦在光线的中心位置，而将次要的部分逐渐隐没在暗影之中，同时就某个主体人物而言，也是通过光线和阴影更清晰地突出所要表现的躯体部分。乔托的《犹大之吻》、达·芬奇的《最后的晚餐》以及拉斐尔的《西斯廷圣母》都是运用三角构图的代表性作品，他们将画面中的主体人物都置于画面的中间最高处，而其他的陪衬人物都在其两边依次降低，从而使得画面主体突出，画面稳定。

艺术家同样注重人体动作的研究，这是他们追求自然主义风格的重要一环，无论达·芬奇还是米开朗琪罗都曾认真研究过人的动作所造成的肌肉变化。萨莫斯(David Summers)指出："同文艺复兴时期的大多数理论家一样，阿尔伯蒂认可体现运动的中心问题的复杂性，而且在其关于绘画的论

① [意]乔尔乔·瓦萨里：《意大利艺苑名人传·巨人的时代》(上)，第5页。

② 同上书，第53页。

文中用了几页的篇幅来描绘人体动作的端正。他说,他的很多规则都取自然。在一系列有关运动之限度的规则中,其中之一指出,腰部不要激烈扭曲,以至于肩膀和肚脐垂直,因为超过限度是身体无法做到的。”

可以说,正是通过一代代艺术家的努力,文艺复兴时期的艺术家无论在构图、色彩、透视、阴影比例等方面都发展出了独特的风格,正是这些风格保证了艺术品能够真实地反映自然,并使得画面柔美、自然、流畅、和谐。他们通过探索和发明这些技巧,在绘画和雕塑中发展出了数学般的精确性和和谐的美。正如坚尼・布鲁克尔所说的:“那些偏爱文艺复兴风格的人,是为其井然有序、谐和而整齐划一的特色所吸引,也喜欢它依据数学法则确立的精密关系。他们把空间、自然世界看成是可以由人类智力判定、测算和控制的现象。”

除了局部的技巧外,文艺复兴时期的艺术更加注重画面的整体布局,因为整体布局更能反映一个艺术家的判断力和所要表达的思想。瓦萨里曾叙述艺术家朱利亚诺尽管在各方面有很高的技巧,但在绘制一幅作品时无论如何不知道怎样在一个狭小的空间内用透视法把人物画成一排,于是米开朗琪罗拿起一只炭笔,用透视法勾勒出一排姿态各异的裸体人像,有的前倾,有的后仰,有的死,有的伤,这“表现出米开朗琪罗特有的判断力和卓越的才具”①。因此,瓦萨里曾经这样说过:“那种认为只要把人体的躯干、臂膀和腿研究透彻,能画出好的肌肉,能准确理解它们就万事大吉的人是大错特错了,因为这仅仅是局部,而不是全部;那些能很好地把握局部的人应该学会使各部分协调一致,由此产生整体布局,以便准确无误地表达自己的思想。”②当各种局部的技巧已经成为常识的时候,这种对整体的把握便成为区分艺术家高下的关键。

文艺复兴艺术家们不但在创作技法上进行了许多大胆的尝试,而且在

---

① [意]乔尔乔・瓦萨里:《意大利艺苑名人传・巨人的时代》(下),第4页。

② 同上书,第144页。

绘制的内容上也有了很大的突破,将人文主义者所倡导的世俗、自然和人性体现在自己的作品中。尽管文艺复兴时期的艺术深受订制人和庇护人喜好的影响以及作品功用方面的限制,但是艺术家们会利用一切空间和机会表达自己想要表达的事物和情感,并逐渐影响订制人和庇护的审美观。

文艺复兴时期艺术家笔下的人物形象开始转变,无论宗教和世俗人物都开始显现自然的美。首先,艺术家们都开始尝试裸体入画,或者以轻薄的衣饰来表现自然的身体,从而体现男性的健硕和力量以及女性的柔美。在作品中呈现裸体,这一方面和艺术家的自然主义思想有关,另一方面也和女性模特的运用有关。伯恩斯坦(Joanne G. Bernstein)指出:“达·芬奇的作品和绘画证明在15世纪末有了裸体的研究。尽管莱奥纳多对选择模特和摆放姿势进行了细致的建议,但在他出版的日记中只提到了男性模特……16世纪下半叶,在拉斐尔的画作中有了使用女性模特的证据。”米开朗琪罗所雕刻的《大卫》,绘制的《亚当》和《最后的审判》等,画中人物大都以裸体呈现。尤其是《最后的审判》,由于在巨大的群体像中大量描绘裸体,且这幅画是在教皇的私人礼拜堂西斯廷教堂的墙面上,所以当时还引起了不小的风波。在画作近乎完成的时候,教皇及其司仪来到礼拜堂进行观摩,当司仪比亚乔·达·切塞纳看到这幅画作时评论说:“在这样一个庄严而神圣的场所绘制这么多无耻的赤身裸体的人像太不像话了,这幅画不适合放在一位教皇的礼拜堂,倒适合公共澡堂或酒肆。”①这一方面说明了这位司仪的顽固和守旧,另一方面也说明了米开朗琪罗的大胆和对艺术的坚持。提香的《维纳斯和阿多尼斯》《达那厄》《抹大拉》以及《乌尔比诺的维纳斯》则以裸体的形象表现女性身体的魅力,并强调丰满热情的女性美。他描绘的“抹大拉”本来为《圣经》中因忏悔而得救的妓女,而提香在画面中突出其健美的体态和深沉的精神境界。《乌尔比诺的维纳斯》尽管描绘的是维纳斯女神,但却将这位女神刻画为一位浴后在卧榻上躺卧休息的美丽裸体女性,

---

① [意]乔尔乔·瓦萨里:《意大利艺苑名人传·巨人的时代》(下),第296页。

充满家庭情趣和亲近感。波提切利的《维纳斯的诞生》《春》等作品虽然并不是以裸体的形式描绘神圣的形象，但以薄薄的衣饰和飘动的衣褶衬托女性身体的柔美。即使那些不是以裸体呈现的形象，也符合自然的审美趋向。拉斐尔画了一系列的圣母，著名的有《西斯廷圣母》《草地上的圣母》，等等，这些圣母形象创造了文艺复兴时期美丽女性的典范，既散发着世间女子的秀美，又以淡淡哀愁的忧郁眼神突出其爱怜世人的形象。

人物形象贴近自然的旨趣不但使文艺复兴的艺术家在神圣的宗教题裁中发掘人性的美，而且直接驱使他们去描绘世俗的人物，其中肖像画的流行就是其中的表现之一。拉斐尔、提香和达·芬奇都曾经涉猎世俗的肖像画，其中达·芬奇的《蒙娜丽莎》成为肖像画的典范，依据瓦萨里的评价："这幅肖像是艺术能够在多大程度上模仿自然的典范，最灵巧的手能描绘出的一切细节，在这里都充分表现出来了。那双湿润明亮的眼眸是现实生活中常见的典型，眼睛周围那生动的红色小圈和毛发，不经过最精细的刻画，是无法表达出来的。眼睑也自然得体，睫毛浓密，每一根都经过细致的描绘，曲折自如，宛如出自皮下，极为逼真。鼻尖上那完美柔嫩的粉色鼻孔真是栩栩如生。嘴唇微翕，从玫瑰红唇到鲜嫩的粉颊，无处不是生动的肌肤而非颜料的堆砌。的确，我们可以说，这件作品的描绘方式足以让最大胆的艺术家绝望。"①艺术家也不忘记留下自己的形象，许多艺术家包括达·芬奇、米开朗琪罗等都留下了自画像，而且波提切利和拉斐尔还把自己的形象结合进自己的画作里，成为作品的群体人物之一。

文艺复兴的艺术作品开始擅长风景入画，将画面人物和自然的风景和谐地融为一体。中世纪时期的艺术作品基本上没有风景，背景往往是大片的金色，以隐喻的方式突出描绘主题的非世俗性，以背后的光环突出人物的神性。但是，文艺复兴时期的作品无论宗教作品还是世俗作品，都尽可能与周边的环境融为一体。或者将人物置于古典建筑中，或者将人物直接置于

---

① [意]乔尔乔·瓦萨里：《意大利艺苑名人传·中世纪的反叛》(上)，第9页。

大自然的风景中。这种尝试从乔托就开始了,他的《逃往埃及》尽管对自然风景的描绘还比较笨拙,但是已经将圣母和耶稣置于山、树木和天空组成的背景中;马萨乔的《纳税钱》所描绘的河流、山林和道路已经开始脱离乔托的稚嫩,贴近现实;波提切利的《春》将维纳斯及美惠三女神等形象置于自然的森林和草地中;拉斐尔《圣母子》的场景则如同母亲带着孩子在开阔的草地上玩耍。在他们的笔下,大自然已经没有了中世纪的那种罪恶和恐怖,而是充满了盎然的生气和乐趣。不仅是作为主体画面背景的风景,甚至很多自然现象都成为画家描绘的对象,正如欧莱斯沃斯基(Edward J. Olszewski)所说的:"在16世纪最初二十年,自然成为文艺复兴艺术特别关注的对象,弗拉·巴托洛米奥和坎帕尼奥拉的风景画和达·芬奇的洪水研究只是这种兴趣的几个例子而已。而且,在视觉艺术中特别关注描绘自然现象。"

文艺复兴时期技法的突破正是所有艺术家共同努力和相互影响的结果。坚尼·布鲁克尔说:"从内部看时,这个佛罗伦萨艺术的开创性时代就是一部个别艺术家们有所发现、有所成就的历史,他们各自对各种美学问题提出了自己的具体解决方案。这些突破被其他艺术家仿效和吸收了:那么从开始时是个人手法的东西现在变成了一种倾向、一场运动,一个新的风格。"

虽然受制于教会委托人的限制,文艺复兴艺术家创作了大量宗教题裁的作品,但是他们在可能的情况下都尽量使宗教的氛围淡化。在拉斐尔的《圣母子》中,只有画面极远处隐隐约约的教堂告诉我们这是一幅和宗教有关的作品;波提切利的《博士来拜》尽管将圣母和耶稣置于画面的中心,但是周边的人物的眼神并没有向中心聚焦,而是散乱地四处分布。就是在这一作品中作者将自己置入其中,而且眼睛面向观众,这大大削弱了画作主题的神圣性。拉斐尔的《波尔戈的火警》本来是歌颂教皇通过祈祷灭掉了宫中的大火,但是画面的主体部分却是人们面对火灾相互救助、四散奔逃以及取水救火的场面,只是在模糊不清的远景中,不引人注意地描绘了教皇站在窗口的形象。这些处理方式,一方面满足了教会宗教题裁的需要,另一方面也反映了艺术家摆脱宗教束缚的努力。

正是文艺复兴艺术家在技巧和内容方面的大胆尝试,突破了过去的艺术创作范式,创造了独特的文艺复兴艺术的新风格,并以艺术的方式回应了文艺复兴所倡导的世俗、自然和人性的主题。

4 何以成为大师

所谓文艺复兴的“艺术三杰”,不但是后人给他们的美誉,而且在当时就已经得到了人们的认可。瓦萨里在《意大利艺苑名人传》中对这三位艺术家给予了所能给予的最高赞誉,甚至称他们是上帝送给人间来拯救艺术的礼物。

对达·芬奇,瓦萨里评价说:“上苍通常将最丰厚的禀赋倾注于人类,而且有时还把这些盖世奇才奇迹般地融合在一起,赋予一个人美貌、德行和才华,因此,这个人无论从事什么,都出类拔萃,从而向世人昭示,他是上帝的特殊赐予,而非人类力量所能造就的奇才。人们在莱奥纳多·达·芬奇身上便清楚地见到这一情景,他英俊潇洒,风度翩翩,无人能敌;他才华横溢,智慧超群,似乎无所不能;他拥有伟大的人格力量,辅之以机敏和经久不变的忠诚、仁慈,这使他声名大振,不仅生前受到极高的评价,死后更是流芳百世。”①

对米开朗琪罗,瓦萨里是这样评价的:“这时,天国最仁慈的主宰者把目光投向尘世,他看到了人们虽勤奋努力却徒劳无功,虽热情钻研却毫无成果,他还看到了人们的自鸣得意——它使人们远离真实犹如黑暗之远离光明,于是他力图将人们从谬误中解救出来,他决心派一个通晓各门艺术的天才降临人世,这个天才将独自向世人揭示绘画艺术的完美之所在,如何正确

① [意]乔尔乔·瓦萨里:《意大利艺苑名人传·巨人的时代》(上),第1页。

刻画线条、光线、阴影，使绘画具有浮雕般的立体感；使人们了解正确地从事浮雕，如何建造舒适、安全、健康、悦目、和谐和装饰华丽的建筑。伟大的主宰者甚至还赋予他道德哲学和美妙诗歌的天赋，因此，整个世界都将为他的生平、作品和所有行动而惊叹，人们都视他为神明，而非世间的凡夫俗子。”①

文艺复兴艺术三杰：达・芬奇（左）、米开朗琪罗（中）和拉斐尔（右）

对拉斐尔，瓦萨里如此评价：“如今，上苍再一次慷慨地将无穷的财富与漫漫岁月中通常分配于众人身上的优雅风度和罕见才华倾注到一个人身上，乌尔比诺的拉斐尔・桑齐奥便成为这名幸运儿，他才华出众，为人随和。他生性谦虚、善良，就像那些和蔼、温柔，又知书达礼、举止端庄的人一样，在任何场合，其一言一行都让各阶层的人感到亲切、友善。因此，自然造就了精通并征服艺术的米开朗琪罗・鲍纳罗蒂，但也造就了精通艺术与为人之道的拉斐尔……在拉斐尔身上，极其罕见的天资与仁慈、勤勉、善良、谦虚等美好的品质相融，它们足以掩盖最丑陋的恶行和最糟糕的缺点。事实上，我们可以说，那些拥有拉斐尔这样品质的人不只是人，

① ［意］乔尔乔・瓦萨里：《意大利艺苑名人传・巨人的时代》（下），第256页。

而更像是道德之神。”①

在瓦萨里的笔下,文艺复兴“艺术三杰”不但是不折不扣的艺术大师,而且是艺术之神;不但在某一方面是众人的楷模,而且在一切方面都完美无缺。问题是,他们何以成为大师?何以脱颖而出远超众人之上,成为可望而不可即的令人艳羡的对象?

他们自然首先具备作为一个艺术家的所有才能和应有的机遇。他们基本上都天资聪颖,都进入了比较有名气的师傅的作坊,他们都迅速掌握甚至超越了师傅的技艺,他们成名很早,其作品得到了普遍的赞赏,他们都引起了教皇或者国王等显贵的注意,获得了大量委托的订单,他们技术全面,在很多方面有自己的创新,等等。这些条件能够保证他们成为一名优秀的艺术家,但并不足以使他们成为一名大师,要成为一名大师,还应有其他艺术家所没有的素质和性格,具备其他艺术家所不具备的视野和精神。

首先,我们在瓦萨里的描述中发现文艺复兴艺术三杰都具有独特的性格,而这些性格又和他们对艺术的追求密切相关。据说,达·芬奇创作艺术作品总是非常拖沓,往往接到订单后很长时间都不动手,甚至很多作品都是半途而废。他在米兰为“感恩玛利亚修道院”创作《最后的晚餐》时,长时间不动笔,整天静坐沉思,结果引起修道院副院长的不满,后者经常催促达·芬奇快点进行工作,但始终没有奏效,结果两人为此诉诸米兰公爵。达·芬奇对公爵说:“富有才华的人们虽然有时看起来工作得极少,但实际上做得很多,因为他们正在思索疑难,完善构思,考虑的结果他们随后就可用手表达出来。”②从达·芬奇的这段话中看出他已经摆脱了匠人的思维,而将艺术工作视为真正的智慧的结晶,达·芬奇为吉奥孔多的妻子蒙娜丽莎绘制一幅肖像,苦思冥想了四年都未能完工。为了让蒙娜丽莎保持欢乐的情

① [意]乔尔乔·瓦萨里:《意大利艺苑名人传·巨人的时代》(上),第77页。
② 同上书,第6页。

绪，他甚至请来乐师、歌手、小丑进行表演。创作之前达·芬奇苦思冥想，并不是因为他的创作技巧和构思能力有问题，而是因为他对艺术作品有太高的要求："事实上，对艺术精熟的了解使他在创作中经常半途而废，因为他感觉人的手不能实现想象的完美表现，由于他的构思总是那么艰难、细腻、奇妙，尽管他的手十分灵巧，却从来不能完美地再现它们。"①所以，达·芬奇宁可半途而废，或者不计成本地耗费大量时间，也不愿不符合自己理想的作品问世。正因为如此，尽管他的许多作品都未完成，但是仅留下的作品已足以使他名垂千古。正如瓦萨里所说的："鉴于他众多优秀的品质与才华，尽管他谈论的远远多于他实际完成的，他的声誉仍然将永不磨灭。"②

在瓦萨里对米开朗琪罗的长篇叙述中，我们印象最深的便是他创作的时候从来不允许别人观看，甚至连教皇也不例外，同时面对教皇等人对他的催促，他不惜惹恼教皇，始终按照自己的节奏进行创作。据说，因为不让教皇观看他的作品曾经惹恼了教皇。一次，教皇贿赂米开朗琪罗的助手，允许他进来偷看米开朗琪罗正在绘制的饰画，就在他跨进礼拜堂时，因怀疑助手不忠而躲在暗处的米开朗琪罗不问青红皂白便把木板砸向他，怒气冲冲地把他赶了出去。③在绘制西斯廷天顶画的时候，他也拒绝接见任何人，以免别人强迫他展示他的壁画。期间，教皇不断询问他何时才能完成，米开朗琪罗总是回答："只有在我本人满意后才能完成。"或者"当我能完成的时候"。据说，屡次听到米开朗琪罗这样答复的教皇有一次暴跳如雷，抄起权杖就向米开朗琪罗打去，一边不停地嚷道："当我能完成的时候！当我能完成的时候！你这是什么话，我很快就会让你把它完成的！"④为什么米开朗琪罗甘愿冒着惹怒庇护人的风险而拒绝教皇参观，不愿加快工期而让教皇高兴呢？

---

① ［意］乔尔乔·瓦萨里：《意大利艺苑名人传·巨人的时代》（上），第 3 页。
② 同上书，第 12 页。
③ ［意］乔尔乔·瓦萨里：《意大利艺苑名人传·巨人的时代》（下），第 272 页。
④ 同上书，第 283 页。

因为,米开朗琪罗和达·芬奇一样,不愿意让不成熟的作品示人,更不愿意自己不满意的作品问世,不愿意为了金钱或者博人高兴而留下艺术的缺憾。正如他自己所说的:“一个急于致富的人必将永远贫穷。”“跟着别人屁股后面跑的人永远不可能跑到别人前面,一个不能独立创作的人也不可能很好地借鉴别人的作品。”①正因为这样严格要求自己,所以他给后人留下了难以超越的艺术杰作。

拉斐尔给人印象深刻的是,他为了艺术而大胆地否定自己,无论有了多大名气,都谦虚地博采众人之长。拉斐尔最初跟随皮耶特罗(Pietro di Cristoforo Vannucci, 1450—1523)学习绘画艺术,得到师傅的真传并完善和超越了师傅的风格,成为颇有名气的艺术家。但是在他有机会前往佛罗伦萨,见到达·芬奇和米开朗琪罗的作品后,在他心中激起了强烈的愿望,并决定将工作和个人利益放在一边,改变自己的风格,“彻底放弃从前的手法”②。他在佛罗伦萨见到弗拉·巴托洛米奥(Fra Bartolommeo, 1475—1517)的作品后,对此人的着色技巧甚为着迷,“便决定效仿”③。在罗马的时候尽管他已经获得了极高的声誉和地位,教会给了他许多订单,但他仍然不忘向他人学习。他想尽办法进入礼拜堂偷偷观摩了米开朗琪罗的技法,“这令拉斐尔茅塞顿开”,立即决定重新绘制自己刚刚完工的一幅作品,赋予其更多的庄严感。拉斐尔在欣赏了阿尔布雷希特·丢勒(Albrecht Dürer, 1471—1528)精美的版画作品后,便渴望用这种艺术来表现自己的作品。针对拉斐尔这种从善如流,始终站在巨人肩膀上进步的性格,瓦萨里评价道:“尽管困难重重,他仍想尽办法将皮耶特罗的风格从脑海中彻底清除掉,并将此作为学习米开朗琪罗风格的进阶石。如今,这位师傅又蜕变为学徒,以而立之年强迫自己在短短几个月之内学会这种新技法,即便在最擅长学习的青年时代,

① [意]乔尔乔·瓦萨里:《意大利艺苑名人传·巨人的时代》(下),第333页。
② [意]乔尔乔·瓦萨里:《意大利艺苑名人传·巨人的时代》(上),第80页。
③ 同上书,第86页。

这些东西也需好几年才能学会。事实上，那种早年没有如愿以偿地学习到优秀的艺术理论与技法，又未在实践中对其逐步完善的人，如今想学习一种良好的新风格并付诸应用，不经受巨大的艰辛与长期钻研，要达到完美境界，几乎是不可能的。”①

如上所述，三位大师都有自己独特的性格，而这些性格背后表现的是他们为艺术永不妥协，对艺术的至高境界孜孜以求的毅力，在艺术面前，他们可以舍弃金钱，舍弃功利，舍弃名望，可以为艺术的至高境界而舍弃一切。

除了这些独特的性格外，集中体现在这些大师身上的是广阔的视野，广博的知识和对艺术奥秘的无尽探索精神。除了集中于艺术的学习和探索外，达·芬奇对许多事物充满好奇心，并花力气不懈地追求。他研究学术问题，很快就会提出让老师犯难的问题；他投身音乐，很快学会了竖琴演奏，并能出色地即席弹唱；他设计磨粉器、漂洗机和其他靠水利运转的装置，他对自然现象充满好奇，研究药草的类属，观察天体的运行，月球的轨道和太阳的运动周期；他倾注了大量的心血去研究人体解剖，精心描绘了人体的骨骼、神经和肌肉；他给蜥蜴安上翅膀，还制作了充气的蜡制动物，以及胸膛会自动打开的狮子等稀奇古怪的东西。对此，瓦萨里不无惋惜地说：“如果不是兴趣多变，性情浮躁，学习许多知识经常半途而废的话，他本应在学问上有很多的造诣。”②其实，正是达·芬奇这种对自然界的好奇心和探索精神，使他对艺术有了独到的见解，他也因此在颜料、色彩、构成、比例及精神表达方面，不断有令人惊叹之笔。他对颜料的不断试验，对绘画中人物的浮雕感的塑造，对三角构图的理解，晕涂法的发明，无不源于他强烈的好奇心和钻研精神。正如加林所说：“列奥纳多·达·芬奇在四十年间，从各个方面进行探索，采用了各种技术，他企图建造一种新型知识，这种知识能够覆盖整

---

① ［意］乔尔乔·瓦萨里：《意大利艺苑名人传·巨人的时代》（上），第99页。

② 同上书，第1页。

个现实,并为艺术家的具体工作打下新的和稳固的基础。”

这样的钻研精神也同样体现在米开朗琪罗和拉斐尔身上,瓦萨里描述说,米开朗琪罗潜心研究艺术,并几乎掌握了克服各种艺术难题的技巧,他具有适合构图艺术的一切天赋,为了使自己达到炉火纯青的境界,他常常做人体解剖,观察韧带、肌肉、神经、静脉、各种运动,以及人体的各种姿态;他也解剖动物,尤其是马,他很喜欢养马。他渴望通过这种方式探究与艺术有关的各种法则和规律,而他的作品所展示出的丰富与深邃的解剖学知识,就连那些专门从事解剖学研究的人也自愧弗如①。拉斐尔也是如此,他不仅善于模仿其他大师的技巧,取百家之长,也不遗余力地进行研究,尽管早年拉斐尔他从来没有进行过必要的人体研究,但是在决定改换自己的风格后,他开始研究人体,将解剖图或死尸同活人进行比较,前者明显要僵硬得多。他又自己研究柔软与肉感的部位是怎样形成的,怎样塑造、隆起、放低、抬起一个部分或整个身体的视觉效果,还有骨头结构、神经、血管,最后他掌握了一个伟大画家应该精通的所有要诀②。

因此,能够在众多的艺术家之中脱颖而出成为大师,不仅仅是因为技巧高超,订单多和庇护人地位高,更重要的是对艺术忘我的痴迷和追求,对各种知识的强烈渴望,对大自然奥秘无尽的好奇心,这是艺术家强烈的自我意识和对个性的坚守。正是这些性格使他们脱离了匠气,超越了一般的艺术家,而成为富有个性而又引领潮流的艺术大师。

洛伦·帕特里奇评价说:“在罗马文艺复兴的历史上,独特的创造和个人化的风格第一次因为它们这种艺术形式本身得到了明确的尊重;艺术保护人的高水准鉴赏力和精致的品位也第一次变得那么明显。其结果是,艺术家在那段时间里获得了从未有过的地位。当然,这主要归功于拉斐尔和米开朗琪罗大量的富于创造性和人主义风格的作品。”

---

① [意]乔尔乔·瓦萨里:《意大利艺苑名人传·巨人的时代》(下),第327页。

② [意]乔尔乔·瓦萨里:《意大利艺苑名人传·巨人的时代》(上),第99页。

本讲参考文献

1. [英]彼得·伯克:《意大利文艺复兴时期的文化与社会》,刘君译,北京:东方出版社,2007 年。

2. [英]丹尼斯·哈伊:《意大利文艺复兴的历史背景》,李玉成译,北京:生活·读书·新知三联书店,1988 年。

3. [英]贡布里希:《文艺复兴:西方艺术的伟大时代》,李本正等编选,杭州:中国美术学院出版社,2000 年。

4. [英]G.R. 波特编:《新编剑桥世界近代史》(第一卷:文艺复兴),中国社会科学院世界历史研究所组译,北京:中国社会科学出版社,1988 年。

5. [美]亨德里克·威廉·房龙:《人类的艺术》,衣成信译,石家庄:河北教育出版社,2002 年。

6. [美]坚尼·布鲁克尔:《文艺复兴时期的佛罗伦萨》,朱龙华译,北京:生活·读书·新知三联书店,1986 年。

7. [美]洛伦·帕特里奇:《文艺复兴在罗马:1400—1600》,郤毅译,北京:中国建筑工业出版社,2004 年。

8. [意]欧金尼奥·加林主编:《文艺复兴时期的人》,李玉成译,北京:生活·读书·新知三联书店,2003 年。

9. Bernstein, Joanne G., "The Female Model and the Renaissance Nude: Dürer, Giorgione, and Raphael", *Artibus et Historiae*, Vol.13, No.26(1992).

10. Gilbert, Creighton E., "What Did the Renaissance Patron Buy?", *Renaissance Quarterly*, Vol.51, No.2(1998).

11. Olszewski. Edward J., "Renaissance Naturalism: the Rare and the Ephemeral in Art and Nature", *Notes in the History of Art*, Vol.1, No.2(1982).

12. Panofsky, Erwin, *Renaissance and Renascences in West Art*, New York: Harper & Row publishers, 1972.

13. Romano, Dennis, "Aspects of Patronage in Fifteenth- and Sixteenth-Century Venice", *Renaissane Quarterly*, Vol.46, No.4(1993).

14. Stork, David G., "Optics and Realism in Renaissance Art", *Scientific American*, Vol.291, No.6(2004).

15. Summers, David, "Style and Meaning in Renaissance Art", *The Art Bulletin*, Vol.59, No.3(1977).

第五讲

哲学的突破

文艺复兴初期,人们几乎看不到哲学的影子,或者说人文主义者虽然意图打破中世纪经院哲学体系的逻辑,但其散乱的思想尚不足以形成体系化的哲学。在很长的时间里,文学、艺术的喧嚣取代了沉静的思考,感性的冲动盖过了理性的梳理。但是喧嚣过后,人们发现,无论反对的还是提倡的,新的还是旧的,都原封不动地在文艺复兴后期共生共荣。人文主义者提倡的人性进一步凸显,人文主义者挖掘的古典复活了,但他们所质疑的宗教仍然顽强地存在着,信仰的氛围依然。所以,经过沉淀之后,人们开始理性地思考文艺复兴运动所累积的社会现实。为此,人们不禁要提出这样的问题,即神、人、古典到底是什么关系呢? 如何在一个体系化的逻辑关系中去理解它们呢? 带着这样的问题去思考,便在文艺复兴后期出现了哲学的复兴,他们同样回归古典时代来寻求哲学框架,试图以此来解释当代所面临的问题,尤其是找到了新柏拉图哲学、新亚里士多德哲学和自然哲学。文艺复兴时期的哲学家在继承中世纪哲学传统的基础上,提出了不少关于自然、宇宙、人、社会的创见。他们的哲学思想对西方哲学从中世纪向近代社会的转变起了巨大的推动作用。可以说没有文艺复兴哲学就不会有近代哲学。

1 费奇诺的柏拉图神学

费奇诺是文艺复兴时期新柏拉图哲学的重要代表人物,也是当时第一个系统研究柏拉图哲学的人。他出生在佛罗伦萨附近,在佛罗伦萨接受了教育,先是学习人文学科,然后又学习哲学和医学。为了透彻地了解古典哲学,他在1456年左右开始学习希腊文,目的是要查考柏拉图哲学的原始材料,并开始着手把一些哲学原著译成拉丁文。1462年柯西莫·美第奇对费奇诺的学术活动非常感兴趣,对其进行了大力资助,给了他佛罗伦萨卡雷吉的一所房子,把一些希腊文手稿交给他处理,从而建立了佛罗伦萨的柏拉图学园。正是在这里,费奇诺完成了他柏拉图著作的翻译工作,完成了主要

柏拉图学园

哲学著作《柏拉图的神学》(*Theologia platonica*)。此后,费奇诺一直是柏拉图学园的领袖和灵魂。该学园采取一种宗教团体的形式,这说明它可能受到当时俗人宗教组织的影响,还可能受到他们想象的柏拉图的学园和古代其他哲学学派模式的影响。

由于美第奇家族资助费奇诺进行哲学研究,有人将之视为美第奇家族的一项策略,即希望市民把对国家事务的关注转向对形而上学的思考。对此,克里斯特勒有不同的看法,他认为:“作为一种基于理性与柏拉图哲学传统的形而上学,菲奇诺的柏拉图主义能够满足一些人的精神需求。这些人既习惯和倾向于信仰基督教,同时又研究古典作品,并且一直在为这种双重信仰寻找新的历史和哲学辩解。这似乎是菲奇诺大获成功的原因,也是他深刻改变佛罗伦萨文化总体思潮和取向的原因。”新柏拉图哲学虽然有“新”字在前,但是在文艺复兴时期并不是什么新的哲学,而是古典哲学的一种,是在希腊后期不断演绎柏拉图哲学的基础上形成的。其发端者被认为是亚历山大里亚的安谟纽·萨卡斯(Ammonius Sakkas,约175—250),但该学派的真正的创立者是他的徒弟普拉提诺(Plotinus, 205—270)。

普拉提诺和柏拉图一样,也认为较低的感觉世界和较高的精神世界存在对立性,相较于前者,后者更加完满。两个世界不仅仅存在着对立,而且都是源自一个初始的本源,即“太一”(The One)。根据普拉提诺的学说,世界万物是从“太一”那里逐级流溢出来的,并最终将复归于“太一”。在他的流溢图式中,“太一”或者上帝超然于一切对立面和一切可理解性之上,他是自我完成和独立自主的。“我们不能说他是什么,只能说他不是什么。我们不能规定他存在,因为存在是可以思考的,而可以思考的东西包含主体和客体,这就是限定。他高于真、善、美、意识和意志,因为这一切都依赖他。我们不能设想他在思维,因为这包含着思维者和思想,甚至一个自觉的人思维他自己时,也要分成主体和客体。说上帝思维和希望,就是用他思维和希望什么来限定他,从而剥夺他的独立性。”

世界万物是从“太一”中流射出来的,但“太一”如太阳一样,不因自己的流溢而受损。也就是说,流溢者并非实体性的存在,而是太一的能力,凭借着它,“太一”仍然存在于流溢出的所有存在阶段,“上帝是无限的喷泉,从中涌出流水,而无限的水源永不枯竭。上帝是太阳,从中辐射光芒,而无损于太阳”。流射的第一个阶段是精神,或者称世界理智,相当于柏拉图的理念;第二个阶段是世界灵魂,即灵魂的世界。太一,世界理智和世界灵魂是神的三大本体。在灵魂世界和物质世界之间则存在着作为中间环节的个别灵魂。个别灵魂是最不完善的,离上帝最远,作为恶的本源,它与太一的完满相反。所以太一展开成多便被视为完满性的一种衰退。

神的三大本体对应着人的精神、灵魂、肉体。人是一个小宇宙,通过理智和灵魂而与更高的世界相联系,通过肉体而与自然相联系,在人的灵魂中有两部分起作用,其中较高的部分被引向精神性的东西,较低部分在支配着感觉生命和植物生命。

这样人的灵魂来自神圣的起源,所以人的最终目的以及它的幸福就在于使灵魂重新与太一融为一体。“哲学思想或思辨是一种较高的境界,但还不是最高的境界,最高的境界就是完全沉浸于自我之中,亦即沉浸于寓于我们内心的神之中。这种最高境界超然于一切思想和意识,从而达到一种忘形出神和心醉神迷的并且能够与上帝合二为一的状态。”在普拉提诺那里,我们看到了那种直接与神融为一体的忘我的神秘主义思想。

从上面的简单概述中我们可以明确地感受到,古典新柏拉图主义哲学试图构建一个图示,这个图示囊括了从上帝到物质的整个过程,但其核心则是太一或上帝,目的是证明一切存在都是上帝流溢的结果。

费奇诺对柏拉图主义的解读基本上接受了这个图示,他也当然接受上帝的至高无上,但是他的目的并不纯粹是为了论证上帝的至高无上,而是要在这个图示中同步论证人的重要性,也就是要以人为中心完成人性、神性和哲学的折中,而这正是文艺复兴时期新柏拉图主义的独特之处,也是其与人文主义的相通之处。正如克里斯特勒所说:“他的折衷主义和为复兴柏拉图哲学所做的努力,似乎与其他人文主义思想家利用古典时期的哲学遗产的方式是一致的……他对人的尊严、人在宇宙中的地位以及运气和命运这些问题的关注,促使他从事研究一系列早期人文主义文学特别喜爱的课题。"

费奇诺阐述他的思想同样是从构建宇宙图示开始的,他同样把宇宙看作一个博大的等级体系,而且从表面上看和古典柏拉图主义者所构建的图示没有什么太大的区别。他的等级体系由五个基本的实体组成,即上帝、天使的心灵、理性的灵魂、性质和形体。除了"性质"作为实体在普拉提诺那里不存在外,其他可能只是所用的术语不同。费奇诺将宇宙的实体分为五种是有其深刻用意的,目的就是论证,无论在静态还是动态上人的理性灵魂都发挥着关键性的作用,从而为强调人在宇宙中的核心地位打下伏笔。从静态的角度来看,理性的灵魂居于宇宙图示的中心位置:"灵魂确实是上帝所创造的万物的中项。他处于较高存在物和较低存在物的中间,同时具有前后两者的某些属性。"人的理性灵魂居于中间位置并不仅仅是因为其无论从上往下数还是从下往上数都在中间,还在于这些实体的不同性质决定着人的灵魂的不可替代性。因为就性质而言,在上面,上帝据有宇宙图示的顶端,与肉体完全不同,无法同肉体沟通,天使也是趋向上帝,而与肉体没有关联;在下面,性质则倾向于肉体,而背离了较高的存在。但是居于中间的人则与两者不同,它一方面具有较高的实体的性质,同时也不抛弃较低的实体,它一部分与较高的实体一致,一部分与较低的实体一致。

人居于宇宙的当中,看起来似乎具有某种意义,但是如果宇宙是静态的存在,居于哪个位置又有什么关系呢? 在静态的宇宙中,即使人居于中间位置也没有意义。因此,费奇诺又借用了新柏拉图主义的思想,即认为其他实体接受了上帝的光的流溢,最终也要回归上帝,所以宇宙必定是动力系统,能动的力量与亲和力把各种各样的部分和等级集合在一起。那么能动力量是什么呢? 费奇诺吸收柏拉图的讲法,认为爱是把万事万物结合起来的能动力量。既然是柏拉图式的爱成为宇宙的动力,那么首先要弄清楚柏拉图之爱是什么？所谓“柏拉图式的爱”，也就是精神之爱，费奇诺更经常地把它说成是神圣之爱。他的基本观点是：他认为对另一个人的爱仅仅是对上帝的爱的一种多少有意识的准备，两个人之间的真正关系是建立在人的本质上的一种交往，即这种关系是以每个人对上帝原初的爱为基础的。通俗一点说，你爱我我爱你是因为我们都爱上帝。所以任何的爱之中，绝不可能只有两个朋友，永远必定有三个朋友——两个人和一个上帝，唯有上帝是真正友谊的不可解的纽带和永恒的保卫者。因此这种爱和友谊就促成了人的内心沉思和上升，而后者为费奇诺哲学的核心。

费奇诺所强调的爱并不是情感意义上的，而是哲学意义上的，詹姆斯·德夫罗（James A. Devereux, S. J.）撰写的文章中这样分析说：“如何总结费奇诺在《论爱》中所谓的爱的优越呢？首先，它确实显示出，上帝创世的动机最终是爱它的完美。其次，人们爱上帝的原因是所有的受造物都有回归其本原的强烈趋势。这种趋势被称作爱，可以表述为渴望分享上帝的美。人们追求它这一行为本身就成就了自己的完美。最后，费奇诺清晰地传授了基于相互给予的人际关系。他不太肯定地表明，这样的友谊一定基于对上帝的爱。”费奇诺强调这种神圣之爱，并不是宣扬个体孤独的体验，而更加注重这种爱的社会性。正如克里斯特勒所评价的，“对他来说，这种神性的爱不是性爱的升华形式（尽管他完全不谴责性爱本身）。它是两个投身沉思生活的人之间的精神纽带。对他们中的任何一个人来说，这种生活是一种亲身和个体的体验，然而在追求这一理想的人之间，存在着一种天然的共同性和友谊。于是，菲奇诺会说友谊是连接他的学园里每位成员相互关系的纽带……要理解这种对爱和友谊的解释，就有必要记住沉思生活的观念。另一方面，对于菲奇诺和他的朋友来说，只有通过神性的爱的理论，沉思生活的孤独体验才能获得一种人的和社会的意义，否则就会缺乏这种意义”。

但是在费奇诺的这个图示中，上帝和天使太纯净了，不可能和人之下的存在发生任何直接的关系，人之下的东西又太污浊了，不可能直接和上帝交往，只有人在这个动力系统中具有特别的意义，因为它兼具上帝的特征和物质的特征,可以把自己的思想和爱扩展到从最高到最低的万事万物中。于是,在一种新的意义上,而不是纯粹方位意义上,灵魂再次成为宇宙的中心。所以费奇诺赞美人的灵魂是自然中最伟大的奇迹,"它是万事万物的中心,万事万物的中项,宇宙的连接物和结合点,是完全正确的"。因此,在万事万物趋向上帝的动态过程中,人同样起着非常关键的作用。

在从静态和动态两方面确立了人在宇宙中的关键位置后,一个自然的问题是,趋向上帝是人的目的,那么达到上帝的途径是什么呢?古典的新柏拉图主义者认为是忘形出身和心醉神迷。费奇诺合理地借鉴了其内核,但是去除了其中过于神秘主义的成分。费奇诺把对上帝之爱的途径归结为精神生活或沉思生活。他认为,面对我们普通的日常经验,我们的心灵始终处于不断骚动不安和不满足的状态。它能够摆脱形体和外在世界,能够集中注意自己内在的本体,我们费心费力思考了很多东西,但并不能有什么物质的功用。因此,灵魂为了从外在事务中把自己纯化出来,就得进入沉思生活,获得较高级的知识,去发现非形体的概念的世界,而当灵魂卷入日常的经验和外在生活的烦恼中时,这样一个世界对它来说是封闭的。费奇诺把这种沉思的生活解释成为灵魂永远朝着真理和存在的更高等级逐步上升的过程,上升到最后就是直接认识和洞见上帝。这种对上帝的认识是人的生活和存在的终极目标。

既然人在宇宙体系中具有如此重要的地位,甚至它是宇宙各个等级的中枢,那么自然而然地就会产生另外一个问题,即到底人会死还是不会死?当然这里的是死还是不会死,并不是指肉体的死亡,而是人的灵魂是否会死亡的问题。如果人的灵魂是腐朽的,那么它的中间地位就大打折扣,它的作用就明显降低。所以为了使得人能够配得上它在宇宙当中的中枢地位,灵魂必须不朽。费奇诺就是沿着这个逻辑,认为人的灵魂必须是不朽的。费奇诺的《柏拉图的神学》有一个副标题就是"论灵魂不朽"。书中的内容大部分是支持灵魂不朽说的一系列论据。费奇诺把灵魂不朽说视为自己的柏拉图主义的中心宗旨。他推论说,倘若通过一系列的等级上升到直接洞见和享有上帝是我们的基本任务,那么我们必须假定,这个最高目标不仅可以为少数人在短时间内达到,而且也可以为许多人永远地获得。反之如果人们为实现这个最终目标所作的努力最终是徒劳的,人所预定的这个目标没有能够实现,这样,人就比动物还要不幸,因为动物还实现了它们的自然目的,这与人在宇宙中所据的尊严地位是不一致的。费奇诺不断重复这样的观点,除非升向上帝的沉思在不朽灵魂的永恒来世中得到永久的实现,否则,把人生看作升向上帝之沉思的全部解释就将丧失其意义。

我们不必过多纠缠于费奇诺抽象的哲学论证,而应该从文艺复兴人文主义的意义上去认识费奇诺的哲学思考。从复活古典的意义上而言,克里斯特勒说:“费奇诺努力翻译和阐释柏拉图和古代新柏拉图主义的著作,堪比人文主义者在其他古典作家身上所做的事情。他努力重述和复活柏拉图主义的学说的努力,反映了复活古代艺术、观念和制度的总体趋势,而且在他的一封信中,他把自己复活柏拉图哲学比作语法、诗歌、修辞、绘画、雕塑、建筑、音乐和天文学的再生,这些都是在他生活的那个世纪完成的。”从思想意义上而言,费奇诺的主要贡献是通过柏拉图的哲学框架,将人文主义者突出的但在体系化的宇宙观中无所归依的人,在哲学和神学的混融结构中找到了落脚点,这里人不但具有突出的地位,而且与神学和哲学有机结合,达到了人、哲学和基督教的和谐共处,在理论中为现实的无序状态确定了秩序。阿伦(Michael J. B. Allen)说:“他对柏拉图和柏拉图传统的热情并没有让他无视基督教的各种差异,甚至某些基本问题的不协调。确实,他公开面对这些差异的意愿,使他为柏拉图,以及柏拉图传统作为研究神学之哲学基础的价值,作了可信而又具有说服力的辩护。”针对费奇诺所探讨的理论的意义,《新编剑桥世界近代史》文艺复兴卷如此进行了评价:“概括地说,菲奇诺的柏拉图主义归根结蒂是反对当时流行的自然主义而对道德问题作出重新的估价,并且对基督教作出人文主义的解释。因此,这种基督教柏拉图主义对于当时以及后来的神学是不无影响的。”而且,费奇诺在哲学结构中所提出的人的尊严、爱、沉思生活和灵魂不朽等论题,既承继和发展了古典哲学的思考，又关照了基督教的教导，同时也积极回应了文艺复兴时代的关切，成为同时代其他哲学家所积极探讨的主题。

2 皮科论人的尊严

费奇诺作为文艺复兴时期新柏拉图主义的提倡者，提出了许多有意义的话题，其中在神学和哲学框架中界定人的地位问题以及关于灵魂不朽的问题，成为当时哲学讨论的两大主要命题。第一个命题在另一位柏拉图主义的代表人物皮科那里进一步演绎，将人抬到了更加至高无上的地位。尽管就他们进行探讨的方式而言，似乎看不出有多少文艺复兴气息，但是就其探讨的人的本质方面，却具有无可置疑的文艺复兴特征。正如《新编剑桥世界近代史》文艺复兴卷所概括的："菲奇诺和皮科・德拉・米兰多拉的形而上学推理的基本思想，他们的抽象逻辑论证，他们的著作的结构本身，的确表明返回中世纪的思想甚至部分地返回经院哲学的思想，不过，在这个范畴内，当菲奇诺和皮科讲述人在宇宙中的位置、人的尊严和创造力量时，都是采用文艺复兴的语言。"

皮科

皮科生于1463年，他的家族是统治意大利北部一块很小区域的封建主。皮科经历了正规的大学教育，先后在博洛尼亚大学、费拉拉大学等学习了法律和哲学，关注人文学研究和希腊语的学习，与安杰罗・波利齐亚诺、费奇诺和洛伦佐・美第奇结下友谊。在佩鲁贾，学习了希伯来文和阿拉伯文，深受希伯来神秘哲学传统的影响。但在罗马时，因试图劫走朱利亚诺・

美第奇的妻子未遂而过了数月的隐居生活，造成巨大的丑闻。

沉寂几个月后，为了挽回名誉，他开始给好友写信，酝酿他的"九百论题"，准备召开一次由神学家、哲学家和教会人士组成的大会，对他提出的九百个论题进行讨论，并为此写了一个引言即《论人的尊严》(*Oration on the Dignity of Man*)，这部著作被誉为"文艺复兴的宣言"。

1486 年 12 月 7 日，他的《论题》出版，但没有引起什么反响，反而引起教皇的注意。1487 年教皇英诺森八世(Innocent VIII, 1432—1492)下令禁止对《论题》的讨论，并组成了一个由主教、神学家和宗教界人士组成的委员会对他的《论题》进行审查，最后得出结论：他的七个论题应遭到谴责，六个留待继续审查。1487 年春，皮科迅速发表了一份"申辩"，强调教会的原则包括两个等级，一个是信仰，一个是意见，源于《圣经》和大公会议的是信仰，来自教父和神学家的则是意见，意见并不一定正确。但该"申辩"很快就被驳回并受到审查。7 月 31 日，皮科在公文上签字表示服从教权，而他的《论题》必须烧毁。皮科逃离罗马，在前往法国途中被捕，被押解到巴黎，但受到法国国王的庇护，1488 年 4 月回到佛罗伦萨。不久，继任的教皇亚历山大六世(Alexander VI, 1431—1503)取消了他的罪名。此后他专心著述，但 1494 年 11 月 17 日因发烧英年早逝。

尽管野心勃勃的"九百论题"大讨论因为内容涉及一些非正统基督教的思想，没有能够真正实现，但是他为此而写的《论人的尊严》却流传下来，成为文艺复兴时期用哲学和神学论证人性的代表作。

在关于人的尊严的问题上，皮科当然受到费奇诺的影响，而且皮科也是费奇诺柏拉图学园的成员。但是，皮科和费奇诺有很多不同，加林说："皮科和费奇诺虽然是朋友，但是这两位哲学家也经常争论，他们之间的原则分歧也许是：皮科难以容忍幻想，而费奇诺却相反，幻想对他具有强大的吸引力。"皮科并不满足于费奇诺在自己的宇宙图示中给人所安排的中间位置，他说："许多人解释了人类卓越的自然，然而当我考量这些说法的道理时，并不感到满意。他们说：人是造物之间的中介，既与上界为伴，又君临下界，因为感觉的敏锐、理性的洞察力及智性之光而成为自然的解释者……这些道理很重要，但并不是最重要的，人并不是借此获得了为自己索取最高赞叹的特权，否则，我们为何不去更多地赞叹天使自己和天堂里最有福的歌队呢？”①

在皮科看来，人居于宇宙中间的位置并不能成为人尊贵的原因，因为就位置而言，人之上的天使更加值得赞美。人的尊严在于人与宇宙中所有其他元素的不同性，正如卡西雷尔（Ernst Cassirer）所分析的，“皮科不愿意将人视为所有宇宙元素中的存在。在他看来，重要的不是证明人与宇宙实质上的相似性，而是在这种相似性中，不带偏见地指出不同性——这种不同，赋予了人独特的、在某种意义上优先的地位，不但在自然界是这样，而且在精神世界也如此”。所以，要在宇宙图示中突出人的尊严，更重要的是要赋予人绝对的意志自由。沿着这样的逻辑，他推论说，上帝先于人创造了世间万物，一切都安排停当，才开始造人，但世间已经被各种创造物填满，没有了适合人的固定位置，所以上帝最终决定赋予人自我选择的权利：“亚当，我们没有给你固定的位置或专属的形式，也没有给你独有的禀赋。这样，任何你选择的位子、形式、禀赋，你都是照你自己的欲求和判断拥有和掌控的。其他造物的自然一旦被规定，就都为我们定的法则所约束。但你不受任何限制的约束，可以按照你的自由抉择决定你的自然，我们已把你交给自由抉择……我们使你既不属于天也不属于地，既非可朽亦非不朽；这样一来，你就是自己尊贵而自由的形塑者，可以把自己塑造成任何你偏爱的形式。”②

人具有绝对的意志自由，就意味着人可以堕落为更低等的野兽，也能在神圣的更高等级中重生。所以上帝在人身上植入了导向各种潜在可能性的种子，包括植物性的种子、感觉性的种子、理性的种子和智性的种子，等等，

---

① ［意］皮科·米兰多拉：《论人的尊严》，顾超一等译，北京：北京大学出版社，2010年，第17页。

② 同上书，第25页。

所以人可以因其植物性的种子而选择成为植物,因其感觉性的种子而选择成为野兽,因理性的种子而成为天上的生灵,因智性的种子而选择成为天使,甚至超越万物而变成与上帝同在的灵。

人的这种自由只是尊严的源头而不是尊严本身,只是说明人可以不以确定的形式而机械地存在,人的尊严在于如何选择。但是选择什么呢?他告诫人们:“我们应当格外谨慎,以免人们说我们虽处尊贵中,却恍不自知地沦为野兽和无知的负重牲畜。”①我们不能滥用自由意志,而将天父赐予我们的选择“变益为害”。人只有不甘堕落,不满于平庸,渴望至高者,才不至“有辱天父最宽纵的慷慨”。所以他认为,尽管人有着选择的自由,但是如果一个人仅仅停留在满足口腹之欲,那他就不是一个人,如果一个人仅仅为感觉所奴役,那他也不是一个人,只有像哲学家那样用正确的理性辨别事物,成为“纯粹的神思者,忘却了身体,专注于心智深处”②,那么这个人才真正不属地,不属天,而成为虽然“身着肉身却崇高的心灵”。所以他大声呼吁:“让我们的灵魂充满神圣的、朱诺般的雄心吧!这样,因不满于平庸,我们会渴望那至高者,竭尽全力追求。让我们摒弃属地之物,轻视属天之物;让我们蔑视此世的全部,飞至那接近最卓越神性的彼世之庭。”③

就此而言,皮科与费奇诺在关于人的尊严的问题上实际上又殊途同归,都强调人的尊严在于沉思至高者,向至高者飞升,只不过费奇诺所设定的人的尊严寓于某种规定之中,而皮科更强调人基于自由意志的选择。

既然人的尊严在于沉思上帝,但就人的本性而言有可能堕落成为野兽,也可能飞升成为神灵,那么问题是何种力量和途径才能保证让人面向上帝而不是面向污浊呢?接下来,皮科将我们引入了哲学之路,并因此而探讨了哲学和神学之间的关系。

他认为,人虽然高贵,但是也有潜在的物质性和邪恶的污浊,有难以抑

①② [意]皮科·米兰多拉:《论人的尊严》,第32页。

③ 同上书,第33页。

制的情感冲动,有放肆的情感冲撞,我们带着这样污浊的身体和灵魂无法接近上帝,只有首先洗清污浊洁净自己,才能真正与上帝相见。所以,正确的道路是:“我们的灵魂在借助道德哲学和辩证法去除了不洁之后,又能用各种哲学把自己装扮得富丽堂皇,继而用神学的花环冠其门楣,并最终使得荣耀的君王降临,在灵魂中筑其居所,让她和圣父同在。”①

所以,哲学的任务并不是让我们到达上帝,而主要是洗净我们的污浊,“可以借着哲学为自己备好通往未来天国荣耀的道路”②,人们因为不健全才需要哲学,因为污浊才需要哲学的洗涤。哲学的作用在于“排泄掉我们放荡的欲望,并且像修剪指甲一样削去愤怒的锋尖和仇恨的荆棘”③,此后,我们才能最终参与神圣仪式。他并不认为只是哲学本身便足以使人认识上帝,但是哲学可以让我们走向上帝。所以他呼吁:“为了不因邪恶和不洁而从上帝之梯被拉回,让我们在道德哲学中洗净灵魂的手和脚吧,像在潺潺流水中那样。”④

在通过哲学让我们的举止端正和思想洁净之后,我们才能真正蒙受神恩,只有最终的关于神圣之事的知识才能使灵魂完善,“能够欢享神的荣耀而没有任何有似面纱之物来阻隔”。所以,人的灵魂的最终完善和进入至高境界,哲学是无能为力的,必须由神学进行引领,而神学是哲学的女主人。因此,他总结说:“真正的休憩和稳固的和平并不能在哲学里向我们显现,这是哲学的女主人——最神圣的神学——的职责和特权。她将为我们指明这条道路,并像同伴一样引领着我们。”⑤

正因为他确定了哲学在认识上帝中的作用,所以他才不遗余力地投身哲学的研究,而研究哲学的最佳路径是通过哲学的论辩厘清真理,所以他

---

① [意]皮科·米兰多拉:《论人的尊严》,第52页。
② 同上书,第56页。
③ 同上书,第65页。
④ 同上书,第46页。
⑤ 同上书,第51页。

说:“为了认识他们探索的真理,没有什么比频繁投入辩论的实践更有益的了。”①这正是他设计“九百论题”以及广邀学者进行辩论的目的。所以,在《论人的尊严》中针对来自各方面的非议,他进行了辩解和反驳。他说自己并不是想通过这种论辩哗众取宠,证明自己的伟大或有任何出奇之处,也绝对不是自不量力,而是因为“在这样一种文字性的战斗中,即使失败仍然有益”,“败者得自胜者的不是伤口,而是好处;因为,多亏胜者,他回家之时变得更富足——更有学问,对未来的论辩更有准备”②。

皮科准备“九百论题”进行辩论的行为之所以引起教会的注意,并不是因为其谈论的议题过多,而是其对待基督教之外的其他学问的态度。他搜集的议题中不但包括基督教的论题,也包括古典哲学的论题、犹太哲学的论题,甚至包括琐罗亚斯德教和伊斯兰教的论题,他将所有这些混杂在一起进行讨论以寻求真理,在一定程度上动摇了基督教思想的统一性。

因此,基督教会所警觉的是他对其他宗教和哲学所持有的宽容态度。皮科在自己的著作中公开表示,他决心“钻研所有哲学大师的著作,细读所有书页并熟知一切学派”,因为“每个学派都有些与众不同之处”③。他不但认为古典文化与基督教具有可调和性,而且认为所有有真知灼见的思想和宗教理论都可以统一起来。而且事实上,每一个不同学派的哲学家在自己的理论中尽管有着许多错误,但总是含有这样或那样的真理,因此,这些真理都是可以吸收的东西。对皮科而言,“所有已知的哲学和神学学派及思想家都具有某种真实和可靠的洞见,这些洞见可以彼此调和起来,因而值得重新提出和辩护”。在谈到犹太教“卡巴拉”时他说:“我在其中看到的(上帝作证)与其说是摩西宗教,不如说是基督教,这里有三位一体的奥秘,有道成肉身,有弥赛亚的神性;这里有原罪、基督的赎罪、天上的耶路撒冷、

① [意]皮科·米兰多拉:《论人的尊严》,第80页。
② 同上书,第84页。
③ 同上书,第87—88页。

魔鬼的堕落、天使的等级、炼狱、地狱之罚，与我们每日在保罗、狄奥尼索斯、哲罗姆和奥古斯丁那里读到的一样。说到那些涉及哲学的部分，那你简直像在聆听毕达哥拉斯和柏拉图——二人的结论与基督教信仰如此相近，以至于我们的奥古斯丁因为获致柏拉图派的书籍而向上帝献上了无限的感恩。"①也就是说，在阐明真理方面，犹太教和基督教，古典哲学和教父哲学并没有什么不同。

皮科对待各种不同哲学的看法，承接了费奇诺的观点："每一种宗教都宣扬唯一真正的上帝，它们的多样性给世界增添了美丽的色彩。"同时，在他的基础上进一步发展，表达了文艺复兴时期人文主义者的主张，即宗教应该在尊奉真理的前提下广泛宽容，最初的基督教本来就没有同古典优秀文化形成对立关系，而是与之调和，达成和谐的，因此理想的宗教应该放弃偏执，善于吸收各种有见解的学说和理论，既包括不同的神学理论，同样也包括各种哲学理论。

《新编剑桥世界近代史》文艺复兴卷对皮科的评价还是比较中肯的："人文主义对经院哲学的冲击，大概在皮科·德拉·米兰多拉这个奇怪而可怜的人物身上表现得最为明显。皮科对事物的看法，他的趣味，甚至他的用语，都属于经院主义的传统；他对讽喻的爱好和对犹太神秘哲学的兴趣，也同样是中世纪的一套。尽管如此，他的广博的知识仍然具有一种真正人文主义的眼光，正如他为使一切宗教和哲学基本上和谐一致所作的极为大胆的尝试远远超出了经院哲学家们最狂热的梦想一样。"

3 彭波那齐论灵魂不朽

费奇诺所演绎出来的关于人的尊严的话题为皮科所发扬光大，而他所演绎出来的"灵魂不朽"的论题在文艺复兴时期新亚里士多德主义哲学家

① ［意］皮科·米兰多拉：《论人的尊严》，第114页。

那里也得到了回应。亚里士多德主义和柏拉图主义是既有联系又有区别的两个哲学派别,在古典意义上,亚里士多德主义代表着对柏拉图主义的发展,但是随着后世哲学家的不断研究,两者的区别性越来越大。克里斯特勒分析说:“有些时期,人们特别强调这两个传统之间的区别,但是即使在那时,柏拉图的追随者们也忍不住借鉴源自亚里士多德的问题和概念。亚里士多德主义者也不能在其大师的体系里去除柏拉图的成分。在另外的时代,所谓的折中时代,人们认为柏拉图和亚里士多德‘言辞上不同,但原则上相同’;但是这种言辞上的不同也仍然困扰着那些解释者,他们在尝试综合中试图让一位大师的观点屈从于另一位。”因此,作为柏拉图主义者的费奇诺所关注的问题,自然也成为新亚里士多德主义者的课题。

彭波那齐

新亚里士多德主义的主要代表人物是彭波那齐(Pietro Pomponazzi,1462—1525),他1462年生于曼图亚,曾在帕多瓦大学学习哲学,在获得学位后,1488年成为特聘哲学教授,1495年成为正式教授。当这个大学在1509年因为战争而关闭后,他离开帕多瓦,在一位领主那里住了一段时间以后,搬到费拉拉大学,并且最后在博洛尼亚大学获得教授职位,从1512年到1525年他逝世为止,他一直在该校任教。为了阐明自己有关灵魂不朽的观点,他专门写了一部著作《论灵魂不朽》(*On the Immortality of the Soul*),在阐明自己的观点的同时,对费奇诺的观点进行批驳。

其实,关于“灵魂不朽”的争论并不是一个新话题,早在古典时代就产生了不同的争论,甚至可以说产生了一场混战,这场混战经过中世纪一直延续到文艺复兴。柏拉图及奥古斯丁都主张灵魂物体完全异质,并不占有空间,所以也无法像其他物质那样可以通过经验来感觉,其目的是通过赋予灵魂这种异质性而证明灵魂不朽。亚里士多德尽管没有完全脱离柏拉图的学说,但是他坚持认为灵魂不能脱离形体而单独存在,这一观点似乎与其老师的观点相悖,但是他又同时指出灵魂中的理智部分可以与肉体分离。这样的解释给后人留下了一个没有经过充分论证而又有些自相矛盾的论点,这其实反映出亚里士多德对这个问题的游移不定和不置可否。布克哈特曾经描述说:“在一篇对话中,当亚里士多德坐船渡过斯蒂克斯河时,他们怎样追问这个哲学家是不是相信灵魂不死,但是那个虽然肉体死而精神长存的谨慎的哲人,拒绝以一个肯定的答复来做有害于自己声誉的事情。”这说明亚里士多德对此并没有特别明确的答案。正因为古典时代留下了这样一个悬而未决的话题,所以引起后世无尽的争论,阿威罗伊主义者、伊壁鸠鲁主义者、怀疑主义者、新柏拉图主义者、奥古斯丁主义者以及中世纪的托马斯主义者都针对这一问题进行争论。尤其是文艺复兴时期重新掀起的这场争论,也引起了基督教会的不安,因为基督教会以灵魂不朽为正统,而且其信仰也是建立在灵魂不朽的基础上的。因此在 1513 年的拉特兰公会议第八次会议上,教会专门就此问题发出了呼吁,要求思想界致力于证明灵魂的不朽性,并纠正关于灵魂会死的错误主张。

费奇诺为了论证人的灵魂的终极意义自然绕不开灵魂不朽这个话题,而且认为灵魂会死和人的灵魂沉思上帝的目的是相悖的,坚决维护灵魂不朽的学说。他从目的论的角度对灵魂不朽所进行的推论,自然不能得到新亚里士多德主义者的赞同。尽管 1513 年教会出面认定了灵魂会死的说法是错误主张,但是并没有压制住不同学者继续探讨这一论题的热情。三年之后的 1516 年,彭波那齐还是就这一论题撰写了自己的著作,提出了自己不同于基督教会也不同于新柏拉图主义的观点,甚至也不完全同于亚里士多德的主张。

彭波那齐自己对《论灵魂不朽》这部著作的产生原委进行了说明。他在上课的时候,讲述了托马斯·阿奎那关于灵魂不死的观点,认为这种观点也许是正确的，但是与亚里士多德的观点不一致，因为亚里士多德并不认为灵魂可以与身体分离。当时他只是客观陈述双方的观点，并无意就该论题作是非判断，但是一名修道士学生要求他在纯粹自然推理的范围内明确自己的看法，这促使他去认真探讨这个问题。

彭波那齐通过两个进程去探讨这个问题：一个进程是列举各种有关灵魂不朽的代表性观点，分别提出自己的质疑；另一个进程是围绕费奇诺证明灵魂不朽的观点进行批驳。就第一个进路而言，彭波那齐分别列举了阿威罗伊（Averroës, 1126—1198）的不死的共有灵魂和个体灵魂湮灭的观点、柏拉图关于存在不死灵魂和会死灵魂的两种灵魂观、托马斯·阿奎那灵魂绝对不死只有部分会死的观点以及他比较赞同的灵魂绝对会死部分不死的观点。通过详细论证，他认为没有一种观点有充分的依据证明自己的观点，自己也无法找到充分的依据确信某一绝对正确的主张，但在论证过程中，他充分表达了自己的看法。他坚持认为，根据经验和自然推理，理智完全脱离肉体就不能活动，因而我们没有丝毫证据说理智可以脱离肉体；同一个人的灵魂不可能区分出两种相互分离的本性；人的理智总是需要肉体作为客体。所以那种认为灵魂完全脱离肉体的说法以及具有双重灵魂的说法都是站不住脚的。

除了从正面对各种主张灵魂不朽的论点进行分析和批驳外，彭波那齐论证灵魂不朽问题的另一进程是专门针对费奇诺所提出的论据进行批驳。费奇诺从确立人的独特地位出发，认为人的最终目的是沉思上帝，而这一目的之所以具有意义取决于其能够为大多数人所实现，否则人比动物还要悲惨，这与人在宇宙中的地位和人的尊严是不相称的，所以人的灵魂必须不朽。费奇诺的结论建立在纯粹形而上的逻辑推论上，但彭波那齐却从经验的角度认识这一问题。他认为费奇诺片面强调了沉思生活的意义，而且不符合经验范围的认知。事实上，沉思并非人的唯一才智，也并不是大多数人所具备的才智。人的才智表现为思辨、实践和技巧，思辨是少数人才具备的才能，技巧是人和动物共有的才能，唯有实践是所有人所具备的能力。所以,人需要的不是陷入沉思生活思考上帝,而是在实践中判断善恶,并在实践中行善,用实践的才智达成最终目的。通过瓦解费奇诺的沉思生活,彭波那齐也就否定了费奇诺论证灵魂不死的基本逻辑。

针对费奇诺论据中所包含的报偿理论,即如果人沉思上帝而不能得到报偿,则沉思就会失去价值,因为这意味着行善和作恶得不到应有的赏罚,人们就会失去行善的动力。彭波那齐对此进行了批驳,他认为,如果人因为报答而行善其实谈不上行善或美德,那就说明人们把追求报答视为目的,而不是追求善本身,这谈不上善。相反,不求报答地行善才是真正的美德,因为这样善本身才被视为目的。因此"美德本身就是对美德的最重要的报答,恶德本身就是对恶德的最重要的惩罚"。这样通过否定费奇诺的行善报偿理论,进一步否定了费奇诺的灵魂不死观点。

彭波那齐进行长篇论证的目的并不是希望就此论题得出什么唯一的结论,也不是要为哪一种论点进行彻底的辩护,而是要明确理性和信仰的两分。他坚持人具有理性认识的能力,同时他也不否认信仰的存在,而是试图论证理性和信仰本是两个不同的领域,不能混为一谈,既不能指望理性论证信仰,也不能指望用信仰来取代理性。从理性的角度而言,既然没有任何经验证据能够明确证明灵魂不死,就不能在人的理性层面上肯定这一主张。也就是说,他认为在纯粹的人层面上无法完满地论证灵魂不朽还是灵魂会死,它实际上完全在人的经验范围之外。因此,这个问题只能在信仰的领域中解决。作为上帝的信徒必须以《圣经》为依据,既然《圣经》中明确表明了灵魂的不朽,那么就应该将其作为信仰确定下来。因此,所谓灵魂不死只能是一种信仰,不是理性论证的结果,也只有在信仰层面它才具有合理性。

这种观点反映出在哲学和信仰的关系方面他与费奇诺和皮科等新柏拉图主义的分歧。无论是费奇诺所谓的哲学可以完全达成信仰,还是皮科的哲学导向信仰,都认为哲学和信仰密不可分,共同完成认识上帝的目的。但是彭波那齐却认为,哲学和信仰所指向的范畴不同,哲学只是对应人的经验层面,而信仰只和启示相关,哲学无法论证信仰问题,从而形成了所谓的双重真理说。正如加林所分析的:“彭波那齐强调,应当对自然界进行理智的思考,沉湎于命运和灵魂死亡问题,将不会有自由,不会有道德,不会有正义,不会有宗教。”这种看似简单的两分,其实有效地呼应了人文主义者的人性观和自然观,因为人文主义者就是要在信仰和人性之间划出一条界线,将人性对应自然的人和自然的世界。相对于新柏拉图主义对灵魂不朽的维护,彭波那齐的两重真理说对基督教思想的一统构成了更大的挑战。

尽管彭波那齐关于灵魂不朽的论述并无意挑战基督教的秩序,但其客观上对基督教的学说形成了威胁。也正是在这种意义上,布克哈特等研究者看到其重大的意义和价值,认为它既反映了文艺复兴时期人们对教会的态度,也客观上构成对教义体系的瓦解。布克哈特认为:“怀疑灵魂不死的说法的一个重大原因是人们从内心里不愿意对可恨的教会负担任何义务。我们已经看到:教会把有这种想法的人污蔑为享乐主义者。俗人在临死的时候无疑的是要求接受圣礼的,但广大群众在他们的生活中,而特别是在他们的壮年时代,立身行事是根据相反的假设的。”布克哈特甚至认为:“这种对于人死以后的情况的看法,部分地包含了并部分地促进了基督教最根本的教义的解体。有罪的和得救的观念一定已经几乎完全烟消云散了。”

围绕灵魂不朽问题的争论,反映出两大哲学流派在思维路径上有着巨大的差别,费奇诺和皮科从神学的框架中确定人的尊严,彭波那齐则回归经验层面确立人的目的,由此也在各方面产生对立,具体表现为灵魂不朽与灵魂会死的对立,哲学和信仰同一与哲学和信仰分立的对立,沉思生活与实践生活的对立。这种不同和对立一方面导源于柏拉图学说和亚里士多德学说的不同,另一方面也根植于文艺复兴时期对人性的不同思考。但是从宏观的文艺复兴时代背景下去考察,两种不同的哲学态度又共同折射了文艺复兴思想的特征,即它们都从不同的角度表现出对于人的关注。正如克里斯特勒所分析的:“赋予灵魂不朽的问题以如此根本的重要性,其做法本身表现出对人及其形而上学地位的普遍兴趣,远非之前的时期可与之相比。尤其是,针对未来的沉思观念与自足的德行观念作对比,只不过是针对同一个基本问题的选择性答案,这个基本问题就是:何谓人类生活的终极目标?”因此,也只有将他们的哲学思维放在文艺复兴的大背景下,才能在他们看似对立的观点中看到相同的人文主义气息。

4 自然哲学的思考

文艺复兴时期除了复活柏拉图哲学和亚里士多德哲学外,也复活了古希腊的自然哲学。如果说前者重在认识人,那么后者则聚焦于如何认识自然。自然哲学家们在结合文艺复兴科学发现的基础上,进行了针对自然的方法论思考。

所谓自然哲学,就是希望在自然现象中解决本原问题和规律性问题,并以此确立认识论基础。根据莱恩斯(David A. Lines)的说法,“自然哲学,连同形而上学和数学,都是思辨哲学的分支;它研究自然的原则和第一性质;以下事实强调了其作为思辨学科的地位,即它不是基于观察或实验,也与运算或科技无关。而且,自然哲学是少数几个其研究对象不变的学科之一;因此,它的结论不仅是确定的,而且是普遍的”。所以自然哲学家不是自然科学家,重点不在于在自然中发现了什么,而在于如何认识自然。在古希腊的时候,一群自然哲学家就试图摆脱对自然的神意解释,而希望在理性和物质层面认识自然。在复兴这些哲学家思想的基础上出现了文艺复兴的自然哲学潮流,先后涌现出一些非常著名的代表人物,包括帕拉塞尔苏斯(Paracelsus, 1493—1541)、卡尔达诺(Girolamo Cardano, 1501—1576)、特勒肖(Bernardino Telesio, 1508—1588)和布鲁诺(Giordano Bruno, 1548—1600)等。

这一时期的自然哲学思想,具有这样一些特点。他们虽然试图摆脱对宇宙进行神学、哲学和纯逻辑推论的解释,但是他们也无法摆脱上帝、本原、灵魂等概念;他们虽然开始试图从自然本身的规律去认识事物,但是他们还找不到科学的方法,而会引入魔法、占星术等手段。因此,克里斯特勒说:

“这些自然哲学家并非像他们宣称的那样有创见或独立于古代的权威……这些思想中不仅有过时传统的未被消化的残渣，而且有新思想组成的基本要素。然而自然哲学家的这种态度仍然有十分重要的意义，正是由于这些自然哲学的特有理论和独立见解，人们才常常称誉他们是现代哲学和科学的先驱。”自然哲学家这种新旧交杂的理论典型地反映在他们的宇宙观和认识论上。

自然哲学家们所确立的宇宙观并没有摆脱上帝、灵魂、物质等概念的俗套，但在以自然为中心解释这些概念的内容及其关系时又有所不同，类似于旧瓶装新酒。

首先，他们都有泛神论倾向，表现在他们的话语体系都无法离开上帝，但是他们更加注重上帝和自然的联系和统一。特勒肖承认上帝的本原性，但认为物质和上帝一样永恒，不可创造也不可消灭，数量不变充满整个空间。他并不简单地认为世界是上帝创造的，而是认为世界取决于物质的性质，即冷、热、干、湿。热和干是积极能动的本原，冷和湿是消极被动的本原，热和生命有关，冷和静止相连，热扩散，产生光、透明和运动，冷凝结，产生稠密、黑暗和静止，热和冷相互对立和斗争构成宇宙生活的内容。布鲁诺也承认上帝是一个实体，但为了认识上帝，我们必须认识他的映像，即自然。上帝

特勒肖

在一定程度上就是自然,"自然或是上帝自身,或是在事物本身中展现出来的神明力量",因此,宇宙和上帝的差别似乎消失了。自然内在的组成成分是形式和质料,但形式和质料在上帝那里是统一的。同时,他认为,物质和形式不可分割,形式离开物质就没有存在,形式在物质中产生,在物质中消灭,但物质依然如故,形式只是物质的来去无常的各种不同配置,并不具有本原意义。不是太一流溢的衰减和熄灭产生了物质,物质是自然界一切过程和形式的源泉。所以他认为事物是无限演变的:"那曾是种子的东西,变成了茎,从那曾是茎的东西,生出穗,从那曾是穗的东西,生出谷物,从谷物生出胃液,从胃液生出血液,从血液生出精子,从精子生出胚胎,从胚胎生出人,从人生出死尸,从死尸生出土,从土生出石头或其他东西,如此可以导致所有的自然形式。"

其次,他们都有世界物活论、万物有机论的观点。认为所有自然现象都是有生命和灵魂的,存在着世界灵魂,赋予万物生机。在物活论下,各种物质之间没有界限。德国-瑞士的思想家帕拉塞尔苏斯是物活论的代表人物之一。他把宇宙理解为包括三个世界的整体——神界、星界和地球,诸成分的世界宇宙整体可以比拟为鸡蛋,蛋壳相当于天穹,蛋清相当于星域,蛋黄相当于地球,人则相当于坐在鸡蛋中的鸡雏。这三个世界相互作用,三者相互联系。意大利的卡尔达诺认为奇妙的宇宙是一个有机体,其基础是永不产生、永不消逝的第一物质,同时也有宇宙灵魂。自然中的一切都是活的。在物活论和万物有机论的前提下,宇宙之间万事万物都是相互联系的。既然万物都是有灵的,都是活的东西,都有灵魂,那么他们之间一定有着某种类似性,所以也是可以沟通的。人与宇宙的自然联系也是基于这种相似性。根据帕拉塞尔苏斯的说法:人就是宇宙的缩影。比如心类似太阳,脑类似月亮,肝类相当于土星,肾脏相当于木星等,星界的变化会影响到人的身体。人如同星球一样,是由汞(气息)、盐(肉体)、硫磺(灵魂)构成。但他并不认为它们是构成万物的三种物质元素,而强调它们是比实物抽象得多的物性要素,决定着物质的性质和形态。"硫"是易燃性的要素或灵魂;"水银"是液体性和金属性的特征;而盐决定物质的固体状态,表现出固定性的、聚集性的和沉积性的状态。按照他的这种见解,木柴燃烧时,冒出的火焰是硫的体现,挥发掉的是水银要素所衍生,留下的灰烬则是盐的体现。人的机体的患病正是由于这些元素的正常关系遭到破坏,所以人类肌体的类似部位要由类似的自然元素来治疗。库萨的尼古拉(Nicholas of Cusa, 1401—1464)认为,宇宙间的万事万物有着普遍联系。在他看来,自然是一个被宇宙灵魂赋予了灵性的活的统一有机体,这个有机体的最重要表现之一是人这个活物。人的个体反映着整个宇宙,是宇宙压缩了的形象。卡尔达诺认为:宇宙是有联系的统一整体,一切事物深处,是统一的、永不消失的第一物质。使得事物不断产生和消灭的是世界灵魂。自然界中的一切都是活的,一切都相互追求。

从我们现在来看,泛神论、物活论和世界有机论当然不是一种科学的学说,世界当然有有机物、无机物之分,我们也不会认为石头会有灵魂,但是我们要考虑的问题是,物活论这样一种既非全新的又非科学的学说,有什么意义和价值呢?在文艺复兴时代,其价值之一是把灵魂和物质紧密结合在一起,尽管他们可能不否认灵魂和上帝的关系,但是认为不存在脱离物质的灵魂,这和宗教所构建的那种肉体之外的外在灵魂是相对的。同时,既然万物有灵,那么在有灵这一点上自然界的万事万物都可以建立联系,它们因为灵魂而相通,因为灵魂而相互影响,因为灵魂而互为因果,从而使得从自然事物的联系中寻找解释成为可能。所以物活论和世界有机论也成为批判天主教神学的非物质的灵魂和灵魂不死的工具。自然哲学的发展路径是从唯心主义走向唯物主义。唯心主义表现在强调世界灵魂、宇宙灵魂,但最终随着泛神论的发展,精神性的神明本原日益与物质融成一片。

第三,自然哲学家从上帝的无限中似乎模糊地认识到自然的无限性。布鲁诺认为,存在着许多像我们的世界一样的世界,我们的世界之外的宇宙并不是虚空。宇宙的这种无限不能通过感官来感知,而只能通过理性的判断解释出来。因此,作为整体的宇宙没有绝对的中心,也没有绝对的方向。

库萨的尼古拉尽管把无限性归于上帝，称其为“绝对的最大者”，但也认为自然宇宙是“有限的最大者”，或者具有潜在的无限性。因此地球并不是宇宙的中心，宇宙这部机器可以说到处都有自己的中心，它的终点不在任何地方。

在认识论上，他们尽管认为上帝是不可认识的，但是自然是可以通过人的感觉和理性认知的。库萨的尼古拉的说法特别具有辩证性。他认为，既然上帝最为绝对地不可认知，那么也意味着局部的关于自然的真理是可以认识的，而且我们对局部的自然认识越深，就会越接近真理，“我们在这种无知上学问愈深，我们也就愈加走进真理本身”。布鲁诺也强调作为神秘力量的上帝是不可认识的，而自然则是完全可以认识的，认识自然是哲学的唯一任务。无论是库萨的尼古拉还是布鲁诺，他们强调上帝的不可认识性，反而是把上帝引导到理性的认识范围之外，从而确立人在认识自然的事物中的权利。

在具体的认识路径上，尽管他们还没有走到我们以经验为基础的科学认识论，但是他们也开始强调感觉层面的重要性，至少开始把感觉和理性看成认识事物的不同步骤，而不是截然分开的不同道路。库萨的尼古拉把人的认识分成感觉、理性和理智三个层面，认为感觉可以提供模糊的事物的形象，理性则可以进行抽象的科学思维或者数学思维，理智则能够让我们进而认识无限的东西。他认为自然的一切事物都存在着对立面，理性就是要通过对比这些对立面而进行抽象思维，最终理智让我们克服对立达到统一。从辩证的角度来讲，无限大和无限小的运动都会走向统一。比如，钝角三角形无限放大和锐角三角形无限变小，最后都与一条直线统一。特勒肖虽然是从他的灵魂观确立认识的，但是他也把认识神圣事物的灵魂和认识自然的精神区分开来，前者专注于认识神圣的事物，而后者则认识自然。他的主要精力放在后者对事物的认识上。他认为，精神的作用就是感觉，通过外在事物的影响，精神可以进行感知，外在事物会引起精神的扩张或收缩，会导致精神的保存和精神的腐坏，快乐就是保存的感觉，痛苦则是腐坏的感觉。

但所有的感觉最终都是从触觉获得的。所以,精神能够知觉到万物,就在于万物作用于它。精神除了感觉外,还有记忆和回忆的能力,这就进入到了理性认识的层面,所谓理性认识,就是以知觉到的事物的相似性为基础的,这样所有的理智的知识就是通过感官而知觉到的相似性,或者是对与直觉相对立的事物的否定。因此,特勒肖主张只从世界本身来说明世界,而不诉诸任何超自然的力量。对自然的解释应当到自然本身中去汲取。他号召依据经验,首先是依据我们的感觉器官所提供的材料对自然进行细心的研究。帕拉塞尔苏斯认为一切认识的真正基础在于与科学相结合的经验知识,理论无非是思辨性的实践,科学的唯一正确的道路是通过经验认识自然,但是同时,经验如果没有自己的科学母亲也是不行的。

有些自然哲学家模糊地认识到数学的作用,而数学计算正是近代自然科学观确立的基础。卡尔达诺认为,借助于数学认识,也可取得真正的才智。天体运动的合乎规律性,证明上帝是使宇宙服从数的规律的。库萨的尼古拉认为,数是"事物的第一个模型","没有数就不能创造任何东西",数学是种种科学中最可靠的。数学比例和关系是所有自然现象的基础。

尽管这些自然哲学家在自然认识论方面提出了很多创新性的观点,对人掌握自然力量已经产生了强烈的渴望,但是由于他们知识的局限性和时代的局限性,并没有找到坚实而有效的探索自然的方案,所以在他们那里,我们同时也看到了魔法技艺、占星术、炼金术等的沉渣泛起,和他们看似科学的认识论不加区别地混杂在一起。但我们也应该认识到,这时候的自然哲学尽管还没有找到真正科学认识宇宙和自然界的路径,但是,他们却开辟了一个接近科学的路径,那就是不用形而上神意来解释宇宙和世界,而试图寻求他们之间的自然联系。尽管他们找到的这种自然联系可能很荒谬,但正是在这种荒谬中指向了走向近代的路。所以后人对他们探讨宇宙和认识宇宙的观点可能不赞同,但是都承认他们探索的进步意义。一方面,如克里斯特勒所说的,他们的探索开始走出柏拉图和亚里士多德主义的认识范畴:他们是一些与我们前面所论及的人文主义者、柏拉图主义者和亚里士多德主义者不同的人。这种称号意味着他们的中心兴趣是自然哲学和宇宙论。正如早期人文主义思想家的兴趣在伦理学一样……而主要在于他们企图用独创的、独立的方法而不是在已经建立起来的传统和权威的框架之内去探求自然界原理。另一方面,如索柯洛夫所总结的,他们理论中的合理成分又启示了近代自然科学观的出现:"他们奠定了新的、强大而勇敢的世界观的基础,这个世界观的中心是自然和人。他们否定宗教的超验性,肯定了现实中神明的内在性,这样也就为以后的自然主义和唯物主义思想开拓了道路,尽管形式上还远不够完善。"

本讲参考文献

1. [美]保罗・奥斯卡・克里斯特勒:《意大利文艺复兴时期八个哲学家》,姚鹏、陶建平译,上海:上海译文出版社,1987 年。

2. [美]保罗・奥斯卡・克里斯特勒:《文艺复兴时期的思想与艺术》,邵宏译,北京:东方出版社,2008 年。

3. [美]大卫・戈伊科奇等:《人道主义问题》,北京:东方出版社,1997 年。

4. [德]汉斯・约阿西姆・施杜里希:《世界哲学史》,吕叔君译,桂林:广西师范大学出版社,2017 年。

5. [意]欧金尼奥・加林主编:《文艺复兴时期的人》,李玉成译,北京:生活・读书・新知三联书店,2003 年。

6. [苏]B.B.索柯洛夫:《哲学概论》,汤侠生译,北京:北京大学出版社,1983 年。

7. [美]梯利著:《西方哲学史》(增补修订版),[美]伍德增补,葛力译,北京:商务印书馆,2015 年。

8. [瑞士]雅各布・布克哈特:《意大利文艺复兴时期的文化》,何新译,北京:商务印书馆,1983 年。

9. Cassirer, Ernst, "Giovanni Pico Della Mirandola: A Study in the History of Renaissance Ideas", *Journal of the History of Ideas,* Vol.3, No.3(1942).

10. James A. Devereux, S. J., "The Object of Love in Ficino's Philosophy", *Journal of the History of Ideas,* Vol.30, No.2(1969).

11. Kristeller, Paul Oskar, "The Philosophy of Man in the Italian Renaissance", *Italica,* Vol.24, No.2(1947).

12. Lines, David A., "Natural Philosophy in Renaissance Italy: The University of Bologna and the Beginnings of Specialization", *Early Science and Medicine,* Vol.6, No.4(2001).

13. Kristeller, Paul Oskar, "Ficino and Pomponazzi on the Place of Man in the Universe", *Journal of the History of Ideas,* Vol.5, No.2(1944).

14. Michael J. B. Allen, "Marsilio Ficino on Plato, the Neoplatonists and the Christian Doctrine of the Trinity", *Renaissance Quarterly,* Vol.37, No.4(1984).

第六讲

政治模式的虚构

文艺复兴时期,人文主义者除了对构建人文主义和恢复古典文化着迷之外,同时也非常关注意大利的现实。在当时,英国、法国、西班牙等国已经率先摆脱了封建的四分五裂状态,而步入了相对统一的多民族国家阶段。但比较而言,意大利仍然是矛盾重重,四分五裂。丹尼斯·哈伊指出:“不同地区的意大利人在对待宗教、社会和经济问题上所持的态度,在不少方面都基本相似。我们在《俗语论》这本书中读到:‘作为意大利人,我们在生活方式、风俗习惯和语言上有许多共同的极其单纯的特征。’但是这些都几乎湮没在地理、政治和语言差别的海洋之中。我们还可以引用但丁的话说:‘我们只有一个宫廷,虽然在形体上她已分散于四方。’”教皇国是全体基督徒的教皇国,他的眼光并不专注于意大利,反而为了确立自己在意大利的地位,不希望意大利统一;北部的一些商业城市国家为了自己的利益,同样不希望有任何势力来干涉自己;神圣罗马帝国在理论上领有意大利的部分土地,但是此时的神圣罗马帝国日薄西山,在德国大本营也只成了一个影子。所以,人们看不到能够统一意大利的力量在哪里。因此意大利人文主义者对政治的关怀,尤其是对意大利统一的向往和更加美好生活的渴望,表现得非常强烈,他们每当想起古代罗马帝国的辉煌的时候,就会哀叹意大利孱弱的现实。

面对意大利四分五裂的现实,人文主义者们从不同的角度为意大利的统一开出了药方,各自指出了统一的道路和模式。尽管这些模式非常具有理性,也非常具有理论的可能性,但是几乎都不可能实现,事实上在文艺复兴时期意大利一直处于分裂状态,这些看似合理的政治思考统统成为一种虚构,并没有给意大利政治局面带来任何变化。简要说来,当时比较系统的政治思考主要有三种模式,这三种模式分别对应着但丁、马基雅维里和康帕内拉。

I 但丁的"皇帝"

戴维斯(Charles T. Davis)认为但丁是"伟大诗人中最具有政治性的,不仅是他的《论世界帝国》和他的信件,而且是他的《神曲》,都使他名副其实"。这和但丁时期的政治形势以及但丁的政治经历有关。

当时的意大利缺少有效的中央集权,但它一直有着有名无实的中央集权的影子。其中影子之一是神圣罗马帝国。神圣罗马帝国的霍亨斯陶芬王朝瓦解之后,皇权的影响消失得无影无踪。然而,哈布斯堡家族上台后,又试图恢复对意大利的统治。另一方面,意大利不仅受到神圣罗马帝国的影响,还受到教皇权力的左右。因为教皇坐镇意大利中部,代表着中世纪一个统一的力量。这两大影子尽管不能实际上统一意大利,但是对意大利的政治产生了非常重要的影响。

从13世纪中期起,佛罗伦萨内部就分裂为支持教皇的圭尔夫派(the Guelfs)和支持皇帝的吉伯林派(the Ghibellines)两派。13世纪90年代,圭尔夫党在斗争中获胜,但随后,在圭尔夫党内分裂成代表贵族利益的黑党和代表市民利益的白党。一部分富裕市民希望城市独立,不愿意受制于教皇,分化成“白党”，另一部分没落户，希望借助教皇的势力翻身，成为“黑党”，两派相互争斗。但丁就是在这种社会矛盾极为尖锐复杂的情况下，投入了佛罗伦萨的政治活动，并成为白党的重要成员之一，在政治争斗和党派倾轧中但丁失败遭到放逐，从此再也没有能回到家乡。针对这种放逐或流放的刑罚，丹尼斯·哈伊说：“流放是一种古老的刑罚，13世纪和13世纪以后的一段时期，还常常采用这种刑罚，但法官判决中所表现的严厉和轻率程度超过罗马帝国的任何时期。有很多资料记载了这种曾风行一时的、在许多城市中作为合法惩治手段的情况。许多著名的流放者如但丁等的历史，都是人们所熟悉的。”政治的倾轧和政治的失意使他对党派纷争深恶痛绝，内心渴望着统一和和平，而且他把希望寄托在皇帝身上。正如卡特（Barbara Barclay Carter）所描述的：“被自己的城市抛弃，从一地流浪到一地，发现到处都是无休止的争斗、不公正的胜利以及纠正的无望，他开始感觉自己负有政治‘使命’，而且现在‘世界就是他的祖国’。在他看来，整个意大利都是‘痛苦的客栈，暴风雨中没有领航员的船只’，而其他地方来的消息带来了其他斗争的传说，这导致他渴望最高协调的权威，能够确保‘人类这个场地上的生命应该自由而和平地生活’。他不指望教皇带来这种和谐……而是寄希望于皇帝，指望皇帝作为宇宙法则的指导者而来，作为整个基督教统一原则的皇帝而来。”

当意大利内部正因分裂为皇帝党和教皇党两派而打得不可开交时，神圣罗马帝国皇帝亨利七世（Heinrich VII，约1275—1313）于1310年进入意大利。包括但丁在内的许多意大利志士都希望亨利七世能领导四分五裂的意大利实现统一。但丁给他写信，指点需要进攻的地点，因此白党也开始痛恨但丁。亨利七世的行动一开始相当顺利，1310年，他在米兰头顶伦巴第铁王冠，加冕为意大利国王；1312年6月29日他在罗马由教皇正式加冕为神圣罗马帝国皇帝，成为在腓特烈二世去世后第一位加冕的皇帝。他随即进攻佛罗伦萨。这似乎让但丁隐约看到了可以依仗的力量。为迎接皇帝的到来，但丁放弃了《神曲》中《天堂》篇的写作，开始创作一本政

但丁《论世界帝国》

治著作《论世界帝国》(*De Monarchia*),为皇帝统一意大利寻找理论根据。但亨利七世1313年患病而亡,使得皇帝在意大利的主张权力之行突然无疾而终,也浇灭了但丁依靠皇帝统一的现实希望,但亨利七世进入意大利的这段插曲却成就了但丁以皇帝为中心的"世界帝国"理论。

但丁的《论世界帝国》分为三卷。第一卷起名为"人类需要统一与和平",试图从理论上证明建立统一帝国符合人类的自然理性,是大势所趋。在这部分他更多地从哲学逻辑层面进行论证。他指出,从目的论角度来讲,上帝为人类确立了政体和种种安排,最主要的目的是世界和平,这是人类的唯一目的,为了实现这种目的,就"应该实行独一无二的统治和建立独一无二的政府,而且这种权力应称为君主或帝王"①。从国家的形态来讲,国家能够存在必然要组成一个结构,这个结构应该由一个统治者或政府来统一,这就需要一个单一的世界君主或世界统治机构;从神学的角度而言,人类与上帝相像,上帝是统一的,所以人类要达到最佳状态,接近上帝的形象,必须达到完全的统一,这种统一要

① [意]但丁:《论世界帝国》,朱虹译,北京:商务印书馆,1986年,第8页。

求人类服从一个统一的政体；从运动的角度而言，“只有人类的一切动力和运动服从独一的动力（即政体）和独一的运动（即法治），人类才能处于最佳状态”①。因此，建立世界政体是给尘世带来幸福的必经之路；从类比司法的角度而言，有争执就要有裁判，因此必须有个第三者具备广泛的权力，类似于最高的首席法官，可以直接或间接地裁判一切事物。这个裁判者的形象就是世界统治者，所以建立统一的世界政体是必要的。从正义的实现角度而言，唯有最自觉和最有能力的人才能发挥最大的威力维护正义，只有世界君主具备这种能力；从治理效率的角度而言，一个人能够做好的事情不必许多人去做，“由一人去做就是善，由数人去做就是恶了”②，某项行动由一个人完成比多人完成更能接近目的。所以，人类最好由一个人统治而不是由众人统治；最后从善的本质而言，“善的根本含义是单一存在，而恶的根本含义是多头存在”③，所以要达到善必须意志协调统一，要达到统一必须由统一的统治意志进行引导。因此，如果没有君主进行控制和引导，这种统一的统治意志根本不可能。综上所述种种理由，世界上需要有一个统一的君主。

以上的论证所偏重的只是哲学层面的逻辑建构，但是如果要将这种理论的必要性变成现实，必须有可以依靠的现实力量。在但丁眼里，这个现实力量就是神圣罗马帝国，因为它是罗马帝国的继承人，如果能够证明罗马建立统一帝国是正当合理的，那么继承其衣钵的神圣罗马帝国当然也是正当合理的。

所以但丁将第二卷定名为“罗马凭公理一统天下”，试图论证罗马的统一是符合公理的。

但丁通过追溯罗马帝国的祖先得出结论：罗马民族是最高贵的民族，而

---

① ［意］但丁：《论世界帝国》，第11页。

② 同上书，第21页。

③ 同上书，第23页。

最高贵的民族应高踞其他民族之上,因此罗马通过建立帝国对世界进行一元化的统治是完全合乎公理的;凡是神选中或倚重的,神必然会以施行奇迹相助,从罗马的历史上来看,罗马帝国的建成处处都有神的干预和助力,因此,罗马帝国符合神的意旨,从而也符合公理;从罗马帝国建立的目的而言,罗马帝国征服全世界是为了寻求普世的和平与自由,是为了促进公共利益拯救人类,甚至不惜牺牲自己的利益,那么,关心国民利益的人一定是忠于公理的,所以,罗马帝国符合公理;从罗马帝国建立的过程来看也是符合公理的,因为大自然要符合完美,注定要由某一个地区的民族来一统天下,在争夺世界统治权的竞赛中,罗马是通过一对一的格斗获得世界统治权的,它的取胜反映了神的意旨,经受了神的考验。从基督教诞生在罗马帝国而言也可以证明罗马帝国的合理性,因为“如果罗马帝国的存在不合理,那么耶稣的诞生就意味着非正义了”①。从基督教的产生来看,基督是自愿脱胎于圣母玛利亚而降生在罗马帝国的,而且承认和加入了罗马的户籍,说明基督是自愿服从罗马的法令的。就此而言,耶稣基督以实际行动承认了罗马帝国的合法性。从耶稣被罗马钉上十字架这一事件来看,耶稣被处死可以看作是罗马帝国对耶稣的行刑。但是,任何惩罚的正当性取决于是否掌握刑事司法权,否则就不是惩罚,而惩罚本身反而是不法行为。从耶稣最终受刑来看,罗马握有全人类的司法权。

基于以上理由,罗马帝国的存在是合乎公理的,因此作为罗马帝国继承人的神圣罗马帝国,也是合乎公理的,神圣罗马皇帝作为统一世界帝国的君主也是合乎公理的。

从正面论证神圣罗马帝国统一世界的合理性,还必须解决一个棘手的问题,即作为基督教世界统一力量的教会和教皇,为什么不能承担神圣罗马帝国皇帝的角色?但丁《论世界帝国》的第三卷就试图解决这个问题,论证君权并不来自教会,而且教皇根本就没有资格担任世俗的统治者。所以,其

① [意]但丁:《论世界帝国》,第53页。

第三卷直白地定名为“尘世的君主统治权直接由上帝赐予而非来自罗马教皇”。

无论如何,这一卷的论述针对的是教会所论证的“教权至上”的理论,其论点必然会触怒罗马教皇。但丁之所以敢冒天下之大不韪,一方面反映了他对教会的不满,另一方面他希望长期的政教之争最终做个了断,将现实社会的统一寄托在尘世的统治者身上。

教会长期宣传这样的主张,即上帝创造了两个光体,一个是太阳,一个是月亮,前者代表神权,后者代表王权。所以,王权来自教权,教权是至高无上的。但丁对该观点进行了驳斥,认为月亮并非不发光,其本身是有微弱亮光的,它只是为了增强自己的功能和效力才从光源充足的太阳吸取光辉。同样地,尘世权力的存在及其功能或权威,甚至严格地说,它的权力的行使,都不是得自教会权力;它所获得的确实是神恩的光辉①。

教会论证说,《摩西书》中记述雅各怀中生出两种权力的象征,一名利未,一名犹达,前者是教士之父,后者是尘世的权力之父,前者年长于后者,所以教会的权威高于罗马帝国。对此,但丁从常识的角度进行批驳,认为年长并不必然意味着权威,事实上,有许多人在年龄方面是长者,而在权威方面非但不是长者,甚至还要服从年少的人②。

教会论证说,《旧约全书·列王纪上》说扫罗是由撒母耳封为王又由撒母耳罢免的,而撒母耳是上帝的代理人,所以上帝至今仍然把这种权力授予他的代理人,所以教会的首脑可以任免尘世的权柄。但丁论证说,撒母耳根本不是代理人而是使者,使者只能按照委派者的命令行事,而非自己拥有权力。

教会论证说,《马太福音》中叙述三个贤人向基督献黄金和乳香,由此可以推断基督是精神财富和物质财富的主宰,所以基督既是上帝又是君主,

① [意]但丁:《论世界帝国》,第65页。

② 同上书,第66页。

教皇是上帝的代理人,因而教皇是教会事务和世俗事物的主宰。但丁论证说,既然是作为一个人的代理人,他就不能同他代理的人相提并论,因为不属于自己所有的东西是不能委托他人的。

教会论证说,《圣经》中基督对彼得说,凡你在地上所联结的,在天上也要联结,凡你在地方所解除的,在天上也要解除。由此教会推论彼得的继承者可以解除帝国的法律和法令,并用自己的法律和法令约束尘世的权力。但丁论证说,基督说这话的前提是让彼得掌管天国的钥匙,所以他的权限只和掌握天国的大门有关,并不能扩大到具有一切权力,甚至能够解除或指定帝国的法律与法令。①

教会论证说,《路加福音》中彼得对基督说:“主啊,请看,这里有两把刀。”由此教会断言这两把刀指的是上述两类的统治权,这两类统治权的权力属于彼得的继承人。但丁断然否认这种说法,认为这种解释不符合基督所说的意思。上帝的意思是让他们每个人买一把刀,彼得不过说这里已经有了两把刀,所以耶稣说“够了”,并没有别的意思。

但丁针对当时所流行的论证教权至上的理论进行了逐一批驳,认为所有这些理论都是空穴来风或者过度演绎,根本无法支撑教权高于皇权的主张。

接下来但丁开始对似乎难以撼动的教会文献“君士坦丁的赠礼”发起挑战。我们通常认为后期的瓦拉才是颠覆“君士坦丁的赠礼”的人,其实但丁作为过渡时期的人物,已经开始对这份文献产生质疑。根据“赠礼”的说法,君士坦丁大帝蒙上帝启示和感谢教会治愈了他的麻风病,慷慨地把西部帝国赠与教皇希尔维斯特(Sylvester I, 314—335 年在位),据此教会说,帝国的宝座以及罗马城和帝国的许多权柄都一并捐赠给教会,人们必须通过教会才能享有这些权柄,所以帝国依赖教会。但丁虽然没有像瓦拉那样通过文献考证进行批驳,但是他通过常识和逻辑的角度指出这一说法的虚假

① [意]但丁:《论世界帝国》,第 70 页。

性。他认为,君士坦丁不能把帝国送出而教会也不能加以接受,因为谁都无权做出违反自己职权的事情。帝国毁灭自己也是一种违反人权的行为,因此帝国无权毁灭自己,任何握有帝国权柄的人都无权分割帝国。另外,教会根本不宜于接受尘世的权力。教会不能成为这项捐赠的合法占有者,帝国也无权转让它的占有物。因为,如果君士坦丁大帝对教会的财产不是拥有主权,他当时就无权让帝国给教会进行人们所想象的捐赠,而教会接受这种捐赠也是不正当的。①

但丁对教会权柄的质疑并不是要否定教会的地位,而是意图证明君主和教会是两个完全不同性质的机构和权力,“教皇和帝王这两者显然属于两个不同的类属,各自可分解出本类的典范”②。因此,帝国的权力并非来自教会的授予,教会不是帝国力量的根源。而且,“教会没有从帝国那里获得这种权力,也没有从上帝那里获得这种权力,也没有从自身获得这种权力”③。至此,但丁得出结论:“人类的缰绳是由一对骑手按照人类的双重目的来掌握的。其一是教皇,他用神启引导人类走向永生的幸福;其二是帝王,他用哲理引导人类走向尘世的幸福。”④这也就是我们经常所说的:上帝的东西归上帝,恺撒的东西归恺撒。

但丁的皇帝统一论虽然随着神圣罗马皇帝的去世而失去了依托,但是他的著述反映了那个时代人们的政治思考。但丁似乎并没有我们现代语境下的民族或国家的概念,而更多地是一种天下观或世界主义观念,他在论证世界帝国的时候,并没有把眼光局限在狭隘的意大利或者自己所在城市,他丝毫没有感觉到让一个德国人来统一意大利有什么不好。所以他的政治分析更多地基于理性逻辑,而非民族历史的自豪感。这一方面说明当时的知识分子和教会人士一样具有世界性的特征,另一方面和但丁在政治倾轧中

---

① [意]但丁:《论世界帝国》,第 81 页。
② 同上书,第 79 页。
③ 同上书,第 83 页。
④ 同上书,第 87 页。

成为流放者的身份有关。正如丹尼斯·哈伊所说:“通过流放,向意大利的城市和宫廷传播了活跃的政治人物的形象。由于他们都是失业者,他们当中一些人如但丁等习惯于思考更广泛的意大利问题,也就不足为奇了。”布克哈特也认为,“他(但丁)理想中的皇帝是一个公平慈悲的法官,只依存于上帝,是自然、正义和上帝所批准的罗马世界帝国的继承人。按照这种看法,征服世界是合理的,是建立在神对罗马帝国和世界上其他国家之间的裁判上,而上帝对这个帝国是嘉许的”。

但丁的政治思想也反映但丁心中藏着复古的影子,而这也是后来人文主义者共同的特征。他非常熟悉古罗马的政治和历史,并自觉地运用了一部分历史事实来论证自己的帝国理论,所以把希望放在徒有其名的神圣罗马帝国身上。这一方面是由于当时缺乏其他可能力量的政治现实;但另一方面也表明他希望在历史中寻找解决现实问题的钥匙。正如施尔德根(Brenda Deen Schildgen)所说:“但丁在14世纪深受城市内外党争之害,开始回顾他从古代罗马帝国的回忆中塑造出来的绝对和平,他希望为当下找到和平时代的模式。但丁希望不顾一切地努力恢复作为世界中心的罗马,并重申罗马市民的美德。”

另外,我们可以看到但丁的统一意大利之路具有浓厚的理想色彩。他批评教会无力承担统一意大利的任务,但他所寄托的神圣罗马帝国实质上也无力肩负起统一意大利的任务。正如丹尼斯·哈伊所说:“皇帝并不关心意大利人如何对他的代理人,也不关心意大利人对他所赋予权力的‘实际’当权者的合法性看法如何。他们只在两个方面关心意大利,讹诈教皇给他加冕和通过出售爵位从意大利捞到更多的钱。”当时的神圣罗马皇帝之所以无法成为统一的力量,不仅因为其自身力量的孱弱,还因为当时意大利城市共和国的发展方兴未艾,不愿意一个统一的王权笼罩在它们上头,抽取赋税、掠夺财物。但丁的论证忽略了意大利复杂的社会现实,因此其“帝国思想纯粹是对于世界和平的一种理想化”。也正因为如此,他的这本著作后来流传不广,正如凯伊(Richard Kay)所说:“我严重怀疑但丁试图说服许多有学识的圭尔夫派改变政治立场有何现实性。也许,他不厌其烦地指出他从不指望说服那些'根深蒂固的贪婪熄灭了理性之光'的人。但是这种要求,把他的读者限制为一小部分理想主义者。他的这本著作创作后,后世并没有手稿留存下来,难道是巧合吗?"

但无论如何,但丁开启了人文主义者对意大利统一问题的思考,几乎每一个人文主义者都会触及这一问题,并催生了另一位政治思想巨人马基雅维里,从而开启了现代政治思想的新纪元。

2 马基雅维里的"君主"

《新编剑桥世界近代史》文艺复兴卷这样来评价马基雅维里:"实际上,那些为祖国的政治困难局面而进行思考的意大利人,不得不处于一种为仿佛相互矛盾的政策进行辩护的尴尬地位。马基雅维里是一位共和派,但同时又为强有力的君主制度辩护;对于佛罗伦萨来说是一位共和主义者,而对于意大利来说,却是一位激情满怀的君主捍卫者。"确实无论从他的政治经历还是他的思想中,都可以看到这种矛盾。这种矛盾反映的并非是他思想的混乱,而是理想和现实的交错所衍生出的结果。但也正是这样的矛盾促使他产生了更加现实主义的政治思考。

马基雅维里是在佛罗伦萨短暂的共和时期开始其政治生涯的。1494年法国军队兵临佛罗伦萨城下,当时的统治者美第奇家族屈膝投降,导致了佛罗伦萨人民的不满。此时,多米尼克派僧侣、圣马可修道院院长萨伏那洛拉(Girolamo Savonarola, 1452—1498)自称"先知",带领市民发动了起义,驱逐了美第奇家族。

萨伏那洛拉在政治上抨击教皇和教会的腐败,反对美第奇家族独揽大权、实行寡头政治、破坏佛罗伦萨人民传统的自由。他希望建立一个具有更加宽广的社会代表性的政权,因此革命的结果是恢复了佛罗伦萨共和国。在社会层面,他反对富人骄奢淫逸,主张重整社会道德,提倡虔诚修行生活。

为此,1497年他领导进行宗教改革,在圣马可广场上,将香料、面纱、假发、纸牌等奢侈品,华丽衣衫、珠宝等伤风败俗的“尘世浮华的诱惑”,以及包括人文主义文学作品、绘画和雕塑的“淫书”“淫画”等公开付之一炬,禁止一切世俗音乐、歌舞和游艺,甚至监视和限制人们的私生活。

萨伏那洛拉的政策尽管以“人民与自由”的口号赢得了一些人的拥护和支持,但敌对势力也很强大。由于他与教皇作对,因此教皇亚历山大六世(Alexander VI, 1431—1503)将其革除教籍;他的主张也遭到另一个修道派别方济各会的批评;支持美第奇家族的势力和显贵阶层对他不满。因此,1498年在饥荒的动荡情势中,教皇和美第奇家族联合,攻打圣马可修道院,共和国失败,萨伏那洛拉在佛罗伦萨闹市区以裂教和异端罪名被处以火刑。

共和国的失败也使萨伏那洛拉的“先知”形象轰然倒塌。根据路加·兰都西记述:“那个我们曾把他当作先知的人已坦白他不是先知,也未从上帝那儿得到他宣讲的那些东西,他还承认在他宣道期间发生的许多事情是和他说给我们听、要我们了解的话正相反的。当宣布这个文件时我也在场,我惊呆了,简直不能相信自己的耳朵。眼看一座如此威风的大厦由于建立在谎言上而颓然崩塌,我心里很难过。佛罗伦萨曾被指望成为一个新的耶路撒冷,从这里要发布公正法令,创立光辉业绩,树立正道生活的典范,革新教会,改正迷路之人而嘉勉守义之士;现在我觉得一切都正好相反,我只能用这样的想法安慰自己:‘主啊!一切都在你手中。’”①

马基雅维里

马基雅维里的政治生涯与这段动荡密

① 转引自[美]坚尼·布鲁克尔:《文艺复兴时期的佛罗伦萨》,朱龙华译,北京:生活·读书·新知三联书店,1986年,第379—380页。

切相关,开始于1494年美第奇家族被驱逐,一直到1512年美第奇家族重新返回。他曾担任共和国第二秘书处秘书,自由和平等十人委员会秘书,他在共和国的事务中发挥了很重要的作用。他曾经作为使节出使米兰和法国,着手建立佛罗伦萨的常备军。但是,就在他准备大展宏图之时,共和国被推翻,美第奇家族回归。马基雅维里也因此失去了官职,而且此后再也没有能够在佛罗伦萨政府中任职。

马基雅维里失意地退隐到自己卡西阿诺的小领地,将自己的满腔抱负付诸笔端,致力于创作,希望从历史和现实中总结经验教训。在他创作的一系列著作中,就包括著名的《君主论》(*The Prince*)。他计划把这部书献给美第奇家族的朱利亚诺,但是当他犹豫是不是要呈现给朱利亚诺的时候,朱利亚诺在1516年去世了,他只好再把这本书献给乌尔比诺公爵洛伦佐,但是洛伦佐似乎并没有领情,没有证据表明后者读过这本书,事实上,这部书直到1532年他去世后五年才正式出版。

马基雅维里创作这本著作,当然反映了他对当时政治的思考,同时,也反映了他希望美第奇家族能够发现并重新起用自己,但这是很困难的,正如施特劳斯(Leo Strauss)所说:"如果他不能发现让主人信服其能力的方法,他的希望是完全不切实际的。他的能力的明证是《君主论》。但是能力是不够的。洛伦佐要确信马基雅维里的忠诚,至少是可靠……由于他是佛罗伦萨共和政体的忠实服务者,这一事实本身在君主眼里就会对他不利。"所以他要反复向君主同时表示自己的能力和忠诚。这一点,在他写给弗朗西斯科·韦托里的信件中表露无遗:"我希望我们现任的美第奇君主能起用我,就算他们让我从滚石头开始也行。因为如果我不能有幸获得他们的眷顾的话,我会自怨自艾的。如果他们读到这本书,他们会看到十五年来,我并没有在睡大觉,也没有在游玩,而是一直在研究治国的艺术。谁都会乐于接受一个能从他人的失败中汲取丰富经验的人的服务的。至于我的诚实,应该没有问题吧!因为我一直保持着诚实,所以现在也很难学会去毁坏它;况且像我这样一个四十三年来一直保持着诚实的好人,是不会改变他自己的本性的;而作为我的诚实与善良的见证的,正是我的贫穷。”①

在这部书的献辞中他似乎表达了这两方面的愿望。他说:“我想,一个身居卑位的人,敢于探讨和指点君主的政务,不应当被看作僭妄,因为正如那些绘风景画的人们,为了考察山峦和高地的性质便厕身于平原,而为了考察平原便高踞山顶一样,同理,深深认识人民的性质的人应该是君主,而深深地认识君主的性质的人应属于人民。”这里似乎包含着某种对君主的告诫。但是他又说:“如果殿下有朝一日,从你所在的巍巍的顶峰俯瞰这块卑下的地方,你就会觉察我是多么无辜地受着命运之神的巨大的不断的恶毒折磨啊。”②这里又表达了希望君主重新关注他的愿望。

这部著作的内容可以划分为三个部分,论述三个主题。一至十一章主要探讨历史和现实中出现的各种君主国类型;十二至十四章主要探讨军队问题;十五章至二十六章则从各种角度探讨为君之道。

第一个部分主要是根据历史上的经验以及现实君主国的实践,从一般理论的角度概括君主国的类型。总体而言,君主国主要分为两大类型,一类是世袭的君主国,一类是新君主国。新君主国又分为许多类型,包括混合君主国、依靠武力获得政权的新君主国,依靠幸运获得的新君主国,用邪恶手段获得的新君主国,市民的君主国、教会的君主国,等等。

在他看来,世袭的君主国比较容易保持政权,因为“世袭的君主得罪人民的原因和必要性都比较少”③。但新君主国要保持政权就会困难重重,这种困难是一切新君主国所固有的困难,即:“人们希望改善自己的境遇,愿意更换他们的统治者,并且这种希望促使他们拿起武器来反对他们的统治者。”④但是这种困难针对不同类型的新君主国又会有所不同。就混合君主

① 尼科洛·马基雅维里致弗朗西斯科·韦托里。见《文艺复兴书信集》,李瑜译,上海:学林出版社,2002年,第53页。

② [意]尼科洛·马基雅维里:《君主论》,潘汉典译,北京:商务印书馆,1986年,第2页。

③ 同上书,第5页。

④ 同上书,第6页。

国而言,一个征服者要想能够稳固地统治所征服地区,要么断绝这里延续的君主世袭,要么君主亲自驻扎到所征服国家,要么进行殖民。总体而言,“对人们应当加以爱抚,要不然就应当把他们消灭掉;因为人们受到了轻微的侵害,能够进行报复,但是对于沉重的损害,他们就无能为力进行报复了”①。如果一个君主想要保有一个向来习惯于自由生活的城市,“那么借助于这个城市的市民比依靠任何其他方法容易得多”②。如果是依靠自己的武力和能力获得的新君主国,想保持自己的统治所采取的方法是:当人们不再信仰的时候,就依靠武力迫使他们就范。如果是依靠他人的武力或者由于幸运取得的新君主国,发迹的时候可能比较容易,但是治理起来就会比较困难,因为他人的好意和幸运都是变化无常和靠不住的。就以邪恶之道获得君权而言,由于统治基础薄弱,必然会通过高压政策。但是如果统治起来必须为害的话应该尽量毕其功于一役,“因为损害行为应该一下子干完,以便人民少受一些损害,他们的积怨就少些;而恩惠应该是一点儿一点儿地赐予,以便人民能够更好地品尝恩惠的滋味”③。针对市民的君主国,也就是通过人民或贵族的赞助而建立的君主国家,马基雅维里认为:“如果一个人由于人民的赞助而成为君主的话,他应该同人民保持友好关系。因为他们所要求的只是免于压迫……但是一个人如果同人民对立而依靠贵族的赞助成为君主的话,他头一件事应该做的事就是想方设法争取人民。”因为“君主必须同人民保持友谊,否则他在逆境之中就没有补救办法了”④。教会的君主国是依靠宗教上的古老的制度维持的,针对这样的国家,如何利用好金钱和武力是能够得势的关键。

马基雅维里在划分这些君主国类型的时候,不是从好的和坏的这样的道德标准出发去评判的,重要的是探讨这些新君主国获得政权的途径以及

---

① [意]尼科洛·马基雅维里:《君主论》,第9—10页。
② 同上书,第22页。
③ 同上书,第43—44页。
④ 同上书,第47页。

用不同方式获得政权后所面临的困境,各自以什么样的方式才能保持自己的政权,以及我们从失败的君主身上汲取什么样的经验,等等。他纯客观地进行分析而不夹杂任何道德评判,这种分析方法也为后面所阐述的政治无道德论埋下了伏笔。

《君主论》的第二个内容谈到的是军队问题,这个问题也是马基雅维里在政治实践中一直在摸索的问题。文艺复兴时期正处在军队转型的重要时期,原来作为军队核心的骑士开始衰落。骑士的衰落是民族国家逐步形成过程中的必然现象,因为所谓的民族国家化其实就是逐步排斥领地和割据的结果,而骑士恰恰是割据的产物,是君主分散自己的土地而获得附庸效忠的结果。同时,这一转型也是城市经济发展的结果,因为大量城市和城市共和国的出现,也需要自己的防卫,但是他们不可能分封土地,也不可能有系统的土地骑士部队,必然需要另外的军队。正是由于这个原因,用金钱购买军队服务成为流行的做法,雇佣兵因此而成为主流。但是就意大利而言,大量使用雇佣兵和外援产生了极大的问题,这一点马基雅维里敏锐地观察到了,所以在一个雇佣兵很流行的年代,马基雅维里超前地指出了这些军队的弊端和危害,超前地提出了国家常备军的设想。

在著作中,他明确指出,一个君主国稳固的根基是良好的法律和良好的军队,"因为如果没有良好的军队,那里就不可能有良好的法律,同时如果那里有良好的军队,那里就一定会有良好的法律"①。而对流行的雇佣兵和外部援军他表示谴责。他在"论军队的种类与雇佣兵"一节中直截了当地指出:"雇佣兵和援军是无益的,并且是危险的,一个人如果以这种雇佣兵作为基础来确保他的国家,那么它既不会稳固也不安全。因为这些雇佣兵是不团结的,怀有野心的,毫无纪律,不讲忠义,在朋友当中则耀武扬威,在敌人面前则表现怯懦。"②而且,他将意大利依赖雇佣兵视为崩溃之因:"意大利崩溃不是由于别的原因,而是由于它许多年来依赖雇佣兵,虽然他们先

①② [意]尼科洛·马基雅维里:《君主论》,第57页。

前曾经帮助某些人取得进展，并且在彼此之间显得勇猛不过，可是当外敌压境的时候，他们就原形毕露。"①在马基雅维里看来，雇佣兵是有害的，而另一种军队即外国的援军则是无益的，对援军他评价说："这些军队本身可能是有用的，良好的，可是对于招请这些军队的人来说却几乎经常是有害的，因为如果他们打败了，你就完蛋了，反之如果他们赢得胜利，你就要成为他们的俘虏。"②因此，他感叹说："谁不想胜利，就利用这种援军吧！"③

为此，他呼吁建立常备军。他认为："只有君主自己和武装起来的共和国才能取得巨大的进展，而雇佣兵只能造成损失。而且要使一个用自己的武装力量武装起来的共和国服从它的某一个公民的支配，比一个靠外国武力武装起来的国家远为困难。"④为此，他得出结论说："任何一个君主国如果没有自己的军队，它是不稳固的。"⑤这样，如格兰迪(Kenneth W. Grundy)所说："政治和军事成功的秘密就是摆脱对外部军队依赖。"

为此，在马基雅维里看来，维持军事力量是君主的职责，"君主除了战争、军事制度和训练之外，不应该有其他的目标、其他的思想，也不应该把其他事情作为自己的专业，因为这是进行统帅的人应有的唯一的专业"⑥。因此作为一个君主应该精通军事，并时刻想着军事。

第三个部分其实是讲述一种普遍意义上君主权术，而这也成为后人争论的焦点，因为它就权术而论权术，完全不顾及道德和价值判断。有学者认为，对权术、诡计等的强调是马基雅维里的独特之处，几乎贯穿他所有的著作中。迪茨(Mary G. Dietz)就认为，"没有政治家比尼克洛·马基雅维里更明确地意识到，使用诡计而狡猾的攻击可以替代残忍的攻击"。诡计这一主题贯穿了他的所有作品——他的戏剧、军事著作、历史和政治理论。《曼

① [意]尼科洛·马基雅维里：《君主论》，第58页。

②③ 同上书，第65页。

④ 同上书，第59页。

⑤ 同上书，第68页。

⑥ 同上书，第69页。

陀罗花》是关于狡猾的利古里奥进行狡猾攻击的传说,他帮助一位年轻的浪荡子与一位浮夸的年老医生的漂亮妻子上床。《兵法》认为,用计谋征服敌人的指挥官和用武力一样值得赞扬。《佛罗伦萨史》告诉我们的故事,是一个城市用阴谋诡计保住了权力,而诚实和盲目将其毁灭。当然,在马基雅维里对权术的热爱方面,没有一部作品能比《君主论》更生动。这一点他是有意为之的,因为他一开始就申明自己的观点与别人不同,而且说自己是论述"事物在实际上的真实情况,而不是论述事物的想象方面"①。而且,他明确表明了自己的态度:"一个人如果在一切事情上都想发誓以善良自持,那么,他侧身于许多不善良的人当中定会遭到毁灭。所以,一个君主如要保持自己的地位,就必须知道怎样做不良好的事情,并且必须知道视情况的需要与否使用这一手或者不使用这一手。"②

过去人们在评价君主的时候,往往列举出种种的优良品质,然后再按照这些设定的品质反观君主的作为。马基雅维里并不如此看待问题,认为君主是否保持某种品质应该因势而为。他说:"君主如果表现出优良的品质,是值得表扬的,但是由于人类的条件不允许这样,君主既不能全部有这些优良的品质,也不能够完全地保持它们,因此君主必须有足够的明智远见,知道怎样避免那些使自己亡国的恶行,并且如果可能的话,还要保留那些不会使自己亡国的恶行。"③而且,"如果没有那些恶行,就难以挽救自己的国家的话,那么他也不必要因为对这些恶行的责备而感到不安"。④接下来他细致分析了所谓慷慨和吝啬的关系,残酷与仁慈的关系。把这一切相对的价值观和道德观念完全纳入一种实用主义的论断之中。

针对慷慨和吝啬的关系,他认为慷慨在道德上是好的,但是慷慨必然奢侈,奢侈必然加重人民的负担,结果必然遭到臣民的仇恨。所以,"如果君

---

① [意]尼科洛·马基雅维里:《君主论》,第73页。

②③ 同上书,第74页。

④ 同上书,第75页。

主是英明的话,对于吝啬之名就不应该有所介意"①。因此,君主"为了不去掠夺百姓,为了能够保卫自己,为了不陷于穷困以至为人们所轻蔑,为了不至变成勒索强夺之徒,君主对于招来吝啬之名亦不应该有所介意,因为这是他能够统治下去的恶德之一"②。就残酷与仁慈的关系而言,他认为:"每一位君主都希望被人认为仁慈而不是被人认为残酷。可是他必须提防不要滥用这种仁慈。"③尤其是君主在指挥军队的时候,"他完全有必要置残酷之名于度外;因为如果没有这个残酷之名,他就绝不能够使自己的军队保持团结和踊跃执行任何任务"④。关于君主守信的问题,马基雅维里论述说,君主守信值得赞赏,但是,"我们这个时代的经验表明,那些曾经建立丰功伟绩的君主们却不重视守信,而是懂得怎样运用诡计,使人们晕头转向,并且终于把那些原本信义的人们征服了"⑤。因此,"当遵守信义反而对自己不利的时候,或者原来使自己作出诺言的理由现在不复存在的时候,一位英明的统治者绝不能够,也不应当遵守信义"⑥。君主应该同时效法狐狸和狮子,以狐狸的角色识别陷阱,以狮子的角色让豺狼惊骇。因此,他并非片面地强调君主不守信用,而是要求君主顺应命运的风向和事物的变幻情况而转变,"如果可能的话,他还是不要背离善良之道,但是如果必须的话,他就要懂得怎样走上为非作恶之途"⑦。此外,君主如果想要稳固统治,还要考虑怎样使自己避免从事受到憎恨的事情。首先君主要避免霸占臣民的财产及其妇女,"因为人们忘记父亲之死比忘记遗产的丧失还来得快些"⑧。君主必须避免给人变幻无常、轻率浅薄、软弱怯懦、优柔寡断的形象。只要君主避免了被人仇恨或者轻蔑,其统治就能站稳脚跟。马基雅维里认为,一位君主

① [意]尼科洛·马基雅维里:《君主论》,第76页。
② 同上书,第77页。
③ 同上书,第79页。
④⑧ 同上书,第81页。
⑤ 同上书,第83页。
⑥ 同上书,第84页。
⑦ 同上书,第85页。

想办法取得人民的信任比建造堡垒更加有效,“因为即使你拥有堡垒,如果人民憎恨你,任何堡垒都保护不了你,因为当人民一旦拿起武器的时候,外人就帮助他们,这是少不了的”①。马基雅维里并不是不赞成君主建造堡垒来保护自己,而是认为只依靠堡垒而不取信于民是得不偿失的,所以他说:“我非难那种依赖堡垒而认为来自人民的仇恨无足轻重的君主。”②

接下来,马基雅维里论述一位明智的君主需要做的重大的事情。对君主来说,重大的事情是选取良臣;必须选择一些能够讲真话的人,同时避开阿谀奉承的人,但是是否听取意见方面,君主必须居于主导地位,“一切良好的忠言,不论来自任何人,必须产生于君主的贤明,而不是君主的贤明产生于良好的忠言”③。

最后他认为,维持君主国需要君主的能力,“不应咒骂命运而应该咒骂自己的庸碌无能”④。也不要责怪命运,因为“命运是我们半个行动的主宰,但是它留下一半或者几乎一半归我们支配”⑤。完全依赖命运的人会因命运的变化而垮台。而且,一位君主的行为必须顺应时代的潮流,否则就会遭遇失败,因为“如果人们同命运密切地协调,他们就会成功了;而如果不协调,他们就不成功”⑥。

由于马基雅维里那样超前地根据实用主义观点提出了关于君主的种种特征,与时代的很多观念不符,甚至后来的人们也觉得马基雅维里太过于露骨,所以在不同时代,人们一方面对马基雅维里的勇气表示钦佩,另一方面对他的观点又产生了极大的争议。其实,马基雅维里主义的出现是一部分知识分子面对意大利现实的自我觉醒,正如坚尼·布鲁克尔所评价的:“在

① [意]尼科洛·马基雅维里:《君主论》,第103页。
② 同上书,第104页。
③ 同上书,第114页。
④ 同上书,第116页。
⑤ 同上书,第117页。
⑥ 同上书,第120页。

他们对人类状况的观念中，马基雅弗利和圭查尔狄尼都不如15世纪的人文主义者那样乐观。他们把人看成自私自利的生物，首先关心的是他们自身的利益，如果不是绝无，也是在极少有的情况下，人才会做些宽厚无私之事。为了统治这些人，道德和宗教原理都无济于事，权力才是首要之务……1494年以来，他们两人就生活于非理性和难以预料之物主宰的世界，那也是强权和暴力战胜理智和计谋的世界。他们的著作以非常直率和直接的方式反映了这种体验。”同时，这部著作也代表着突破传统道德观的道路探索，正如《新编剑桥世界近代史》文艺复兴卷所评价的：“它首先不是一部愤世嫉俗的‘马基雅弗利主义’的作品。它是对现存的和可能出现的局势的评价。它是超越意大利的四分五裂，去寻求一个强盛的、统一的意大利的理想以及能达到这个理想的手段。马基雅弗利认为，达到这一理想比现存的道德或传统的法律具有更加刻不容缓的重要性。”所以，“通过这部著作著者开创了一种对公共事务的纯理性的和超道德的态度”。作为一种在当时超前的理论，却被后世誉为具有“现代性”的政治理论。哈里曼（Robert Hariman）说，马基雅维里“发明了一个独特的假设，启示了现代政治意识，即权力是自主的、物质的力量。因此，马基雅维里标志着一种过渡，从把政治理解为文本到把政治文本理解为在物质世界中等待实现的东西”。

3 康帕内拉的“太阳”

在人们勾勒意大利统一梦想的时候，康帕内拉（Tommaso Campanella, 1568—1639）则虚构出空想社会主义的蓝图。但是，康帕内拉对空想社会主义的描述并非“狂人呓语”，从中也可以看到古典思想对他的影响、深深的现实关切和对新自然宇宙观的汲取。

同但丁和马基雅维里相比，康帕内拉生活在16至17世纪更为复杂的年代，随着地理大发现的不断进行，意大利得天独厚的商业地位已经衰落，人们普遍的失意伴随着社会矛盾的不断加剧；同时，随地理大发现而出现的对外部世界的认知,激起了人强烈的好奇心,也动摇着人们对社会的固有看法,一切新奇的观念都成为可能;随着自然主义哲学和科学研究的不断推进,对世间的一切进行自然主义解释已经成为风潮,这进一步瓦解着对宇宙和人生的宗教性解释;随着人文主义和自然哲学的传播,教会统一的思想受到很大影响,愈演愈烈的宗教改革也使得教会放弃了"人文主义"立场,开始了对新思想的压制;此时,意大利的部分地区遭到西班牙帝国的入侵和统治,反抗外国统治者的斗争也此起彼伏。社会和思想的混乱使人难以看清意大利摆脱危机走向民族独立之路,这成为康帕内拉构建自己空想社会主义学说的土壤。他虽然身陷意大利现实的漩涡中,但也希望超脱这一切去设计心目中的理想国度。

康帕内拉的人生经历也充分体现了这一时期意大利社会的现实。他深受这一时期自然哲学的影响:一方面,他试图对宗教进行自然的解释,所以对基督复活、原罪以及神圣十字架都做了偏离基督教传统的理解;另一方面,他从正面对许多哲学家的理论进行辩护,他写了《感官的哲学》(*Philosophia sensibus demonstrata*)等,为特勒肖学说辩护,捍卫特勒肖的观点,也写了《捍卫伽利略》(*Apologia pro Galilaeo*)等,为伽利略的科学成果呐喊。为此,宗教裁判所认定他有"严重宗教嫌疑",数次将他逮捕囚禁。除了为自然哲学和自然科学进行辩护外,他还参与密谋推翻西班牙人统治的武装起义,但都没有成功,他被西班牙当局逮捕,遭到长期囚禁。1634 年,最后一次起义失败后他逃到法国,1639 年 5 月 21 日在巴黎一座修道院逝世。康帕内拉一生中,曾经在意大利的五十所监狱里度过了三十三个年头,他的《太阳城》也是在监狱里完成的。

康帕内拉对"太阳城"的描述,是以朝圣香客招待所管理员和一位热那亚的航海家的对话形式进行的,其主体内容是航海家的描述,管理员只是充当询问者的角色,因此总体上是一位航海家的见闻录。这种形式并不是文艺复兴时期的新发明,在古希腊时期就有这样的体裁,文艺复兴时期只是将其再次复活而已,正好迎合了地理大发现时期人们记述海外奇闻异事的需要。

康帕内拉在其著作中将那个理想国度定名为“太阳城”，而且对“太阳”的描述贯穿著作始终，说明他想通过太阳这个自然物来表达自己的思想，构建自己的思想体系。

康帕内拉似乎在两种意义上去构建“太阳”。在政治意义上，他将太阳城的最高统治者称作“太阳”，并赋予它种种太阳的品质和权威。在他所勾勒的太阳城的政治体系中，太阳是拥有绝对权威的，是“世俗界和宗教界一切人的首脑”①，而且是终身任职的。太阳的意思是“形而上学者”，说明他认为具备抽象哲学思考的人才具备王的资格。他所塑造的王让我们联想到了柏拉图的“哲学王”，事实上，他在文本中屡次提到了柏拉图。同柏拉图的哲学王一样，太阳王具有神一样的完美性，是所有人的楷模。在书中，他提到，“人们对‘太阳’的要求主要的是要懂得形而上学、神学、各种艺术和科学的起源，原理和论证，万物的同异关系、世界的必然性、命运与和谐、万物和神的威力、智慧和爱、存在物的等级，它同天上、地面上和海中的东西以及神所理想的（凡人也能了解的）东西的类似关系；同时，他也应该懂得占星术和了解各个先知的情况”②。可以说，太阳上知天文、下知地理，了解万物，预知宇宙和人

康帕内拉

① ［意］康帕内拉：《太阳城》，陈大维等译，北京：商务印书馆，1997年，第6页。
② 同上书，第13页。

类的命运，具有人类所能知道的所有美德。

所以，康帕内拉的太阳是美德的化身，太阳城的秩序也是在美德的统领下才能达成。但是康帕内拉并不认为这样一个拥有绝对权威统治的制度是君主制，而是将其称为共和国，因为尽管太阳的权威是绝对的，但并不是独裁的。在他的下面有一系列的官员各负其责。其中最主要的是三个领导人，分别是"篷""信""摩尔"，即"威力""智慧"和"爱"。从这些名字可以看出，尽管这三位领导人不如太阳那样具备所有的美德，但都是某一方面美德的楷模，这些美德是他们的权力的基础，因而"威力"掌管有关和平与战争的一切事物，"智慧"掌管自由艺术部门、手工业部门和各个科学部门，"爱"则掌管有关生育的事物，监督两性的结合，以便使后代成为最优秀的人物。这三人和太阳的关系是，前者协助太阳进行共和国的管理，但是所有工作非经太阳的批准不能进行，太阳的意见其余三人也必须遵从。

在太阳和三位领导人之下，也有各种负责人员，康帕内拉同样给这些人用某种美德来冠名，如宽大、勇敢、纯洁、慷慨、热心、诚实、慈善、殷勤、朝气、节制，等等。这说明，康帕内拉是用各个层级的美德构建了太阳城的政治结构。

康帕内拉让太阳王终身任职，但也给予民众议政的权利。他在太阳城设立了"大议会"，规定"二十岁以上的公民，全体出席；每个人都有权对共和国的缺点和对政府负责人员执行工作的好坏，提出自己的意见"①。

从康帕内拉围绕太阳构建的社会制度来看，他并没有依托意大利现实社会的任何力量，也没有追随通常意义上的任何政治制度，而是通过美德的谱系设定了自上而下的治理体系。这个体系中有柏拉图的影子，有贵族制的影子，也有民主制的影子。但是他设定的制度并非和现实没有任何关系。尽管他的立论并没有基于对现实政治的批评，但是在字里行间还是可以看到他对现实的关切。他在赞美有学问的太阳王能英明地管理国家的同时，

① [意]康帕内拉：《太阳城》，第39页。

批评现实社会上那些靠血统、等级而跻身统治者的现象："你们却捧一些不学无术的人做政府的首脑，你们认为他们适合做政府的首脑，只是因为他们出身于统治阶级，或者他们是由统治集团中选出来的而已。"①在谈到太阳城教育人们"只应该对敌人发怒"，在战争中证明自己时，他认为这样"就可以引起各种人注意到不能让个别的党派发展到灭亡国家的情况，从而可以消灭其结果往往出现暴君的内战，罗马和雅典的例子就是前车之鉴"②。

康帕内拉除了在政治制度意义上使用"太阳"一词外，也在自然哲学和宗教的意义上构建其对"太阳"的认识。康帕内拉广泛接受了当时的自然哲学和自然科学，对新的宇宙观非常感兴趣，所以毫不掩饰地说，太阳城的人们"颂扬托勒玫，敬仰哥白尼"③。但是这种新的宇宙观到底是一种什么样的宇宙观？它和长期流传的占星术有什么关系？和以上帝为核心的宇宙观有什么关系？针对这些问题，在康帕内拉那里并不是特别清晰。在一般的情况下，他把自然宇宙观、占星术和上帝混为一谈，并认为一个理想的城邦应该是按照宇宙自然的定则、占星术的原理而运转。所以，太阳城的生活都和科学、占星术有关，无论男女生育、动物交配、城市建造、饮食搭配，等等，都按照所谓的科学原理，或者是占星术原理进行的。

他描绘的太阳城特别注重科学知识的普及，他们"在内外城墙的里里外外和上上下下都悬挂着很美丽的图表，反映了各种科学的非常严整的逻辑联系"④。包括日月星辰、各种数学公式、各种宝石和贵重矿产、各种地理和自然现象、各种花草树木和鸟兽鱼虫、各种手工业和农业的工具、各种历史人物及其事迹，他们认为通过这些直观的画面，"儿童们在十岁以前就能毫不费力地、轻松地通过直观教学法来掌握各种科学的基本知识"⑤。在通

① ［意］康帕内拉：《太阳城》，第 14 页。
② 同上书，第 32 页。
③ 同上书，第 47 页。
④ 同上书，第 6 页。
⑤ 同上书，第 9 页。

过直观教学获得基本的知识后，便听取各门自然科学的课，研究数学、医学和其他学术等比较抽象的科学。康帕内拉之所以推崇太阳的直观教学法、讨论方法以及亲身实践，是因为他认为“只研究一门科学的人，也并不能完全掌握这门科学，更不能掌握其他的科学。只能从书本上研究某种科学的人，是一些外行和学究。能随机应变的有才智的人却不是这样做的，他们能接受各种知识，能根据大自然去了解事物”①。

康帕内拉在书中如此强调科学知识，并非意在强调其独特的教育理念，而是为了阐明人们的生活节奏都离不开科学，人们需依照自然的韵律而生活，了解自然和科学是正确生活的前提。他提到，太阳城的人们在建立自己的城市时，要首先确定宇宙四个角落的固定标志。太阳城的人一年要换四次衣服，“就是要在太阳进入白羊宫、巨蟹宫、天秤宫、摩羯宫的标志时候”②；为了生育，男女行房事的时刻，“要由星象家和医生努力抓住以下的时刻来决定：金星和水星处于太阳以东的吉室中，木星处于良好的方位，土星和火星也要处于良好的方位或处于它们的方位以外”③；为了牲畜的繁殖和饲养，牲畜交配的时候要严格按照星座的运行寻求恰当的时机，马的交配要“观察到人马座处在星占表中火星和木星的良好方位上的时刻”，牛交配的时候“要注意金牛座的位置”，羊交配的时候“注意白羊座的位置”等④。而且太阳城的人还通过星象学解释历史、现在和未来。他们认为印刷术、前膛火枪和磁石的运用，是“在巨蟹座的三角形中的大合的时候，在水星通过天蝎座进入拱点时并在月亮和火星的影响下才完成的”，而且当仙后座出现一颗新星的时候，“就会产生新的君主国，就会使法律和科学得到更新”⑤。尽管我们无法确切了解康帕内拉所讲述的星辰变化影响世间事物

① [意]康帕内拉：《太阳城》，第14页。
② 同上书，第17页。
③ 同上书，第19页。
④ 同上书，第34页。
⑤ 同上书，第55页。

的确切逻辑，但有一点是肯定的，他希望借助自然界的运转规律来解释世间所发生的一切，并因此希望人类按照自然的规律行事，尽管他眼中的自然和我们所认识的自然并不一致。有些学者认为，康帕内拉在《太阳城》里对科学和科技的重视具有重要的意义，深刻影响了近代思想以及空想社会主义的构建。黑尔（Phyllis A. Hall）认为："首先这本书的价值在于，其是早期乌托邦著作中将科技观念作为理想团体之一部分的著作之一。这具有重要的意义，另外它引领了未来几个世纪乌托邦思想的观念。到19世纪，许多乌托邦思想都将科技进步以及经济理想，视为治愈社会病症的疗法。许多20世纪的乌托邦思想家都乐观地看待科技，并在科技高度发达的社会聚焦科学的乌托邦。"

同文艺复兴时期的大多数思想家一样，康帕内拉对自然的强调通常会遇到和上帝的协调问题。对宗教的虔诚是当时的人们内心的需求，同时对正统教义的偏离也会引起教会的迫害。所以在这方面，康帕内拉显示出自己的矛盾性。正如马吉（Armando Maggi）所说："康帕内拉显然矛盾的哲学体系基于神学上的信念，即人唯一和最真实的意义是赞美上帝，在创世中，上帝的存在是活跃和积极的。对这位卡拉布里亚的哲学家而言，弄清天父的伟大实质上是大胆和严密的解释行为，通过考察和解释征象，人们赞美创世的一致性。"尽管在世俗的生活中，人们崇奉太阳，但是太阳并不能取代上帝的位置。他这样描述太阳城的人的态度："虽然太阳是他们最尊敬的对象，但他们除了崇信唯一的上帝以外，绝不崇拜任何创造物"，"因为他们害怕若是把某种创造物当做神来崇拜，神就会惩罚他们"①。同时，他直接对太阳和上帝的性质进行了对比："太阳虽然照热了地球，但它根本不能创造植物，也不能创造人类等等，而上帝则能利用竞争者的斗争，使人类趋于繁荣。应该赞美上帝！荣誉属于上帝！"②从这些描述来看，康帕内拉并无

---

① ［意］康帕内拉：《太阳城》，第48页。

② 同上书，第55页。

意挑战上帝的至高地位,极力表现自己是个虔诚的基督徒。但事实上,康帕内拉心目中的上帝已经不同于基督教教义中的上帝,而是将某种泛神论思想注入其中,希望将上帝置于自然之中去理解,将神和自然等量齐观。他借太阳城的人所说出的一段话很能代表他的观点:“他们认为神就在太阳中,太阳就是神的形象、面容和生动的雕像,太阳给了他们光、热、生命、活力和一切财富。因此,他们的神坛建立得像太阳一样;他们的神职人员把太阳和星辰当作神来崇拜,他们以太阳和星辰为上帝的祭坛,以苍天为上帝的殿堂。他们也敬奉善良的天使,认为这些天使居住在星辰里面,是人世的庇护者,因为据他们说,神在天上显示了他那伟大的无限的光芒,在太阳中显示了他的胜利的标志和他的形象。”①在这样的描述中,神和自然、上帝和太阳已经合为一体了。

因此,康帕内拉对太阳城的构建是建立在美德和自然的基础上的,通过美德为太阳城的制度寻找到标准,通过自然为太阳城设定了秩序,从而为太阳城空想社会主义的生活方式寻找到意义。

太阳城的居民在一切共有的基础上采用这种制度,一切产品和财富都由公职人员来分配,谁也不会把任何东西攫为己有。城内实际上没有穷人,也没有富人。康帕内拉写道:“他们使用一切财富,但又不为自己的财富所奴役。”这样做的目的是为了避免自私自利,因为“如果我们能摆脱自私自利,我们就会热爱公社了”②。太阳城的人特别敬重精通技艺和手艺的人,反过来“嘲笑我们鄙视工匠,反而尊崇那些不懂任何手艺、游手好闲、役使大批奴仆过寄生和腐化生活的人。这样的社会就好像一所培养罪恶的学校,培养出的懒汉和恶棍,以致使国家濒于灭亡”③。在太阳城中一切劳动全由全体公民共同承担,劳动是一切人内心自觉的要求,劳动无贵贱之分。

---

① [意]康帕内拉:《太阳城》,第48页。
② 同上书,第10页。
③ 同上书,第12页。

根据每个人的体力状况,分配不同的劳动。繁重的活,如播种、耕耘、收获等由男性担任,轻微的活,如割草、挤奶、制奶酪等由女性担任,而干冶铁、建筑等最繁重并且技术强的劳动,尤其受人尊敬。每人每天只劳动四小时,其余时间读书、科研或进行体育活动。在城内,不仅没有奴隶,也无仆人。这和现实中的那不勒斯形成鲜明的对比。由于社会形成了劳动者和游手好闲的人两个阶层,所以前者因为不间断地工作而"精疲力竭,或濒于死亡",而后者"却因无所事事,悭吝、疾病、淫佚放荡、高利盘剥等等而在危害着自己"①。

在"太阳城",由于没有私有财产,人人平等,因而在城内的公民中产生了一种新的道德风尚。在太阳城,一切因穷人过度劳动、富人游手好闲而产生的恶习会同样地消失。人们对于忘恩负义、仇恨、懒惰、狂暴、垂头丧气和小丑行为都加以谴责。他们认为撒谎是一种可怕的瘟疫,骄傲是最可憎的毛病。在城内,老弱病残普遍受到照顾。

在"太阳城",社会产品公共分配,物质福利共同享受,所有公民都住在公有的房屋之中,每隔六个月更换一次。人们都在公共食堂吃饭,所穿的服装也统一分配。除对外贸易外,不存在商品的交换,也不用货币。

太阳城里没有家庭概念,生儿育女是国家可以安排的结果,孩子也是由国家抚养和培养。

古希腊人就曾经说过,追求平等是人们的理想,但何谓平等,理解不同,有的认为平等就是绝对相等,有的则认为平等就是给予每个人应得的,或者说比例上的平等。空想社会主义在某种程度上是根据绝对平等来构建自己的制度的。康帕内拉的制度设计一方面反映了康帕内拉从现实遁入哲学建构的思想轨迹,另一方面也反映了面对纷乱毫无头绪的社会,他感到了深深的厌恶,希望重建道德拯救社会。如果说太阳城的生活方式体现了作者赞赏的各种美德,那么其背后则指向了现实社会中存在的种种丑恶。他希望

① [意]康帕内拉:《太阳城》,第23页。

用美德来消除丑恶,但是他背离社会现实的完美理想除了具有思想上的意义外,在当时的社会环境下,并不具有实践的价值。

本讲参考文献

1. [英]丹尼斯·哈伊:《意大利文艺复兴的历史背景》,李玉成译,北京:生活·读书·新知三联书店,1988 年。

2. [英]G.R. 波特编:《新编剑桥世界近代史》(第一卷:文艺复兴),中国社会科学院世界历史研究所组译,北京:中国社会科学出版社,1988 年。

3. [美]坚尼·布鲁克尔:《文艺复兴时期的佛罗伦萨》,朱龙华译,北京:生活·读书·新知三联书店,1986 年。

4. [瑞士]雅各布·布克哈特:《意大利文艺复兴时期的文化》,何新译,北京:商务印书馆,1983 年。

5. Carter, Barbara Barclay, "Dante's Political Ideas", *The Review of Politics,* Vol.5, No.3(1943).

6. Davis, Charles T., "Dante, Machiavelli, and Rome", *Dante Studies, with the Annual Report of the Dante Society,* No.106(1988).

7. Dietz, Mary G., "Trapping the Prince: Machiavelli and the Politics of Deception", *The American Political Science Review,* Vol.80, No.3(1986).

8. Grundy, Kenneth W., "On Machiavelli and the Mercenaries", *The Journal of Modern African Studies,* Vol.6, No.3(1986).

9. Hall, Phyllis A., "The Appreciation of Technology in Campanella's 'The City of the Sun'", *Technology and Culture,* Vol.34, No.3(1993).

10. Hariman, Robert, "Composing Modernity in Machiavelli's *Prince*", *Journal of the History of Ideas,* Vol.50, No.1(1989).

11. Kay, Richard, "The Intended Readers of Dante's *Monarchia*", *Dante Studies, with the Annual Report of the Dante Society,* No.110(1992).

12. Maggi, Armando, “Tommaso Campanella’s Philosophy and the Birth of Modern Science”, *Modern Philology,* Vol.107, No.3(2010).

13. Schildgen, Brenda Deen, “Dante’s Utopian Political Vision, the Roman Empire, and the Salvation of Pagans”, *Annali d’Italianistica,* Vol.19(2001).

14. Strauss, Leo, “Machiavelli’s Intention: The Prince”, *The American Political Science Review,* Vol.51, No.1(1957).

第七讲

历史的新思维

历史的新思维当然是相对于旧思维而言的,基督教的历史观就是旧思维的集中体现。

基督教史观告诉我们,历史的进程是上帝干预的过程,历史之所以如此进行体现着上帝的计划。既然历史是在上帝的干预下进行的,所以各种历史事件都体现了上帝的讯息。无论是政治更替、自然灾难还是斗转星移,都体现着上帝的信息。

上帝的真理不可能受到时间的约束,不可能随着时间的演进而失去色彩。因此,就历史事件本身而言,中世纪史学编纂者们认为他们既要存在于一个精确的时间进程中,同时在揭示他们的意义时,又随时可以脱离事件背景。通俗地来讲,在他们看来,过去、现在、将来其实在性质上都是处于同一个层面,它们之间都是密切关联的。这种关联并不是我们所认为的逻辑性的因果关系,而是在隐含的意义上它们是相互统一的。这种认识使他们确立了一种独特的历史分析方法,就是可以无视时代的差异和时代的外在不同,而把他们认为性质相同的事件放在一起进行讨论和比较。

在这样的史观下，人们不需要寻求这些历史事件之间的因果关系，更不需要尝试进行分析，因为因果关系并不存在于这些事件之间，也不是人力可以进行分析的。因果关系是在更高的意义上预定的，根本没有留给人们进行分析的空间。人们只能在一个个独立的事件和现象中参悟上帝的意图，而不是运用自己的主观意志赋予历史某种意义和目的。

所以中世纪史学编纂者们更愿意作为叙述者出现，而不愿意作为分析和解释者。人们似乎也不愿意对已经成文的著作所叙述的事件进行考证和批评，宁愿全部照录，不做任何更改，结果，在不同的著作中我们经常会看到完全重复的相同的内容。

中世纪最主要的史学编纂方式是年代记和编年史，它们成为呈现这种史观的重要载体。年代记把纷繁复杂的历史浓缩在一个不间断的时间序列之中，时间的连续性占据非常显眼的位置，依随时间的事件倒是显得无关紧要。丹尼斯·哈伊在总结年代记的特征时说，在年代记中，“即使没有任何事件置于其中，年代的列举也不中断”。从表面上看，这些编年史似乎开始试图突破编年史僵硬的框架，编年史家们力图记录典型的事件，但是从本质上说这些编年史也只是扩大了的年代记，其中时间序列在他们的著作中仍然起着决定性的作用。正如戈特兹(Hans-Werner Gotez)所评论的：“编年史家们不但非常细致地记录历史事实，而且通过把事实置于它们相应的清晰的时间序列中，而提供一个可见的‘时间’体系。”

文艺复兴时期既然把人摆到了中心地位，既然已经把世俗社会作为研究的中心，那么人们就试图以人为主体来认识历史，他们所描绘的历史就开始呈现出与中世纪的历史完全不同的模样。文艺复兴时期开始摒弃那种以上帝——教会为中心的普世史体系；他们厌恶中世纪时代流行的那种枯燥乏味与杂乱无章的年代记、编年史，恢复了古典史学中盛行的记叙体，尤其是名人传记体裁。人文主义历史学家的怀疑批判精神得到了进一步弘扬。他们力图探究历史事件之间的因果关系；史学思想又一次把人放在它的画面的中心地位。人文主义史学，把历史视为人的行为的结果，人的活动的结果;他们更积极地到古代的历史中去寻根,重新认识自己民族过去的伟大,重新发现自身的潜质。这样,历史与现实紧密地交织在一起。

但是这一切不是突如其来,而是逐步变化的。

1 维兰尼:历史认识的初步转向

意大利的历史学家乔瓦尼·维兰尼(Giovanni Villani,约 1276/1280—1348)得到后世历史学家们的推崇,称他撰写的《编年史》(*Chronicle*)兼具新旧两种性质,已经隐约地透出新时代的气息。

维兰尼是意大利的银行家、官员、外交家和佛罗伦萨的编年史家,出生在佛罗伦萨一个富裕的商人中产阶级家庭,是佛罗伦萨羊毛整面行会的成员。在 1300 年即千禧年,他造访了罗马。在参观了罗马著名的古代建筑、了解了著名的历史人物后,他非常感动,决定要用严格的编年方式写作一部佛罗伦萨通史。14 世纪初,他作为佩鲁齐银行的合伙人广泛游历了意大利、瑞士、法国和法兰德斯,并因此具备了一定的政治眼光。那时候,国王和王公贵族等是银行最主要的客户,因此,在银行业务中他也接触了很多政治人物。1307 年他从游历和海外业务中回到佛罗伦萨,开始涉足政治生活。1316 年和 1317 年他担任佛罗伦萨最高执政官之一,与此同时,他参与了促成比萨和卢卡达成和平的外交活动。1316 年,他还担任铸币厂的负责人,在任期间,他搜集了早期有关货币的记录并对佛罗伦萨的所有铸币进行登记。1321 年他再次被选为最高执政官,1324 年受命负责监督城墙的修建。他还曾经带领军队参加了针对卢卡的战争,但这场战争以失败告终。他的编年史中详细叙述了佛罗伦萨失败的原因。1328 年一场瘟疫席卷托斯卡纳,从 1329 至 1330 年他被公社任命为供需官,负责防止瘟疫造成严重的后果。为了防止饥馑的恶化并平息农民的不满,佛罗伦萨公社迅速从西西里进口大量的粮食,并由政府征用面包师的烤炉,保证以合理的价格将面包出售给饥民。1329 年他执行另一项外交使命,即前往博洛尼亚去会见红衣主教波特兰。1330年至1331年他负责监制为洗礼池建造的安德鲁·匹萨诺铜门。他也作为人质与其他人一起前往费拉拉,为佛罗伦萨的一项债务作保。尽管维兰尼经常在作品中表现出乐观的态度,但是在后期经历了财政危机、佛罗伦萨在国际事务上的失败,经历了许多自然灾害以及黑死病后,他相信《启示录》所启示的世界末日即将到来。而他所在银行的破产导致他于1346年被判有罪并被囚禁。根据他的计算,在破产之前,佩鲁齐银行损失了六十万佛罗林,而巴尔迪银行损失了九十万佛罗林。维兰尼将破产归结为公司向英国爱德华三世国王大规模放贷。1348年,维兰尼死于黑死病。

维兰尼的编年史是以佛罗伦萨的政治为出发点而编写的,此时的佛罗伦萨已经上升为非常富裕和强大的城市。关于他为何要写作这本著作,在《编年史》第八卷的第三十六章,他进行了说明。他说在1300年的千禧年,他到了罗马,当时正好是博尼法斯八世(Bonifacius VIII,约1294—1303年在位)担任教皇期间,他按照规定进行了赦罪:

“这是一件最了不起的事情,我从来没有见过。因为在整整一年里,除了罗马城的居民外,大约有二十万名朝圣者,那些在旅途中往来不息的人更是不计其数;所有人和所有马匹都有足够的供应和装备,一切都秩序井然,没有喧闹也没有争吵;我可以为此做证,因为我就在现场而且亲眼目睹。朝圣者们向教会奉献了大量的财宝,所有的罗马人因为贸易而富足。我发现自己置身于罗马圣城的朝圣队伍中,看到了古代伟大的遗迹,阅读了维吉尔、撒路斯提乌斯、卢坎、李维、瓦勒留斯、奥罗修斯和其他历史大师描绘的罗马人的故事和伟大业绩,以及世界其他国家的事迹,我打算用他们的风格和设计,为后代保存记忆和提供借鉴,尽管作为一名学生我没有能力完成这一作品。考虑到我们的佛罗伦萨城,罗马的女儿,在罗马衰落时开始兴起,在她面前有许多伟大的事情,所以,如果上帝高兴,我有必要在这一新的《编年史》中发现这些事情并集中在一起,详细追溯佛罗伦萨人的业绩,并简要地记述其他国家的重要事情。正是由于这个原因而不是我可怜的学识，我开始在上帝的帮助下开始这一工作；因此1300年，在我从罗马返回后，我开始编辑这部著作，以向上帝和约翰表示敬意，并对我们的佛罗伦萨城进行赞美。”①

维兰尼

在这样的叙述中，他把佛罗伦萨看成“罗马的女儿”，罗马虽然衰落了，但佛罗伦萨却成长为一座伟大的城市，这促使他要展示该城详细的历史。为了强调佛罗伦萨史中帝国的重要性，他宣称这一城市在查理曼时期进行了第二次重建。维兰尼论证说，罗马衰落的原因是教会的分裂和人们对教皇体制的反抗，而神圣罗马皇帝奥托一世（Otto I，936—973年在位）的上台，使得佛罗伦萨有条件兴盛起来以反对教皇的敌人。维兰尼相信，在吉伯林派战胜了圭尔夫派之后，佛罗伦萨共和国经历了倒退，但是佛罗伦萨的繁荣和和平仍然可以通过下列事实得到证明：人们夜不闭户，许多间接税都不再征收。

维兰尼的《编年史》分成了十二卷，前六卷主要描绘的基本上是传说中

① *Villani's Chronicle*, translated by Rose E. Selfe, London: Constable & Co. Ltd. 1906, Book VIII, 36.

的佛罗伦萨史,从传统上《圣经》时代的巴别塔的故事一直到1264年。其中第一卷包括巴别塔的混乱以及人类开始居住;欧洲及其疆界;阿特拉斯如何首次建造了菲耶索莱城以及他的三个儿子的故事;传说中的特洛伊与罗马城的关系,包括如何建造了威尼斯、帕多瓦;埃涅阿斯从北非辗转到意大利的故事等。然后讲述罗马史,包括如何经过执政官和元老院统治进入了恺撒的独裁、喀提林阴谋以及佛罗伦萨城如何第一次建立,君士坦丁皇帝的事迹以及基督教如何第一次进入佛罗伦萨。其中在讲到佛罗伦萨第一次建立时,他提到正是恺撒征服了菲耶索莱城后,在这里建立了新城,混杂居住了罗马人和当地的菲耶索莱人,建成的时间是"罗马城建成之后的六百八十二年,耶稣诞生的前七十年"。而且作者认为:"佛罗伦萨后来总是处于内部冲突和战争中并不令人奇怪,因为它诞生于两个相互敌对而且习惯截然相反的种族,一方是具有美德的高贵罗马人,一方是好战野蛮的菲耶索莱人。"①

在谈到基督教如何首次进入佛罗伦萨时,作者认为正是君士坦丁大帝成为基督徒后,当时的教皇希尔维斯特派遣主教到了佛罗伦萨,"佛罗伦萨人移除了他们的偶像,即马尔斯神,并将它置于亚诺河边的高塔上,不会把它打碎或破坏,因为根据古老的记载,马尔斯神是在金星上升时被奉献的,如果它被打破或被置于轻蔑的地位,该城将遭到灾难,并经历巨变。因此,尽管佛罗伦萨人后来变成了基督徒,他们仍然遵奉很多异教的习俗,而且持续很久,仍然敬畏他们古老的马尔斯神,在神圣的信仰方面一点也不完美"②。

第二卷从日耳曼入侵开始讲起,讲到托提拉、哥特人、汪达尔人;法兰克的查理·马特如何在教会的召唤下前来进攻伦巴第人以及锡耶纳城的起源,丕平如何受教皇斯蒂芬的召唤前来进攻伦巴第人,以及查理大帝同样前来打败伦巴第人并成为罗马人皇帝;350年佛罗伦萨城如何因为托提拉的进攻等而成为废墟。

---

① *Villani's Chronicle*, Book I, 39.

② Ibid., Book I, 60.

第三卷则主要讲述了查理大帝如何重建了被摧毁的佛罗伦萨城并授予它以特权:“在查理曼离开佛罗伦萨时授予城市以特权,并宣布佛罗伦萨共和国获得自由和独立,在周围三英里内,不付任何税收或关税,每个家庭每年只要付二十六个便士。同样,他解放了周围愿意返回并居住在该城的所有市民和外邦人;因此,许多人都返回而居住在佛罗伦萨。由于其良好的地理位置以及非常便利的条件,同时这里有河流和平原,在很短的时间内,佛罗伦萨就人口充盈,城墙巍峨,船舶熙攘。”①

第四卷则主要讲述了神圣罗马帝国皇帝,包括奥托三世皇帝、法兰克的国王、亨利国王、康拉德一世;同时叙述了佛罗伦萨如何击败了皇帝亨利四世的代表,佛罗伦萨的大火以及佛罗伦萨的对外进攻等。

第五卷则讲述了教皇亚历山大以及皇帝腓特烈一世时期的事迹;讲述了佛罗伦萨的内战以及佛罗伦萨参与了十字军东征。同时也讲到了后来造成佛罗伦萨政治纷扰的圭尔夫派和吉伯林派的起源。关于两个党派的起源,尽管在他的叙述中认为两党源于两个家族的内部纷争,同时由于教皇和皇帝的存在,使得佛罗伦萨的所有贵族和市民产生分化,但是他认为这两个名词起源于德国:“圭尔夫和吉伯林这两个令人诅咒的名字据说来自德国,原因是那里两个贵族之家发生了战争,每个贵族占有一个坚固的城堡并相互攻击,一个名叫圭尔夫,一个名叫吉伯林,战争旷日持久,所有德国人都分化了,分别支持一边。这场纷争甚至波及整个罗马宫廷,一派称圭尔夫,一派称吉伯林,这两个名字因此而在意大利流传下来。”②

第六卷则主要讲述了神圣罗马皇帝、教皇和佛罗伦萨的历史事件。就前者而言,他讲述了腓特烈二世登基、与罗马教皇为敌,腓特烈二世和教皇英诺森四世的斗争,教皇对腓特烈的惩罚,腓特烈的去世,等等。作者渐渐开始详细描绘佛罗伦萨内部圭尔夫派和吉伯林派的斗争。其中包括吉伯林

---

① *Villani's Chronicle*, Book III, 3.

② Ibid., Book V, 38.

派首次被圭尔夫派赶出佛罗伦萨，圭尔夫派如何和平归来，托斯卡纳的吉伯林派如何计划攻打佛罗伦萨，等等。在叙述政治斗争的同时，他还专门介绍了佛罗伦萨是如何开始制造金佛罗林货币的。他说，佛罗伦萨在取得一系列胜利之后，城市发展很快，富裕而又和平，佛罗伦萨的商人们为了共和国和人民的尊严，决定铸造金币，被称为金佛罗林："佛罗林称重八盎司，一面是百合花的图案，一面是圣约翰的像。"而且金佛罗林出现后，在各地广泛通用，甚至得到了突尼斯国王的青睐①。

后六卷涵盖的历史则从1264年一直到他自己生活的时代，截止于1346年。在第七卷中，他主要描绘了查理伯爵如何进军意大利，与西西里王曼弗雷德进行战争；描绘了佛罗伦萨的圭尔夫派如何再次兴起，迫使吉伯林派离开佛罗伦萨，以及佛罗伦萨如何初次出现最高执政官这一官职；讲到了法国国王路易远征北非，如何客死他乡；也讲到了阿拉伯人攻陷十字军的最后一个据点阿克城，十字军东征彻底结束；还讲到了格里高利十世（Gregory X，约1271—1276年在位）和尼古拉三世（Nicholas III, 1277—1280年在位）教皇如何相继登基；等等。

第八卷在教皇方面主要讲述了博尼法斯八世时期的事情，包括他与法国国王腓力四世（Philippe IV, 1285—1314年在位）的斗争；在佛罗伦萨方面他则讲述了白党和黑党的出现以及纷争；在神圣罗马帝国方面他讲述了卢森堡伯爵亨利如何当选为皇帝并得到教皇的认可。

第九卷则主要讲登基的亨利皇帝如何进军意大利，攻打了米兰、克雷莫纳，并围攻佛罗伦萨，佛罗伦萨如何在遭到危险时放弃了党争而团结一致；被征服的城市如何反抗皇帝亨利。而且在这一卷的最后讲到了但丁。

后面的几卷继续讲述佛罗伦萨内部的斗争，并一直延续到1348年的瘟疫。维兰尼死后，他的弟弟担负起续写的职责。关于他弟弟马太奥（Matteo）的情况我们所知甚少，只知道他曾经两次结婚，死于1363年的瘟

① *Villani's Chronicle*, Book VI, 53.

疫,他将维兰尼的《编年史》续写到1363年。马太奥的儿子则又将其延伸到1364年。在续篇中,增添了许多佛罗伦萨著名艺术家和音乐家的生平。

我们把维兰尼看作是一个预示着历史编纂转型的人,说明在他身上同时存在着新旧两种成分。从新的角度而言,维兰尼的历史建立在他对许多所叙述主题的了解上,广泛的旅行使他亲眼目睹了许多事件,政治生涯也使他接触了许多官方和私人的文献,因此他的历史记载都非常精确。例如他对百年战争期间克雷西战役的描绘就非常精确,他认为长弓手是躲在英国和威尔士步兵的后面而不是其他人所认为的侧面。当他描绘发生在城市内部的某个事件时,他会详细地说出每一条街道、每一个广场、桥梁以及所参与的家庭和个人。在保存统计资料方面,维兰尼无人能比,他是第一个把统计学运用到历史学中的编年史家。例如,他记录说,佛罗伦萨有八十座银行,一百四十六个面包房,在城市法官协会中有八十名成员,同时有六百个公证人,有六十个内科和外科医生,一百间商店,每年有八千到一万名儿童进入小学,五百五十到六百名学生进入四个不同的学校学习经院知识,城市里每周所消费的谷物有一万三千两百蒲式耳,每年工厂能够生产七万到八万匹布,价值有一百二十万金佛罗林。在政治上,维兰尼属于圭尔夫派,但是他的作品更多的是探讨哪些是有用的、哪些是真实的,而不是考虑党派纷争。从圭尔夫政治人物的角度出发,他崇尚共和而反对君主专制,他赞扬哲学家拉蒂尼(Brunetto Latini, 1220—1294)是"佛罗伦萨文雅高尚的大师和创始者,他使佛罗伦萨精于演讲并指导如何根据政治科学来指导和治理我们的共和国"。不过,维兰尼也承认,共和主义也孕育了派别纷争,有时候也需要像那不勒斯的罗伯特那样的统治者来维持秩序,而且如果共和主义仅仅代表一个阶级也会导致暴政。另外,值得一提的是,他写作这部《编年史》用的是俗语,而非受教育阶层所普遍使用的拉丁语。对俗语的注重,不仅可以让自己的著作明白易懂,拥有广泛的读者,而且也是文艺复兴运动的重要主题之一,不论但丁还是彼特拉克等,都极力推崇俗语的价值。

他的《编年史》有许多新意,但是我们从中还是明显地看到中世纪编年史的痕迹。他在《编年史》中是按照年代的顺序来概括事件的,而且从《圣经》时代开始描绘,这种编写结构并没有脱离中世纪编年史的模式。正因如此,他对历史的描绘是片段式的,几乎没有什么中心;同时,在他的历史中,各种情节各种时间不断变换,这往往导致他的著作中有些记述并不准确,尤其是当他叙述生活在佛罗伦萨之外的历史人物和当代人物时。同时,他的著作中也很少对所叙述的事件进行解释和评论,他也因此经常为后来的史学家所诟病。维兰尼的《编年史》首次为《神曲》的作者但丁作传,并对但丁的才能也进行了赞美:“此人尽管是个世俗的人,但从任何学科来说都是伟大的学者;他是伟大的诗人和哲学家,无论在散文还是诗歌方面都是完美的修辞学家,在公开演讲方面是令人尊敬的演说家,富于韵律,而且语言优美,一直到我们的时代无人能超过他。”但是,他最后还是把但丁描绘为傲慢、轻蔑和矜持的人:“这位但丁,因为学识丰富,所以傲慢、矜持和轻蔑,而且步哲学家的后尘,缺乏风度,在与外行谈话时不和气。”①而且在 1322 年修订他的《编年史》时,维兰尼大大削减了但丁的传记以及从《神曲》中引用的部分。对此有些历史学家进行了解释,认为维兰尼作为与佛罗伦萨国家保持一致的作者,觉得有必要与激烈批评佛罗伦萨的人保持距离。这说明,维兰尼并没有跳出佛罗伦萨的狭隘圈子,从历史的价值角度来对但丁进行公正的评价。

维兰尼的历史观更加具有中世纪色彩。有些史学家认为,维兰尼的《编年史》结构中包含着三个有关道德的假设,即:过分就会导致灾难;制约历史的是正确与错误的斗争;自然界的事物和干涉这些事件的超自然力量和神意有着直接的联系。例如,他在描绘比萨的伯爵尤古利尼(Ugolini)时说,他获得不义之财和权力,达到高峰时被推翻,最后和他的儿子们一起饿死。维兰尼追随中世纪基督教的观点,认为罪恶和亵渎上帝就会招致报复。他强调那些获得名声的人会成为傲慢的牺牲品;对自己所处地位的自信会

① *Villani's Chronicle*, Book IX, 38.

导致罪恶,而罪恶则会导致衰落。在维兰尼看来,罪与道德的理论与命运和运气紧密相连。加佩王朝曾经是教会的捍卫者和教皇的同盟者。然而,美男子腓力,即腓力四世,挑衅教皇博尼法斯八世,抢夺了圣殿的财物,这导致加佩王朝的不幸,包括腓力在狩猎活动中意外死去,他的三个儿子的妻子通奸,他的后嗣的死去,甚至包括法国在百年战争中的失败。尽管维兰尼认为这是普遍的规律,但是断言有两个世俗的力量是跳出这种规律的,即佛罗伦萨和教皇。除了神意外,维兰尼认为其他一些事件可以通过超自然来解释。他举了很多例子说明,圣徒提出了某种预言,后来都证明是真实的。如教皇克莱门特四世曾经准确地预言了塔利亚科佐战争(Battle of Tagliacozzo)。他相信某些事件确实是即将到来的事件的先兆。例如,据说,博尼法斯将一头狮子送给佛罗伦萨当作礼物,而一头驴将其杀死。他解释说,这预示着教皇在针对腓力四世的战斗中惨败并过早死亡。他写道:"当温顺的动物杀死了百兽之王时,教会就要开始解体了。"他也相信占星术,认为天空的变化指示着政治的变化、教皇和皇帝的死亡和自然灾难。但是他也指出,天空的运动并不是总是预先决定着人们的行为以及符合上帝的神圣计划。

尽管维兰尼在他的《编年史》中新旧成分混杂,但是人们普遍承认,他是中世纪最著名的意大利历史学家。丹尼斯·哈伊评论说:"历史写作随着他在意大利进入了近代……他提供了中世纪佛罗伦萨历史的完整画面,而且对整个中世纪欧洲的历史也提供了许多资料。这本著作基于广泛的阅读和对早期权威的批评性研究……著作的安排经过自己思考而且他有足够的能力进行批评性和独立的判断。他的风格是平实易懂的。这部著作不仅对佛罗伦萨的发展进行了叙述,也考察了它的社会和文化。这部著作也是中世纪难得的具有比较准确统计信息的一部。"

不可否认,维兰尼成为连接中世纪和文艺复兴史学的桥梁,正是通过他的历史著作,看到了文艺复兴与中世纪历史的延续性,也看到了新时代在其中的脉动。通过他,传统意义上的中世纪历史走向终点,一个文艺复兴的新时代正在萌芽。其所表现出的对现实历史的关注,对历史因果关系的注重,极大地启发了后来的人文主义历史学家，在布鲁尼、马基雅维里等历史学家那里结出了硕果。

2 布鲁尼：新史学的开端

相比于维兰尼旧瓶装新酒式历史写作，人们给予布鲁尼更高的名声，认为他启示了史学的新时代。如果说维兰尼只是代表着从中世纪史学向文艺复兴史学的过渡，那么布鲁尼则代表着文艺复兴史学的真正开始。也就是说，正是从他开始，才真正有了完全不同于中世纪历史的作品，因此布鲁尼被后人所推崇，同时他也被当时的佛罗伦萨人所尊敬。他去世的时候全身覆盖着佛罗伦萨的国旗，并被按照国葬的规格举行了葬礼，因为他写了一部令佛罗伦萨人非常自豪的《佛罗伦萨人民史》(*Historiarum Florentini Populi Libri*)。正是因为这部著作，布鲁尼被授予佛罗伦萨公民身份，并且获得终生免税的待遇。

布鲁尼是萨卢塔蒂的学生，并继任他而成为佛罗伦萨的执政官；他还担任过几任教皇的秘书，包括英诺森七世(Innocent VII, 1404—1406 年在位)和约翰二十二世(John XXII, 1316—1334 年在位)。他经历了佛罗伦萨共和国和美第奇家族的统治，政治的转换并没有影响他的地位。他撰写了大量的传记和历史著作，其中有《新西塞罗传》(*The Cicero Novus*)，但丁、彼特拉克和薄伽丘的传记，他还翻译了古希腊的哲学和历史著作，包括亚里士多德的《政治学》《尼各马可伦理学》以及伪亚里士多德的《经济论》，等等。当然，让他久负盛名的是他的《佛罗伦萨人民史》。

20 世纪以前，史学界似乎并没有特别关注布鲁尼，如布克哈特在其名著《意大利文艺复兴时期的文化》中极少提及布鲁尼，反而对维兰尼大加赞赏，对维兰尼之后的人文主义历史著作感到失望："人文主义的精神支配着历史的写作也是势所必然的。把这一时代的历史和较早的年代记，特别是像维兰尼那些生气洋溢、色彩丰富、光辉灿烂的著作，做一个粗浅的比较，将使我们对于这种变化不禁喟然兴叹。和他们比较起来,最优秀的人文主义者,特别是他们在佛罗伦萨历史家中最有名的直接继承者,列奥那多·阿雷提诺和波吉奥,显得如何枯燥无味和墨守成规啊!”尽管在他列举的继承者的名字里并没有提到布鲁尼,但布鲁尼显然在他所批评的这些人物之列。但是到了 20 世纪,史学界对布鲁尼高度重视并给予他高度的评价。汉斯·巴隆撰写的《早期意大利文艺复兴的危机》提出了“市民人文主义”(Civic Humanism)概念,并将布鲁尼视为这一派别的代表人物。该著作的副标题就明确为“古典主义和专制时代的市民人文主义和共和国自由”。在这部著作中,他清晰地分析了从萨卢塔蒂那里萌芽到布鲁尼那里成熟的“市民人文主义”,并通过布鲁尼的著作分析了形成“市民人文主义”的不同阶段。同时指出:“主要是通过布鲁尼毕生的努力,出现了佛罗伦萨人文主义内部结构的变化,这可以恰当地描绘为从与城市积极生活无关的古典主义向市民人文主义的过渡。”所谓市民人文主义,就是人文主义脱离了早期人文主义者对古典的追随以及人性层面的抽象思考,而关注自己所身处的城市的生活和时代精神,所以布鲁尼非常注重市民的生活。有人总结他对人文主义的理解就是:“活跃的生活优于沉静的生活,财富优于贫困,婚姻优于独身,政治行当优于寺院行当。”这一点,和早期人文主义者如彼特拉克是完全不同的,因为彼特拉克更追求一种隐居式的学者生活,正如布兰查德(W. Scott Blanchard)所说:“尽管彼特拉克在漫长和多产的一生中参与或加入了一系列的政治和市政工作,但是他可

布鲁尼

能从来没有自愿选择完全‘积极的’职业。他在佛罗伦萨拒绝教师职务，在阿维农拒绝教会职务就是明证。毫无疑问彼特拉克的理想生活方式是献身于学术和创造性活动，而逃避所有其他事情。”

布鲁尼的“市民人文主义”主要是通过历史著作来体现的，所以他又被称为“第一个近代历史学家”，也被称为“人文主义历史学之父”，其在历史学中的地位堪比人文主义之父彼特拉克和文艺复兴绘画之父乔托。正如伊安兹提（Gary Ianziti）所评论的，人们把他称作第一个近代历史学家，说明“布鲁尼的《佛罗伦萨人民史》与中世纪所运用的历史写作方法相比，有了质的飞跃；其次，这种飞跃可以概念化为向近代的过渡”。同时，在20世纪的历史学家眼里，布鲁尼的著作很多方面都符合史学学科所认可的现代标准：即开始对所使用材料具有批评的眼光，注重历史事件的因果解释，致力于发现历史的真相，等等。

确实，如果我们以后人所设立的这些历史学标准去考察布鲁尼，不难发现两者之间的相似之处。首先，他把历史写作的重心转向了城市和公民，而不是传统的帝国和教会；他关注俗语甚于高雅的拉丁语；而且，他撰写历史的对象也是佛罗伦萨的市民而非少数人文主义者。正如汉斯·巴隆所说：《佛罗伦萨人民史》“各卷描绘近来他所处时代的权力斗争。由于他要为普通市民而撰写，而非拉丁语培养的学者，所以俗语在他的人文主义中占据了一席之地。他在理论上维护佛罗伦萨的俗语，而且在他的著作中进行实践，尤其是在但丁的传记中。在他看来，从但丁身上可以看到追求学问与市民参与国家事务的完美结合”。

从布鲁尼开始，历史开始回归其本体，也就是说他开始努力将历史置于客观事实的层面，把不符合客观事实的事件和描述排挤出历史叙述之外。弗里德（Edmund Fryde）引证说，在他的《新西塞罗传》的引言中，“他主张‘必须对所有的陈述都给出原因，并对自己的所有主张都提供证据’”。《佛罗伦萨人民史》第一次不再从神创天地来讲述历史，也拒绝将人们不断重复叙述的神话传说收录其中，而把整个历史写作事业置于一个新的层面。

布鲁尼考察了佛罗伦萨历史的过去,并试图提供可靠的早期历史的信息,提出了佛罗伦萨建造的理论。布鲁尼在著作中把自己的论点基于考古和理性的证据,他的素材直接对应他的主要论题,而不涉及与论题无关的神学内容。这是中世纪历史学家们所缺乏的。关于这一点,在撰写这部著作的时候他就有很强的自我意识。在《佛罗伦萨人民史》的序言中,他说:"我决定考察和撰写这一城市的历史,不仅是我自己的时代,而且远至记忆所及的早期时代。该记录还会涉及更宽广的意大利历史,因为长久以来,没有意大利或意大利人的参与就不会成就什么重要的事情。要解释该城市派出和接受使节,就要求关注其他国家。在我进入主要和我有关的时代之前,我乐意(按照某些年代记作者的模式)叙述有关该城市建立和其起源的最准确的传统。其中包括抛弃一些普遍认同但是属于神话信仰的内容,清楚地阐述接下来要发生的事情。"①

上述思考清楚地落实在他第一卷的内容中,该卷主要是追溯佛罗伦萨建城的历史。他讲述了苏拉的老兵建立了佛罗伦萨,罗马如何使佛罗伦萨黯然失色;讲述了罗马以前的伊特拉斯坎人的文化并描述了罗马如何借鉴了后者的文化;描述了伊特拉斯坎与罗马的对立以及最终被后者打败;分析了罗马帝国的衰落及其原因、蛮族入侵、查理曼帝国的兴起以及城市复兴;叙述了哥特人如何毁坏了佛罗伦萨以及政教斗争及其对托斯卡纳的影响;最后描绘了腓特烈二世皇帝与党争的加剧等。在这样的追溯中没有上帝的影子,也鲜少虚妄的神话传说的内容,甚至没有把佛罗伦萨的光荣嫁接到强大的罗马帝国身上,反而认为正是罗马帝国掩盖了佛罗伦萨的光芒。

研究历史的目的,一是在于复原历史的真相,一是从历史中提取经验教训,突出历史的教诲目的,这种双重目的性至今仍然在史学界充满争论。就布鲁尼而言,他显然更加倾向于后者。在《佛罗伦萨人民史》的序言中,他

---

① Leonardo Bruni, *History of the Florentine People*, Vol. 1, translated by James Hankins, Cambridge: Harvard University Press, 2001, preface.

说:“这些行动对我来说似乎值得记录和记忆,我认为了解他们将对公众和个人的目标都有利。因为,假如我认为大些岁数的人们更明智,那是由于他们见识了更多的生活,如果我们细心阅读历史的话,那么它给予我们的明智将会多么大啊! 因为这里许多年代的成就和结果都会被仔细阅读;从其书页中我们会轻松学到我们应该模仿什么和避免什么,而伟人赢得的荣耀,就像其中记载的那样,会激励我们表现具有美德的行为。”①因此,尽管与中世纪的历史学家相比,他主张尊重事实,抛弃虚妄的传说,但是在这一切的背后他所追求的是教育意义。也即,历史不仅是纯客观的叙述,或者不能是纯客观的叙述,而是要体现教诲和爱国的精神。从更加狭义的角度而言,他写作历史就是为了体现佛罗伦萨的光荣,要提倡当时城市政治精英们所拥护的价值观,迎合一种新的民族精神,将历史著作与当前所要构建的价值观念结合起来。因此,伊安兹提说:“布鲁尼对城市传说的批评并不是受到‘发现历史真相’之类的抽象思考所支配;它来自需要设计一种城市历史,以迎合新的统治形态的需求。”尽管布鲁尼关于历史目的的认识具有局限性,但是,与中世纪历史不加区别地宣传上帝的神意相比,布鲁尼已经切实地把历史下降到世俗层面,从揭示上帝支配历史进程以及历史反映上帝救赎的道路,演变为反映共和国、市民生活以及塑造民族精神。

在这种历史研究目的的驱使下,布鲁尼针对历史材料和历史写作有了自己独特的看法,这些看法既使他与中世纪历史学家甚至古典历史学家相区别,从而有了某种近代的思维,同时又使他区别于我们现代的历史学家。因此,人们在普遍给予布鲁尼高度评价的同时,也充满着不同的争论。有人认为布鲁尼尊重历史事实,追求历史真相,而有人认为布鲁尼为了达到构建佛罗伦萨民族精神的目的,不惜罔顾事实甚至杜撰事实。这两种不同的评价背后反映出,尽管布鲁尼是近代第一个历史学家,但还谈不上真正的近代历史学家。相对于中世纪或者他以前的文艺复兴时期的历史学家,他是近

① Leonardo Bruni, *History of the Florentine People*, Vol.1, preface.

代历史学家，但相对于真正意义上的近代历史学家，他仍然是文艺复兴时期的人文主义历史学家。

布鲁尼强调，历史学家有两种方式来撰写历史，一种方式是作为目击者记录相关的历史事件，另一种是通过发现材料，综合和重写他人的叙述。针对这两种方式，他认为后一种工作尽管更加困难，但这是历史学家的重要任务。因为，前者尽管也可以通过目击而描绘了历史事件，但是他们所描绘的东西顶多算是没有形式的资料，而历史学的工作就在于处理这些素材，将它们变成历史。同样是面对这些材料，现代历史学家主张首先要对这些材料进行考证和批评，从而确立这些资料的真实性和客观性，因为这是保证所撰写历史具有客观性的前提和基础。但在布鲁尼看来，考证这些资料的真实和客观并不是最重要的，重要的是如何为了历史的目的而选择这些材料。也就是说，如果客观真实的材料符合自身所撰写历史的目的，当然要重视这些资料，但是如果这些材料尽管客观真实但不能符合自己撰写历史的目的，那么这些资料就可以舍弃而选用别的资料。布鲁尼认为自己才是资料的主人，而资料是供自己裁剪和选择的东西。正如卡布里尼(Carbini)所评价的：阅读布鲁尼的《佛罗伦萨人民史》，不能以20世纪的实证主义者所提倡的单向度的方式来进行。布鲁尼并没有以客观追求真相的方式来处理自己的材料。相反，他将材料服从于自己的目的，其中包括将佛罗伦萨称颂为一流的政治力量。

针对布鲁尼有关历史素材和历史写作方面的观念，伊安兹提撰写了数篇文章进行阐释，试图改变人们一边倒地赞美布鲁尼的论调，揭示其作为“第一个近代历史学家”的时代局限性。他认为，布鲁尼是从翻译古典著作开始进入历史写作的，他对历史的认识也是从翻译过程中汲取灵感的。尽管所翻译的文本是他人创作的，但是翻译本身在一定程度上是重新改写。这意味着，翻译并不是创新，因为所翻译的文本是现成的，翻译只是依据自己的理解在原有的基础上再创作而已。这种翻译的过程可以类比成历史的创作过程，对历史学家而言，所有的素材都是现成在手的，他要做的就是依据某种目的进行安排和润色。他写《新西塞罗传》源自他最初翻译普鲁塔克的《西塞罗传》,但是在翻译过程中他感到困扰的是,普鲁塔克并没有充分地赞美西塞罗,而是对他的行为在一定程度上吹毛求疵。这与他设想的西塞罗并不一样,因为在他眼里,西塞罗并不是一个好坏参半的人物,不能用中立的态度去描绘他,相反,西塞罗是市民积极生活的英雄。因此,他决定重新撰写西塞罗传,主要的目的并不是要比普鲁塔克所撰写的西塞罗更加客观和真实,而是更好地树立西塞罗的形象。因此,伊安兹提评论说,在他眼里,"历史精确与否,只有在能够用来促进这种潜在的议题的限度内才能起作用"。为此,他撰写新西塞罗传记的时候,尽管大量取材于普鲁塔克的传记和西塞罗本人的作品,但是他并不对所运用的材料进行批评和考证,而是更加注重选择、强调或忽略。尽管材料并不充分,他还是大力渲染西塞罗的贵族出身,而对他生涯中那些令人尴尬的情节他都选择了忽略,对西塞罗本人吹捧自己的内容他广泛引用。因此,伊安兹提说:"我们看到。发挥作用的不是批评性的学术史,而是重组文本的可能性,为的是促进总体的计划。"同样,他的《意大利针对哥特人的战争》(*De bello Italico adversus Gothos*),尽管其素材基本上都是来自普罗柯比,甚至是唯一的资料来源,但是他强调,自己并不是普罗柯比著作的翻译者,而是主人和作者,尽管资料是他人的,但是编排、次序和语言是自己的,根据自己的判断和构思而将其各归其位。反映在《佛罗伦萨人民史》中,也具有同样的特点。伊安兹提认为,在编写这部历史时,布鲁尼同样加工了资料,为的是赢得佛罗伦萨更大的光荣。通过仔细研究《佛罗伦萨人民史》的各卷,伊安兹提认为,布鲁尼在美第奇家族上台后明显改变了他写作的内容和取向,"其在美第奇 1343 年上台之后所出版或撰写的各卷,反映了新政体的观点,布鲁尼从内容中抽去了一些令佛罗伦萨统治者尴尬的事件。他丰富了该家庭成员的英雄业绩,有时候把他们没有做过的事情也归功于他们"。也正因为如此,尽管经过了政权的轮换,布鲁尼并没有受到什么影响,甚至君主在 1439 年颁布公文,授予布鲁尼及其后代免税权,以回报他作为历史学家做出的贡献。因此,我们可以说,在布鲁尼的认识中,重塑材料以促进祖国的名声,是每一个真正历史学家的职责所在。

尽管伊安兹提等人揭示了布鲁尼与我们现代历史学家的区别,目的是校正汉斯·巴隆等人对布鲁尼人为拔高的评价,但这并不能否定布鲁尼作为"第一个近代历史学家"的地位。尽管他距真正的近代历史学家还有一定的距离,但是与他之前的历史学家相比却前进了一大步。他已经彻底摆脱了教会史学家、中世纪年代记以及早期历史学家的撰史框架,将上帝和帝国抛在脑后,潜心构建一个城市及其人民的世俗历史;尽管他在认识和利用前人的材料方面还有种种缺陷,但是,他确实抛弃了那些虚妄的神话传说和完全不加辨别地利用的资料;尽管他在构建佛罗伦萨的光荣与伟大方面目标有些狭隘,但是他开始注重历史的功用和目的,将历史与民族精神和爱国联系在一起,给抽象的人文主义增加了具体的市民生活的内容。坚尼·布鲁克尔这样评价布鲁尼:"中世纪的史学思想在范围上是四海一家,天地不分,在性质上则是目的论,只认为历史是神的计划的实现,布鲁尼的历史观则是有时间性的、世俗的和具体的。在他看来,佛罗伦萨和共和时代的罗马的历史经验值得最高的赞赏,因为这两个社会创造了有利于人类生存的最好条件,也为积极的公民生活提供了最佳环境。这些城市的存亡兴废并不取决于任何神的计划,而是靠它们的世俗成就。"

3 比昂多和瓦拉:史料考据的先驱

布鲁尼注重历史教育功能而忽视对历史素材进行批评的弊端,很快就被其他历史学家所弥补。或者说有些历史学家正是因为认识到布鲁尼撰写历史的缺陷,才形成了对史料的新认识,从而开创了新的撰史流派。这一新的流派注重史料考据,发展出一套考据的方法,甚至有了"考据癖"。除非经过严格的考证,他们怀疑任何史料的真实性和客观性,即使已经被传统上认定为权威的文献也不放过。如果说布鲁尼发展出了历史的现实意义,开启了一种现代人所认知的认识历史的道路,那么比昂多和瓦拉则开创了一种同样被现代人所认可的道路,即严格还原历史本身,不能为了追求意义而割裂和伤害历史本身的客观性,这一派把弄清历史的原委看作是历史研究的首要任务,认为它要高于提炼历史的意义。

比昂多差不多和布鲁尼是同时代的人,出生在意大利北部罗马涅地区的弗利城,他被认为是第一个用历史三分期法的历史学家,即把历史分成古代、中世纪和现代。他接受过良好的教育,曾在米兰短暂停留,1433 年移居到罗马。同布鲁尼一样,曾经担任过尤金四世(Eugene Ⅳ, 1431—1447 年在位)等教皇的秘书。

尽管前人以及同时代的人撰写了许多历史著作,但是比昂多感到并不满意,甚至感到失望。他曾经给那不勒斯的阿尔方索写过一封信说:"所有对人文学感兴趣的人都意识到:在 13 世纪的意大利产生了许多的诗人和演说家,但是实际上并没有什么历史学家。学者们准备了希腊著作的翻译和哲学论文,但是他们逃避了作为一个历史学家的职责,或者只是以很肤浅的方式来接触历史。"①比昂多之所以如此看待其他历史学家,主要是因为他们并没有下功夫去搜寻历史素材并认真对材料进行鉴别,而历史应该建立在真实的基础上。

所以与其他人文主义历史学家不同,他并不仅仅限于在权威著作中寻找可用的材料,而是进行实地考察,努力搜寻和确认各种实物资料,以与书本记载的材料相印证。为此,他考察了古代罗马的遗迹和地形,并从地形学的角度重构古代罗马的建筑设施。其考察的成果汇编成了《复原的罗马》(*Roma instaurata*)一书,其中第一卷描绘了罗马的各种门、山以及方尖碑,第二卷则描述了罗马的浴池以及能够识别的各种遗迹,第三卷则描绘了竞技场、广场以及各种相关的纪念碑。为了能够确证历史,他还广泛游历了意

---

① 转引自 Betrice R. Reylonds, Latin Historiography: A Survey, 1400—1600, *Studies in the Renaissance*, Vol.2(1955), pp.7—66.

大利,搜集意大利各省的地理信息,识别各种现存的纪念碑,埋头文献,这方面的成果体现在他编成的《辉煌的意大利》(*Italia Illustrate*)中。除了通过对这些原始遗迹和实物进行考察外,他对意大利和罗马的研究还进入到文化和制度层面,并完成了十卷本的《凯旋的罗马》(*Roma Triumphans*)。在这部著作中,他全面考察了罗马帝国的公共生活和个人生活。其中包括古典宗教、公共管理、罗马军队、私人设施并考察了罗马的凯旋。与其说这些作品是研究性著作,不如说是考察资料的合集。

比昂多对古文物的兴趣以及为此付出的努力,使他赢得了古文物研究先驱的名声。安吉洛·莫佐科(Angelo Mazzocco)在他的文章中对比昂多的古文物研究以及后人的评价进行了详细梳理后指出:比昂多的古文物研究著作在文艺复兴学者当中享有盛誉,他的《复原的罗马》得到同时代人热那亚共和国的史地学家波拉切里(Giacomo Bracelli, 1390—1466?)的高度赞扬;他的《凯旋的罗马》则得到法学家杜里韦尔(Aymar du Rivail, 1491—1558)的赞颂和广泛利用;德意志学者法布里修斯(Georg Fabricius, 1516—1571)认为比昂多是现代罗马考古学的奠基者之一。德意志的古文物研究者乔安尼斯·罗西努斯(Joannes Rosinus, 1520—1626)解释说,自瓦罗以后,文科技艺和古物研究开始逐渐衰落,最终

比昂多

到近代被完全忽略,此时,比昂多通过他的勤奋和艰苦工作,率先将其从被遗忘中拯救出来,免于其湮没无闻。从此以后,许多学者都跟随他的脚步。在20世纪,两位古代遗迹早期文献的杰出学者和编辑者罗伯特·瓦伦丁(Roberto Valentine)和朱塞佩·祖凯蒂(Giuseppe Zucchetti)都认可《复原的意大利》是地形学领域的扛鼎之作,认为正是因为比昂多,地形学才获得了巨大发展。同时,罗伯特·魏斯(Roberto Weiss)在其权威著作《文艺复兴对古典的发现》(*The Renaissance Discovery of Classical Antiquity*)中认可比昂多是文艺复兴时期考古学的最大贡献者。莫佐科在另一篇文章中更是直接称比昂多是"现代古物研究之父":"在文艺复兴古文物研究领域,没有人可与比昂多·弗拉维奥比肩。事实上,比昂多是现代古物研究之父。"

为了能够客观、全面和令人信服地复原古代的历史,他搜集所有能够收集到的证据,无论是钱币上的图像、废墟上的铭文还是建筑上的雕刻、碑文,都纳入了他的考察范围。另外,他还广泛利用图书馆寻找和比对各种文献,同当时的其他人文主义者一样,他详细阅读了李维、维吉尔、普林尼、斯特拉波、托勒密、普罗柯比、主祭保罗以及许多教父的著作,从中选取有价值的史料,与其他人不同的是,他对这些著作中的材料进行认真批评和鉴别。雷隆德(Betrice R. Reylonds)描述说:"在他读过的书上他经常做页边注,在读过的主祭保罗的书上,他评论说:'这位作者与该事件是同时代的人',后面又写道:'这位好人在描绘意大利时犯了大错误。'在读了蒙茅斯的格雷戈里(Geoffrey of Monmouth)的著作后,他在最后一页评论说:'尽管我仔细阅读了在所有地方能找到的所有叙述,但从没发现如此充满浅薄和谎言内容的著作,这本书的内容超过了所有醉鬼和狂热分子的梦话。'"这充分说明,尽管比昂多也非常注重以前权威们的著作,但是他丝毫不迷信这些权威,而注重通过批评性的分析寻求最接近历史真相的事实。针对同时代人的历史著作,他也进行严厉的批评。其中针对布鲁尼书中对佛罗伦萨的描述比昂多做了大量的考证,证明布鲁尼的著作有许多史料不准确,谴责布鲁尼不加辨别地使用他人的作品、懒惰地不进行调查和寻求历史真相。

正是对材料的广泛搜集、研究和辨别，成就了他三十二卷的巨著《罗马衰亡以来的千年史》。这部著作叙述了从410年西哥特人洗劫罗马一直到1442年的历史，尤其描述了这一时期意大利城市的兴起。关于其叙述的这段历史的内容我们不去考察，而重点考察他的史学风格。在写作方式上，这部著作广泛利用了原始素材、考古发掘资料以及古文物的鉴定资料，从而使这部历史成为难得的信史。正是在这部著作中，比昂多提出了“中世纪”的概念，将5世纪至15世纪，也就是从西罗马帝国灭亡到文艺复兴时代这一时期单独划分为一个历史时期。

尽管比昂多在身后赢得许多赞颂，但是在生前似乎并没有得到人们的普遍认可。因为他对材料精确的追求导致他的叙述风格粗糙、不连贯。在当时注重修辞，将历史视为一种文学，并注重历史道德训诲作用的环境下，比昂多中断了人文主义者强调形式的传统，受到冷遇不可避免。因为他所开辟的历史书写道路就是基于调查和比较的可靠资料，重视客观地再现和复原历史，避免雄辩风格，对历史采取超然的态度。同时，比昂多强调不能为了道德的目的而运用考古和历史知识，马克希尔(Elizabeth M. McCahill)说，因为“对他而言，古文物研究是一种学术，致力于重构有关古代的精确信息，而不是为了道德的目的而运用这种知识”。这种对待历史的态度尽管在当时有些超前和独辟蹊径，但是，正如雷隆德所说：“这种超然的方法，对资料的权衡，对显然虚构内容的剔除，预示着科学精神的到来。”

另一个主张对材料进行考证的是瓦拉，使他扬名的是他考证了教会文件“君士坦丁的赠礼”，并认定这个对教会权威至关重要的文件是伪作。

这一文件是以罗马帝国的敕令的形式呈现，号称由君士坦丁本人起草并签署，具体时间并不是很清楚，有315年、317年或330年之说。据说，当时君士坦丁皇帝得了麻风病，久治不愈。罗马传统国教的祭司们建议君士坦丁用纯洁的婴儿的血来清洗自己，这样就可以痊愈。当把遴选的孩子都带来准备屠杀时，君士坦丁看到了孩子们母亲的眼泪，于是动了恻隐之心，下令将婴儿们释放，并送给他们礼物。君士坦丁的举动被耶稣看在眼里，于是趁着这位皇帝睡着的时候派遣圣彼得和保罗来到他的面前,告诉他应该将因受到罗马迫害而躲到一个山洞里的主教希尔维斯特接回来,后者能够治好他的麻风病。而且,从此以后,君士坦丁要抛弃偶像崇拜,只信奉唯一的真神。君士坦丁接回了希尔维斯特,在后者的主持下,君士坦丁进行了守夜、斋戒、忏悔等一系列的活动,并接受了这位主教的洗礼,他的麻风病也因此痊愈。

受教会的感召,君士坦丁颁布敕令,将西部帝国授予教会:"为了至高的教皇不会退化,反而要赋予其荣耀和权力,甚至要高于世俗统治的尊贵,看呀,我们把我们说过的宫殿,以及罗马城、所有的行省,意大利和西部地区的所有地方和城市都放弃给上述我们最蒙祝福的全体人的教皇希尔维斯特,而且我们通过这一庄严的国事诏书命令,他和他的继任者可以控制着一切,而且我们这些地方处于神圣罗马教会的法律控制之下。"①同时在该敕令里,君士坦丁命令臣民接受基督教,赋予罗马主教以高于安条克、君士坦丁堡、亚历山大里亚和耶路撒冷的权力,成为整个基督教世界的领袖。并在拉特兰宫为耶稣建造了教堂,同时建造了圣彼得和保罗教堂,授予教会王冠、三重冠、权杖、肩带等。教士也可以成为贵族和执政官;并说王国的权力转移到东部拜占庭地区是合适的。因为西部是上帝所建造的,一个世俗的统治者再在那里行使统治权是不恰当的。任何人不得违背这些法令。

这一敕令到文艺复兴时期已经存在了很久,而且成为教皇主张在西部拥有绝对权力的依据。在瓦拉之前已经有人怀疑这个文件的真实性,比如但丁,但是瓦拉进行了更加细致的论证,以不可辩驳的事实证明这份文件是伪造的。通过细致的语言学和法学分析,瓦拉表明"君士坦丁的敕令"并不是在4世纪构思和表述的,该文献的语法、句法和语义结构以及拉丁词汇,都不符合当时使用的文学(和法学)语言。其次,假定的君士坦丁皇帝给罗

---

① *Select Historical Documents of the Middle Ages*, translated by Ernest Flagg Henderson, London: George Bell and Sons, 1905, p.328.

马教皇的捐赠,无论如何是“非法的”捐赠,而且就此而言是虚假的,因为这样的捐赠没有任何法律或政治的基础。君士坦丁对罗马和帝国的权力和统治权基础要来自元老院和罗马人民,君士坦丁捐赠帝国犯了粗暴篡夺罗马的罪恶。授予教皇罗马城、所有行省、意大利和西部地区的所有地方,君士坦丁是在捐赠他偷来的东西,教皇接受这种捐赠则是非法交易的同谋。基督的启示明确了福音和帝国之间的对立。事实上,如果帝国依据定义是一种权力和主权的意愿,则福音相反是爱和服侍的意愿。所以,教皇宣称是恺撒的继承人这一事实,否定了其作为基督在地上代理人的本质。结果,通过接受君士坦丁的奉献,教皇将自己置于与基督启示矛盾的地步,否定了福音和基督教存在的根本。①

瓦拉对这份教会文件的考证并非出于纯学术的动机,背后有一定的政治的目的。因为1440年正好处于教皇尤金四世与阿拉贡的阿尔方索就那不勒斯王国发生明争暗斗的时期,瓦拉支持阿拉贡的主张,反对教会基于“君士坦丁的赠礼”这份伪造的文件而主张有权决定那不勒斯的统治权。瓦拉的论证确实给教会造成了沉重的打击。但我们在这里描绘这一文件考证的目的不是探讨瓦拉与国王和教会的关系,而是要考察他对历史的看法和对考据的贡献。

学者雅尼克(Linda Gardiner Janik)对瓦拉的历史观进行过比较详细的考察,我们借用他的观点可以归纳一下瓦拉对待历史学以及历史编纂的态度。瓦拉认为,历史著作与哲学和诗歌相比,应该处于更加优越的地位,因为“它是真实的而非想象的”,“历史越是真实,则它的力量越大。它无关乎一般概念,而关乎真理”。从瓦拉对历史的评价可以看出,他把历史的力量建基于真实和真理基础上,由于历史是真实的,所以他代表着真理。历史的真实代表着没有偏见,一切都基于对事件的完整记录,对所发生事件的秉笔

---

① 详细论证请参阅 Lorenzo Valla, *On the Donation of Constantine,* Cambridge: Harvard University Press, 2007。

直书。所以,在他看来,历史除了其本身之外,并没有其他目的,更不会把历史视为道德的佐证,也不会为了其他目的而改变历史本身的性质。因此,"书写任何东西的目标就是叙述所发生的事情,而不是证明某个观点;总体上编写著作,目的不是为了从事当下的诉讼或战争,而是为后代保留对事件的记忆以及天才人物的名声。他的意思是说,事件自身就有价值,不必划分成合适和不合适的,不能当它们不能适合道德改善的计划时就将其抛弃。换句话说,事件有意思就在于它们是独特的,而不是它们可以例证道德或其他一般概念"。瓦拉的这种观念意在强调,真相是历史的最高价值,它并不服从于道德价值。为了坚持历史的真相,历史学家必须坚持进行细节的描绘,厘清事件本身的各种相关情节,不能为了某种"体面的"叙述而对所要叙述的事件"精挑细选";同时,历史学家为了能够描绘真相,还必须善于使用精确的措辞,也就是除了尊重材料本身之外,还要在叙述的语言上下功夫,因为"除非作者完全掌握了它的媒介就不可能真实地叙述事件,而且语言的误用会导致误解和对所发生事件的解释失误"。瓦拉也承认一个历史学家不可能百分之百地复原历史真相,在创作的过程中也不可避免采用某种"逼真的"效果,但是,"创新不能走到伤害真相的地步。只要某些事情发生得看似合理,就可以正当地将其囊括进来。历史学家不能因为外部的目的如道德教诲而曲解历史,但是他可以利用其作为修辞学家的角色,使用可控的技巧,这在历史体裁中是完全允许的,而且这会使他的叙述更加为读者的判断所接受"。

因此,瓦拉和比昂多一样,把秉笔直书和复原历史的真相作为历史学家的职责,不再把道德训诫和某种价值目标看做历史编纂的目的,为此他们把材料的真实性看做历史写作的基础,从而把考据提高到一门学问的高度。

4 圭恰迪尼和马基雅维里:政治史的探讨

圭恰迪尼(Francesco Guicciardini, 1483—1540)和马基雅维里被认为是

圭恰迪尼

文艺复兴时期政治史派别的代表人物。所谓政治史学派,就是注重对历史中政治的兴衰进行探讨,或者是通过探讨自己所处的时代总结政治经验,或者通过考察历史上的政治演变寻找出某种变化的规律,他们指望通过这些探讨为政治提供某种经验。所以,政治史派别研究历史是为了现在。正如多纳德·马克因托什(Donald McIntosh)评价马基雅维里时所说:"他研究过去是为了了解现在,是为自己和他人就佛罗伦萨和意大利确立自身的环境总结经验,以及如何面对这些环境。"由于研究历史的目的发生了转向,所以,他们的写作风格也发生了变化,在综合前人历史写作风格的基础上,形成了自己的特点。马克·菲利普(Mark Phillips)评论说:"马基雅维里和圭恰迪尼以前,佛罗伦萨有两种历史写作风格,即古典的和本土的,每种都拥有自己的力量。在古典模式的启发下,人文主义历史首先集中于国家事务,并进行线性叙述,并观照道德和政治教训而使该叙述清晰并加以拓展。另一方面,本土编年史家则通过撰写来保存有关重要事件的记忆,无论这些事件是政治性的还是非政治性的,尤其是他们亲自目击的事件。尼克洛(马基雅维里)和弗朗西斯科·圭恰迪尼以不同的方式从两种风格中汲取了力量,每个人都做到了清晰和具体的有效结合。"

圭恰迪尼和马基雅维里偏向政治史和他们置身政坛的实践有着密切关

系,而且都和佛罗伦萨的统治者美第奇家族密不可分。正是在美第奇家族被驱逐出佛罗伦萨后,马基雅维里现身政坛,无论在外交还是军事方面都发挥了自己的才能;正是在美第奇家族回归后,马基雅维里被赶出政坛,隐居到郊外的领地;在隐居期间马基雅维里心心念念东山再起,试图通过探讨政治和历史,总结是非成败的规律,让美第奇家族重新起用他。无论是《君主论》《论李维》还是《佛罗伦萨史》都是这种努力的成果。圭恰迪尼的一生也和美第奇家族关系密切,并始终活跃在政治舞台上。他 1483 年生于佛罗伦萨,通过与美第奇家族的联姻而提升了自己的贵族血统以及与美第奇家族的联系。1511 年他被委派为佛罗伦萨驻西班牙王国的大使。1514 年,他为美第奇家族服务,从这里他进入了教会。在利奥十世期间他管理了莫迪纳和来吉奥,并取得了很大的成功。美第奇家族恢复统治后,他成为八人委员会成员,为美第奇恢复统治的主要成员。从 1531—1534 年,他作为教皇的副使节管理了博洛尼亚。在教皇死后他回到佛罗伦萨,支持美第奇的统治。他晚年失宠,尽管还是担任各种各样的官职,但是没什么太大的影响力。他晚年赋闲在家,编写著作《意大利史》(*Storia d'Italia*)。

这种政治上的经历以及与美第奇家族或好或坏的关系,都深深影响着他们对历史的探讨。圭恰迪尼注重描绘他所亲身经历的历史,他的《意大利史》叙述从洛伦佐·美第奇 1492 年去世一直到克莱门特七世(Clement VII, 1523—1534 年在位)时期的历史,这段时期意大利灾难深重,国家丧失了独立,而且他自己亲身见证了这段历史,试图从纷乱的历程中理出某种头绪。他的这部历史有三个重要的特点,一是他采用了比较宏大的视野,将佛罗伦萨的问题置于整个意大利的场景中去考察,所以,他是第一个把研究的视野放在整个意大利的人。在意大利仍然处于四分五裂的状态,意大利还是一个纯粹地理概念的时候,他开始尝试将意大利作为一个政治整体来看待,把意大利危机放在整个 16 世纪的国际大环境中去考察。正如马克·菲利普所总结的:"圭恰迪尼历史的视野和目标宏大,致力于艰难地探究意大利各地以及欧洲大部分地区的灾难。但是这种通过对无数相互关联的细节的追溯,产生一种令人惊异的精致性,也形成类似蛛网或电话交换般的精确。正如人们常说的,其结果是'出现了古典模式的最后一部伟大历史著作,也是近代史学最早一部伟大作品。'"其次,尽管他描绘的是他置身于其中的历史,而且与美第奇家族有着密不可分的关系,但是他在写作历史时尽量避免将自己的感情和偏好带入历史的叙述中,所以他是敏锐的观察家,很少有错觉和冲动的感情,对未来不抱希望;专心追溯人类行为的动机。他以特有的冷静来分析自己所经验的历史,这是真正的历史学家必备的态度,就是既在历史之中,又要置身历史之外。第三,圭恰迪尼对历史的研究有着强烈的现实关怀和对未来的展望。虽然他并不是狭隘的爱国主义者,但是他也希望未来看到三种目标能够实现,即建立秩序良好的佛罗伦萨共和国,把意大利从野蛮人手里解放出来,推翻世界上坏的教士的统治。正因为其历史善于从现实出发来考虑问题,注重解决现实的问题,把史学创作和政治实践紧密结合起来,所以得到了丹尼斯·哈伊的高度评价:"在撰写意大利历史方面,经过这一笨拙的尝试之后,令人吃惊的是出现了由圭恰迪尼写的《意大利史》,这是一本真正值得一读的书。这本书对意大利半岛的政治发展进行了客观的分析,其文笔之熟练和说服力之强,都达到了相当高的水平,相形之下使我们感到比翁多和普拉蒂纳以及他们之前的所有历史作家和之后的大部分作家的作品都显得肤浅和单薄。"

无独有偶,马基雅维里也和美第奇家族有着纠缠不清的关系。依据约翰·M. 纳吉米(John M. Najemy)的分析,从不同的角度而言,美第奇家族对马基雅维里而言亦敌亦友,既是他垮台的原因,也是他想象中的救星,既是他继续投身政治的障碍也是继后其政治改革和更新梦想的关键角色。马基雅维里对美第奇的矛盾情结对他的写作极为关键,但通常又是被人忽略的特征。而且,个人的历史和更大的政治史均为完整政治史的组成部分,两者的交集令马基雅维里将自己与美第奇的关系比喻成佛罗伦萨共和国与该家族更广泛和更复杂的关系。1512 年,当马基雅维里为之献身的整个共和国陷落而被美第奇取代,他对他们的看法以及对自己的影响,变成了去理解共和国发生了什么等更广泛的问题。对美第奇回归给他和共和国造成的悲剧，以及他和佛罗伦萨以及该著名家族的联系之间如何调和，都变成了需要思索的问题，马基雅维里寻求答案的努力也从来没有停止。这一切都促使他从历史的视角，尤其是佛罗伦萨史的视角去考察政治。最终，通过将视野扩大到15世纪的美第奇家族，并延续到他自己亲身经历的当代美第奇，试图解开他和共和国与美第奇有问题的关系。基于此，也只有从政治的角度去考察，只有在佛罗伦萨的发展史中，他才能理解自己一心报效祖国却又遭到深深贬黜的命运。

马基雅维里所创作的《佛罗伦萨史》，是他不断聚焦自己城市史的结果。最初，他创作的《君主论》并不带有强烈的历史性，佛罗伦萨在其中没有任何地位，在他的《论李维》中，佛罗伦萨的历史也不是重点，尽管佛罗伦萨在其中发挥了重要的作用，但他并没有进行体系化的考察，而《佛罗伦萨史》则是一部关于佛罗伦萨的全史。人们把马基雅维里称作"政治科学之父"，这门科学是一种经验式的价值中立的学科。他关注市民的幸福、政治秩序的独立和稳定以及政治领导人和自己国家的光荣。他对他讲述的许多故事的真相不加批评，因为事实的精确与他的目的无关。同时，马基雅维里拒绝传统的基督教道德，而在他的历史著作中，更加偏重政治演变的规律，希望能够找到解释历史的真正钥匙。

马基雅维里通过对佛罗伦萨政治的考察来研究历史，他为自己所设定的目标是："应该弄清楚的是，经过一千年的辛勤劳苦之后，佛罗伦萨竟然变得这样衰微孱弱，其原因究竟何在？"①所以马基雅维里不再像前辈的佛罗伦萨史家那样，将重点放在佛罗伦萨的战争和对外关系上，而是聚焦于佛罗伦萨自身的政治环境和政治机理。他认为布鲁尼和波吉奥等人的最大问题是忽略了"城市斗争和内部敌对"。马基雅维里总结说，他们既把城市斗争视为无足轻重的主体，也出于害怕冒犯活着的后代而简单地虚饰材料。

① [意]尼科洛·马基雅维里：《佛罗伦萨史》，李活译，北京：商务印书馆，1996年，第51页。

这两个原因似乎完全愧对大人物。他写道,如果历史上有些事情让人高兴和有教益,就是那些细致描绘的东西。如果任何读物对统治共和国的市民有用,就是那些展示了城市内部仇恨和派系斗争的原因的书。

马基雅维里的《佛罗伦萨史》探讨了佛罗伦萨的起源、它的自由独立、分裂的原因,平民和贵族的斗争,等等,重点关注庶民、平民、贵族、教士之间的角力,从中寻找意大利历史中各种事件之间的联系,试图解释社会存在和发展的决定力量,以及造成意大利和整个世界治乱无常的终极动因。探索历史现象的规律性,是贯穿《佛罗伦萨史》的一个重要主题。他要探讨佛罗伦萨千年发展之后衰落之因。他不仅缅怀过去,而且试图预测未来,运用新的历史观解释历史和现实之间的联系,预示未来发展的趋向。在他看来,历史充满着兴衰变化。这构成了历史的规律。他说:"可以看得出来,在兴衰变化规律的支配下,各地区常常由治到乱,然后又由乱到治。因为人世间的事情的性质不允许各地区在一条平坦的道路上一直走下去;当它们到达几近完美的境况时,很快就会衰落;同样,当它们已变得混乱不堪,陷于极其沮丧之中、不可能再往下降时,就又必然开始回升。就是这样,由好逐渐变坏,然后又由坏变好。究其原因,不外是英勇的行为创造和平,和平使人得到安宁,安宁又产生混乱,混乱则导致覆亡;所以乱必生治,治则生德,有德则有荣誉、幸运。"①他把历史的演变规律比喻成车轮,"当命运之轮已经把他抬到顶点的时候,如果这个轮子继续运转,必然会把他降到最低处"②。

马基雅维里认为,从历史中可以看出,佛罗伦萨会呈现出一治一乱这样规律性的根本原因之一,是平民和贵族的分裂和对立。对此他不但通过很多历史的事例来说明,而且还进行了理论性的总结。他说:"由于贵族企图发号施令,平民阶级不愿服从,很自然地引起严重的互相敌对,这就是个城邦大部分纠纷产生的根源,由于两个阶级这种心意不同,干扰各共和国的所

① [意]尼科洛·马基雅维里:《佛罗伦萨史》,第231页。
② 同上书,第158页。

有其他祸患也无不由此产生。这个问题使罗马不能统一,如果允许我以小比大的话,那么,也可以说是使佛罗伦萨分裂的原因。"①他还说:"因为平民希望按法律规定办事,而上层阶级则不同,它本身就是平民的统治者;这两种人完全和睦相处是不可能的。"②他还分析了内斗在罗马和佛罗伦萨所产生的不同后果,罗马的对抗使它不断增强自己的实力和秩序,而佛罗伦萨却正好相反,其原因在于,"罗马平民竭力争取的是和贵族共享最高职位;而佛罗伦萨平民奋斗的目标却是要把贵族全部排除出最高职位"③。所以,佛罗伦萨往往陷入一种无法摆脱的循环,当贵族的统治开始剥夺人们的自由时,必然引起平民的反抗:"压迫已到如此严重程度,不只佛罗伦萨人忍受不了,他们虽然未能保住自己的自由独立,但也不能忍受奴役,就是世界上最驯服的人民也会奋起反抗,为恢复自由而战争。因而各阶层许许多多公民群众下定决心要以宁死不屈的精神把自己从这种可恨的暴政之下解救出来。"④但是平民取得胜利后,由于其主要目标是压制贵族,所以也并不能带来相应的秩序,而且群众的情绪被调动起来后往往会失去控制,所以他告诫说:"不论谁都别幻想:一旦把群众煽动起来闹事之后,还能够随心所欲地控制他们或是能够制止他们搞暴力行动。"⑤而且,他认为:"过多地寄希望于群众、相信他们在心怀不满时必能甘心冒险或将帮他们排除危难,这样期望该是多么虚妄!"⑥所以,在历史上,佛罗伦萨即使建立了共和政体,也没能带来相应的稳定和和平,仍然是治乱无常。他说:"共和政体,特别是那些组织得不健全的共和政体,常常变换统治者和体制结构。这并不像许多人设想的那样,是自由或镇压造成的后果;而是奴役和放肆使然。因为不论贵族还是平民——前者执行的是奴役制,后者则是行为放肆——都只是在

---

①③ [意]尼科洛·马基雅维里:《佛罗伦萨史》,第122页。
② 同上书,第68页。
④ 同上书,第108页。
⑤ 同上书,第138页。
⑥ 同上书,第399页。

名义上尊重自由，实际上他们既不愿服从法律，也不愿服从行政长官。"①

佛罗伦萨的盛衰除了内斗之外，也受到其他势力，包括外部势力的影响，其中教皇就是这种势力之一。马基雅维里认为教皇的存在对佛罗伦萨和意大利是不利的。在谈到外部的蛮族入侵的时候，马基雅维里说："几乎所有由北方蛮族在意大利境内进行的战争，都是教皇们惹起的；在意大利全境泛滥成灾的成群结伙的蛮族，一般也都是由教皇招进来的。这种做法仍然在继续进行，致使意大利软弱无力、动荡不安。"②在谈到意大利本身经常陷于内乱时，他认为教皇也难辞其咎，因为"历届教皇就是这样，有时是出于宗教热忱，有时是受个人野心驱使，不断从外部招来新势力，造成意大利境内新的动乱。他们一旦把一位帝王扶持起来，势力大了，就又嫉视他，想方设法要把他消灭。教皇们从来都不允许别人治理这个地区；而由于他们本身低能，又无法治理这个地区"③。他还认为，了解佛罗伦萨或者意大利的政治态势，不能完全局限于内部来理解，也必须将其置于更广的环境中去考察，所以，他在《佛罗伦萨史》中同样叙述了米兰、威尼斯甚至意大利之外的国家的情况，他认为这对理解佛罗伦萨是必要的，"虽然我并非必须叙述意大利各国情况，但忽略其中值得注意的事件确实是不适当的。假如这些大事一概删除掉，不但使我这部历史将难以理解；而且读起来既不是很有教益，也不是很有趣的"④。

在历史的叙述中，马基雅维里总是提供一些他看来有益的经验和教训，希望在世的君主或未来的统治者能够从中获益。他认为，过去人们往往夸大帝王将相和天才人物的作用，其实物质利益才是历史发展的推动力。在讲到战争的时候，他总结说："凡是从事战争的人很自然地总是企图使自己富裕，使敌人贫困；战胜或征服他人的目的也无非壮大自己，削弱对方；否则

---

① ［意］尼科洛·马基雅维里：《佛罗伦萨史》，第178页。
② 同上书，第15页。
③ 同上书，第32页。
④ 同上书，第347页。

争取胜利,征服他人也就毫无向往之处。由此可知,凡因获得胜利而招致自身贫困或因征服他人而削弱自己者,必然是已经超越或未达到作战的目标,一个共和国或一位君主在打垮敌人取得胜利并获得战利品或赎金时,就使自己因胜利而富裕,如战胜后使敌人逃掉,或使战利品和赎金为士兵所侵占,这样的胜利必然有害。这种情况发生时,失败的一方固然不幸,胜利的一方受害更甚。因为失败的一方所受伤害乃是敌方造成,而胜利者的痛苦则系自己人招来的,这很难说得通,因而造成更大的痛苦;尤其是当胜利者考虑到不得不在获胜后强迫人民增加捐税负担时,情形将更加严重。任何统治者,只要还有一点人性,就不能对使臣民遭受折磨的胜利感到高兴。”①在谈到许多忠臣勇士用鲜血建立起来的如此庞大的帝国竟然毁于一旦的原因时,他认为决不能只归咎于外部原因,也应该关注内因:“这不但说明臣僚不忠,而且也暴露了君主们本身的昏聩。因为帝国的毁灭绝非一次入侵所致,而是多次巧取豪夺的结果。”②在谈到分歧给佛罗伦萨造成深重灾难时,他认为不能单向度地认识这个问题,分歧确实会产生不利影响,但也可能带来国家的繁荣,“那些认为一个共和国会在目标方面保持完全一致的人们,是大大上当了。不错,有些分歧确实使共和国受害,但另一些分歧却对共和国有利。当分歧伴有党争时,它就会危害国家;但当分歧并不夹有党派之争时,则将促进国家繁荣”③。虽然战争或暴力会给一个国家带来灾难,但是暴力本身也可能治愈一个国家的顽疾,他说:“一个社会虽然包括许许多多人,但它还是可以比作一个人的身体;人体生有许多疾病,而这些疾病又是除了用火和钢之外,别无其他办法可治疗的;社会也常常出现许许多多严重的弊病,只能用刀枪加以解决;一个善良的、慈悲的公民,为了使这个社会继续存在下去,就应当给它开刀医治;见病不治的态度才应当受到

① ［意］尼科洛·马基雅维里:《佛罗伦萨史》,第291页。
② 同上书,第2页。
③ 同上书,第348页。

责难。”①

马基雅维里和圭恰迪尼一样，试图通过历史冷静地寻找历史起伏的规律，而且和霍布斯一样，都基于社会现实并力求根除社会的弊病，正如多尔曼(Everett Carl Dolman)所说：“马基雅维里和霍布斯的焦点，都在于试图让社会从他们所见的怨恨和腐败中解脱出来。在两者看来，社会已经倒退，基部朽坏，即进入了霍布斯所称的自然状态。”为了解决这些根本性问题，他在一定程度上有了辩证的思维，其所提到的物质利益与历史动力，派系斗争与政体变化、机遇与危机交替影响盛衰的观点，具有非常重要的现实意义。

本讲参考文献

1. [英]丹尼斯·哈伊：《意大利文艺复兴的历史背景》，李玉成译，北京：生活·读书·新知三联书店，1988 年。

2. [美]坚尼·布鲁克尔：《文艺复兴时期的佛罗伦萨》，朱龙华译，北京：生活·读书·新知三联书店，1986 年。

3. [瑞士]雅各布·布克哈特：《意大利文艺复兴时期的文化》，何新译，北京：商务印书馆，1983 年。

4. Baron, Hans, *The Crisis of the Early Italian Renaissance*, Princeton: Princeton University Press, 1955.

5. Baron, Hans, "Leonardo Bruni: 'Professional Rhetorician' or 'Civic Humanist'?" *Past & Present*, No.36(1967).

6. Blanchard, W. Scott, "Petrarch and the Genealogy of Asceticism", *Journal of the History of Ideas* Vol.62, No.3(2001).

7. Bracciolini, "Flvio Biondo, and Early Quattrocento Antiquarianism", *Memoirs of the American Academy in Rome*, Vol.54(2009).

---

① [意]尼科洛·马基雅维里：《佛罗伦萨史》，第 243 页。

8. Dolman, Everett Carl, "Obligation and the Citizen-Soldier: Machavelian Virtu Versus Hobbesian Order", *Journal of Political & Military Sociology*, Vol.23, No.2(1995).

9. Fryde, Edmund, "The Beginnings of Italian Humanist Historiography: The 'New Cicero' of Leonardo Bruni", *The English Historical Review*, Vol.95, No.376(1980).

10. Gotez, Hans-Werner, "The Concept of Time in the Historiography of the Eleventh and Twelfth Centuries", from *Medieval Concepts of the Past*, edited by Gerd Althoff, Johannes Fried and Patrick J. Geary, Cambridge: Cambridge University Press, 2002.

11. Hay, Denys, *Annalists and Historians*, London: Methuen & Co. Ltd, 1977.

12. Ianziti, Gary, "Leonardo Bruni: First Modern Historian?" *Parergon*, Vol.14, No.2(1997).

13. Ianziti, Gary, "Bruni on Writing History", *Renaissance Quarterly*, Vol.51, No.2(1998).

14. Ianziti, Gary, "Leonardo Bruni, the Medici, and the Florentine Histories", *Journal of the History Ideas*, Vol.69, No.1(2008).

15. Janik, Linda Gardiner, "Lorenzo Valla: The Primacy of Rhetoric and the De-Moralization of History", *History and Theory*, Vol.12, No.4(1973).

16. Mazzocco, Angelo, "A Reconsideration of Renaissance Antiquarianism in Light of Biondo Flavio's 'Arts Antiquaria' with An Unpublished Letter From Paul Oskar Kristeller(1905-1999)", *Memoirs of the American Academy in Rome*, Vol.59/60(2014/2015).

17. Mazzocco, Angelo, "Some Philological Aspects of Biondo Flavo's 'Roma Triumphan'", *Humanistica Lovaniensia*, Vol.28(1979).

18. McCahill, Elizabeth M., "Rewriting Vergil, Rereading Rome: Maffeo

Vegio, Poggio Bracciolini, Flavio Biondo, and Early Quattrocento Antiquarianism", *Memoirs of the American Academy in Rome,* Vol.54(2009).

19. McIntosh, Donald, "The Modernity of Machiavelli", *Political Theory,* Vol.12, No.2(1984).

20. Najemy, John M., "Machiavelli and the Medici: The Lessons of Florentine History", *Renaissance Quarterly,* Vol.35, No.4(1982).

21. Phillips, Mark, "Machiavelli, Guicciardini, and the Tradition of Vernacular Historiography in Florence", *The American Historical Review,* Vol.84, No.1(1979).

22. Phillips, Mark, "Francesco Guicciardini: The Historian as Aphorist", *Annali d'Italianistica,* Vol.2(1984).

23. Philips, Mark, "Barefoot Boy Makes Good: a Study of Machiavelli's Historiography", *Speculum,* Vol.59, No.3(1984).

24. Reylonds, Betrice R., "Latin Historiography: A Survey, 1400-1600", *Studies in the Renaissance,* Vol.2(1955).

第八讲

教会和大众宗教生活

无论在何种意义上,教会都是文艺复兴史重要的一环。教会在经历了“阿维农之囚”“对立教皇”的动荡之后,面临着重振教会以及与变化了的社会相互适应的过程。在这期间教会一方面在重建辉煌,一方面又随波逐流,在普遍信仰衰落的同时,其地位和影响力却在不断提升,正是在这种情况下涌现出了著名的人文主义教皇,进入了教会和人文主义结合的黄金时代。相对于上层而言,普通民众仍然保持着对上帝的虔诚,只是在表现形式上发生了变化,本质上更加世俗化,以与文艺复兴时期的城市生活和观念合拍。

1 教廷的回归与衰落

在教会史上把 1309—1377 年称为教会的“阿维农之囚”时期,教廷离开了罗马而迁往法国的阿维农,历经七任教皇。这一结果是长期政教斗争过程中教皇一方落败的表现。法国国王腓力四世一直与教皇博尼法斯八世争夺统治权和教会财产,后者在 1296 年发布教谕剥夺了世俗君主对神职人员的权力,1303 年法国军队攻入博尼法斯八世的住所并将教皇羁押三日,导致教皇激愤而死,从此法王主导了教皇的选举。1305 年波尔多总教区主教当选为教皇,是为克莱门特五世教皇(Clement V, 1305—1314 年在位),该教皇 1309 年将教廷从罗马的梵蒂冈迁到法国阿维农,教皇事实上成为法国国王的人质,教皇的威信也大大降低。

阿维农教廷

直到 1377 年,教皇格里高利十一世(Gregory XI, 1370—1378 年在位)才在其任期的最后两年将教廷迁回到罗马的梵蒂冈,结束了“阿维农之囚”时期。但这次回迁并没有改变教皇权力虚弱和受法国控制的现实,反而导致了教会的大分裂。

格里高利十一世死后,针对教皇的选举出现了罗马贵族和法国主教的权力之争,罗马贵族操纵意大利的主教上台,称乌尔班六世(Urban VI, 1378—1379 年在位),法国籍主教对此不满,于是重新返回阿维农,并针锋相对选举日内瓦籍的主教为教皇,称克莱门特七世(Clement VII, 1378—1394 年在位),并称乌尔班六世为“伪教皇”“敌基督者”,宣布将其开除教籍,乌尔班六世同样将克莱门特七世及其追随者开出教籍,双方各自成立了自己的枢机主教团，这样就出现了两个教皇对立的局面。两位教皇分别在罗马和阿维农聚集了自己的势力，造成天主教分裂。在教皇对峙局面下，教会内部的腐化更加严重，通过出售神职、典当教产、向商人举债、兜售赎罪券等各种手段进行敛财，在百年战争期间，两位教皇各自支持不同的联盟，从而引发国际危机。分裂的教会在人们心目中的威信更加降低，引起了反抗教会的广泛斗争。

在教皇分立局面引起西欧社会动荡的时候，西欧的封建君主们开始设法消除这种局面，希望教会统一。1409 年比萨公会议召开，这次会议的主要议题之一就是要结束教皇分裂的局面，会议宣布废除在任的两位分立教皇，并把他们都开除出教籍，然后选出另外一个教皇亚历山大五世（Alexander V, 1409—1410 年在位）。但是被废除的两个教皇并没有完全失去支持，结果形成了三个教皇对峙的局面，使得原来的分裂局面更加混乱。

1414 年，德国的皇帝西吉斯孟（Sigismund, 1411—1437 年在位）会同教皇约翰二十三世（John XXIII, 1410—1415 年在位）召开了康斯坦茨宗教会议，进一步谋求结束教会的分裂局面。与会代表和枢机主教团选举产生一个新的教皇，即马丁五世（Martin V, 1417—1431 年在位），这样长达四十年的教会分裂局面宣告结束。康斯坦茨会议的成果不仅是结束了教皇分立的局面，而且为了避免当选教皇滥用权力，确立了宗教会议之权力高于教皇权力的原则，宣布该宗教会议的权力直接来自基督，会议所订立的任何决议都具有绝对的权威，上至教皇下至普通教士均要服从。通过这次宗教会议，教皇的权力受到很大的限制，也反映出教皇权威的丧失。

为了进一步限制教皇的权力，各国的君主又迫使教皇召开巴塞尔宗教会议，要求教皇进一步让出权力。当时的教皇尤金四世公开与巴塞尔会议决裂，自行召开佛罗伦萨会议，寻求与东正教教会统一，从而加强自己的权力。但是拜占庭对他的提议进行了抵制，而巴塞尔会议也决定废除尤金四世，另选教皇菲力克斯五世（Felix V, 1439—1449 年在位）。这样又出现了两个教皇对峙的局面。

尤金四世教皇利用世俗统治者之间的矛盾,通过向法国和德国让步而使巴塞尔会议失去支持,菲力克斯教皇也被迫退位,这样巴塞尔会议历经十八年以失败告终。但是这时的教皇也已经元气大伤,随着改革的浪潮而进入了文艺复兴时期。

经历了“阿维农之囚”“对立教皇”阶段的教会,尽管在罗马重新站稳了脚跟,但是时过境迁,无论在外在环境还是社会环境方面都今非昔比,教会也面临着重新塑造社会和被社会塑造的任务。据洛伦·帕特里奇的说法,1417 年选举的教皇马丁五世结束了长期的“宗教大分裂”。当马丁 1420 年重返罗马时,发现罗马满目疮痍,百废待兴:“他发现罗马几乎完全被摧毁”……1425 年的官方文件中,马丁五世进一步描述道:“在台伯河流域,罗马的许多居民……都将动物内脏、肠胃、头颅、脚、血和皮,连同腐肉、臭鱼、垃圾、粪便和其他的腐烂恶臭的尸体一起扔到大街上去……他们粗鲁且不敬神灵地侵占、毁坏街道、巷子、广场以及公共和私人场所,不论这些是教会所有还是异教所有,甚至将其据为己有。”罗马这种衰败的形象与教廷至高无上的地位形成强烈的反差,因此重建辉煌的罗马,让其与教皇和教廷的尊荣相匹配,是教会所面临的重要任务之一。

重建罗马是通过历代教皇的努力而完成的,其中包括重建要塞、恢复教堂、疏通水道、用大理石铺设街道以及对各种建筑进行装饰,等等。在教会看来,这种重建罗马的工作不仅仅是改造罗马物理性的外观,而且也是重振信仰的基础。正如洛伦·帕特里奇所描述的,直到 1455 年,尼古拉五世(Nicholas V, 1447—1455 年在位)在他对红衣主教的临终遗言中才第一次得以阐明,那就是:“为了在整个的基督教地区加强圣座的权力。”因为“伟大的建筑,是永恒的遗迹和历史见证,它们表面上看起来很像是由上帝之手创作的”。通过这种方式证明“罗马教会的权威是伟大的,也是至高无上的”。同时,因为那些未接受过教育的人的宗教信仰“是建立在一个相当薄弱的根基之上的”,除非“被特定的非比寻常的景物所感动”,他们才有可能发现“这些伟大的建筑物逐渐坚定了他们的信仰,并且每天都在得到进一步的巩固”。而尼古拉五世的理想是将罗马改造成为“圣都”耶路撒冷的形象,到处都是“表面上看起来很像是由上帝之手创作的伟大建筑”。因此,重建的罗马不仅体现着教皇的能力,也在一定程度上支撑着其信仰的大厦。也正是对罗马的大规模建造、改造和装饰,使得许多艺术家有了用武之地,他们的建筑、绘画和雕塑才能得到极大的激发,新的艺术技巧和艺术形式不断涌现。同时,一个成为文化艺术中心的罗马城又会吸引意大利甚至欧洲其他地方的伟大学者和艺术家向罗马汇聚,成为人人向往的朝圣之地。

基督教会所面临的另一个重要任务是如何改变自身适应已经变化了的社会。基督教会本质上并不是一个出世的机构,纯粹以宣扬精神拯救为已任,以冥想和祈祷为全部生活内容,而是一个具有强烈入世色彩的信仰机构,他们拥有巨大财富,有干预信徒的司法机关,也有干涉世俗政治的能力,他们通过信仰和法律引导着世俗民众的行为。正如坚尼·布鲁克尔所说,“教会既是时时不停地,也是在上下各层地触及每一个佛罗伦萨人的生活。它的最突出的特点就是它的普遍性和无处不在”。教会的生命力就在于不断改造社会并同时与社会的价值观进行妥协,从而将触角牢牢深入社会之中。坚尼·布鲁克尔说:“从历史上看,意大利的教会在其努力摆脱俗务干扰的斗争中成就不大。在试图把它的宗教准则强加于中世纪意大利骚扰不宁的农业社会之后,它现在面临的却是城市社会的很不相同的需要与利益。”回归后的基督教会同样面临这样的任务,既要巩固自身又要迎合社会,但是此时的意大利经济结构、政治环境和人们崇尚的价值观已经发生了巨大的变化,如果教会不主动跟上时代的步伐,很可能就会被社会所抛弃。在适应文艺复兴价值观的过程中,教会的转型是一把双刃剑,一方面其尽力与世俗价值观趋同以赢得民心,另一方面也不可避免地导致信仰的衰落,招致多方的批评,教会陷入一种难解的矛盾之中。

随着商业气氛的不断浓厚,社会对财富有了不同的认识。教会也不再固守赤贫的理念以及积攒财富是罪的观念,开始宣扬有节制地享受繁荣的好处,也附和人文主义者的主张,承认工商业有利于公众幸福。教会在观念上放松了对财富的限制，而且教会人士也随波逐流，开始追逐财富。有些教士为了能够多赚点钱而身兼数职，有的则到俗界兼职，富裕地区的教职竞争激烈，而贫困地区的教职则无人问津。

教会出现的追逐财富的现象，尽管和文艺复兴时期所崇尚的社会潮流相一致，却与教会的身份以及人们长期对教会的期许不符，遭到人们的批评和负面评价不可避免。

荷兰的伊拉斯谟创作的《尤里乌斯的驱逐》木版画中描述尤里乌斯教皇和圣彼得在通往天堂之门旁相遇，尤里乌斯向圣彼得自我夸耀自己的功绩，说自己兢兢业业积攒财富，将博洛尼亚城重新建成罗马主教辖区，解决了教会的分裂，赶走了入侵意大利的法国人，修建了无数的建筑。在做了这么多伟大的事情之后，临终时还留下了五百万达克特的金钱。对此，圣彼得回应说："疯子啊……我所听到的不是一个教会，而是整个世界的首领啊！这简直比异教徒更让人生厌……请告诉我。谁是那个最先将您的所有装饰加之于这所教堂的人？要知道，基督本该是……没有任何负担和累赘的啊！"这个故事说明，文艺复兴时期教会所引以为自豪的行为，在圣彼得看来却远远偏离了信仰的轨道。

在追逐财富的同时，教会的信仰却在不断衰落，这表现在许多方面。首先，对立教皇时期由于教皇的权威受到枢机主教的钳制，所以教皇为了树立自己的权威、摆脱这种不利的局面而任人唯亲，买卖圣职，而枢机主教们为了主张自己的权力也飞扬跋扈，内部的不团结造成教会体制的腐败。洛伦·帕特里奇说："文艺复兴时期的教会不仅是世俗的，它同时也是腐败的。教皇通常任命他们的亲属为高级官员，全然不顾有无功勋（任人唯亲作风）；同时，又将王朝封赏的家族领土脱离出教会的领地（让渡土地）。牧师们则很少受到良好的教育，玩忽职守，疏于管理。职位的买卖成为寻常之事（买卖圣职罪）；仅仅一个教会职员就可以从许多其他职位中获得额外收入（兼职），而实际上没有履行任何职责（故意旷职）。一个自认为高人一等、具有优越感的教会根本不理会对欧洲普遍认同的虔诚的诋毁和践踏；给个好价钱，任何罪行都可以得到赦免——只要出钱购买被相信能够减轻炼狱惩罚的免罪的恩惠。”加林也评论说：“从雅各布·布克哈特或者费迪南德·格雷戈罗维乌斯的著作中，可以很容易地读到那段时期整个教会上层普遍存在的暴力、骄奢淫逸、贪婪和腐败的生动描述，教会的利益都为亲朋好友和愿出高价的人所捞去，而红衣主教们只忙着为自己的君主和家族谋取私利、瓜分职务上的肥缺以及城市、城堡、教区、修道院、教会内部和驻外使节的位置。罗马不仅是个‘贼窝’，它在各式各样的流氓统治之下，已变成了一个真正的‘屠宰场’。”圭恰迪尼在他的名著《意大利史》中，描绘了教皇们回到罗马以后一段时期的情况：“他们颂扬尘世的权力，慢慢地忘记了灵魂的健康和神圣的教规，他们的所有心思都关注着尘世的豪华，如若不是因为世俗的文书和行政上的需要，他们已不再是精神的权威，他们已更像世俗君主，而不像教皇了。他们已不再关心生命的神圣，不再为宗教祈祷，对人不再表现出虔诚和爱，而他们关心的是军队和同天主教徒进行的战争，他们带着带血的手和肮脏的思想做祭献弥撒，他们积累财富，并通过制定新法律、新的技巧和新的圈套来敛财，为达此目的不惜使用精神武器，不知羞耻地出卖神圣的和世俗的东西，他们的家里和宫廷里的财富增加以后，便讲排场，败坏风气，追求色欲和其他可恶的嗜好。不再关心他们的继承人，不再想教皇永恒的尊严，而是怀着瘟疫般的野心，不仅渴望着毫无节制的财富，而且还渴望着君主国和王国，要为他们的儿子、侄子和亲戚谋利益。他们不再把重要的职位分配给有功劳和德行的人，而是几乎总是高价出卖，或是给那些怀着野心、贪婪和贪图享乐的人。由于他们的所作所为，教皇的尊严已在人们的心中消失殆尽，他们之所以还能部分地在名义上维持下去，是由于宗教仍然强大和有效，以及他们还有对大国君主、对周围强有力的人有授予职务和神职人员特权的能力。因此……刺激他们的贪婪，把他们的亲属提高到君主的地位，长期以来常常是在意大利诱发战争和新的动乱的原因。”①

① 转引自[意]欧金尼奥·加林主编：《文艺复兴时期的人》，第93—94页。

其次，上层的腐败必然导致下层教士素质的下降和纪律的松弛，教士和修道士也在生活上放纵，道德上败坏，成为人文主义者集中攻击的靶子。坚尼·布鲁克尔说，在这些微小而又资源匮缺的修道院中，破坏清规和纪律松弛的现象最易发生。它们正是那些惊人的伤风败俗案件发生之处，而这些东西往往引起俗人病态的好奇。在这些住院人员很少的修道院中，一个风流的教士可以破其清规而仍然逍遥法外，特别是当他——或她——处于当权地位之时。女修士们特别容易受到乱搞男女关系的指责，这是世俗批评家最痛恨的罪恶，罪证也是最显眼的。《新编剑桥世界近代史》文艺复兴卷评论说，全国各地拥有大批资产的修道院和教士团组织到处林立。而这些组织的成员大都不是教士，而清一色地来自贵族世家(他们被称为上帝的贵族)，他们除了没有结婚这一点以外，和他们的那些专事武斗和沉湎狩猎的兄长们毫无二致。教士中间有如此众多的没有基督教信念的人物混进其中，要能够有一个有秩序的、和平的基督教社会是不可能的。没有成立什么神学院。只有追求教士薪俸和修士身份的小执事才去上大学。教士中很少有人在神学、布道或礼拜方面受过训练。没有一个主教着手解决教士教育这个根本问题。

教会的种种乱象引发了对教会进行改革的呼声。马基雅维里认为教皇国在意大利的存在反而使得半岛居民“不信教和不道德”；圭恰迪尼则希望教皇国崩溃，伊拉斯谟则谴责枢机主教们一味迷恋财富，忘记了自己仅仅是精神财产的管理者。

应该说，重新返回意大利的教廷希望通过调和主义适应已经变化了的社会现实，这种调和迎合了世俗化的价值观，但是又不可避免地动摇了自己作为信仰权威的基础，这似乎是个难以排解的悖论，固守传统的信仰价值观可能会因为与社会不相容遭到社会的抛弃，同样随波逐流追随新的价值观，也因为损害了作为信仰权威的形象而遭到社会的诟病。正如《新编剑桥世界近代史》文艺复兴卷所评论的：“文艺复兴的光芒是如此地炫目夺人，使教皇对其他理想全都视而不见，把罗马教廷领入了一个世俗的荣誉和艺术的光辉使宗教信仰黯然失色的发展过程。即便像君士坦丁堡为土耳其人所占领(1453年)那样轰动的事件,既未能燃起基督教世界早已冷淡下去的热情,也没有使罗马教廷有效地改变那种专心致志于尘世的尊荣,甚或更加卑鄙地一味追求扩大家族势力的情况。"这说明,在文艺复兴的浪潮中教会已经无法为自己原有的中心地位找到立足之处,也无法再发挥其应有的主导作用。

2 人文主义教皇

历史往往充满着矛盾,尽管教会的世俗化从信仰的角度给教会形象带来了一定贬损,也招致人文主义者的批评,但是,教会的调和主义却使他们逐渐与人文主义合流,客观上成了助推人文主义发展的力量,改善了教皇和教会的形象,两者结合的顶峰便是出现了所谓的人文主义教皇。"人文主义教皇"这一名词就代表着一种奇怪的组合,模糊了我们对人文主义和宗教关系的一般认识。它一方面表现为教皇及教会机构本身具有了浓厚的人文主义色彩,另一方面也表明人文主义者也并非站在教皇的对立面,而是环绕在教皇的周围,成为为教皇服务并得到后者资助的团体。

一般而言,学术界把尼古拉五世、庇护二世(Pius II, 1458—1464年在位)和利奥十世视为人文主义教皇的典型代表,他们生活和任职的年代大致涵盖从15世纪中叶至16世纪中叶这段时期。这几位教皇尽管出身各异,性格各不相同,在教会职位上的表现也不尽一致,但是作为人文主义教皇,他们还是表现出许多共同点。关于这些人文主义教皇,《基督教百科全书》(*The Catholic Encyclopedia*)中都或详或略地列有他们的小传,其中对他们的生活经历和事迹有比较生动的描述,我们可以依此为蓝本对这几位教皇进行归纳叙述。

首先,这几位文艺复兴教皇基本上都接受了正规的大学教育,并在不同程度上受到人文主义教育的熏陶。他们无论是担任教皇前还是教皇后,都与人文主义者或人文主义团体交往甚密,甚至自己最初就是公认的人文主义者。尼古拉五世出身于一个普通家庭,年轻的时候父亲就去世了,他也因这一变故而中断了博洛尼亚大学的学业,在佛罗伦萨担任了当地的著名家族斯特罗齐家族和阿尔比齐家族的家庭教师,正是在这里,他结识了一些当时著名的人文主义学者。1419 年他又重返博洛尼亚学习,并于 1422 年获得了神学硕士学位。他因学识超群而获得主教尼克洛·阿尔伯加蒂(Niccolo Albergati, 1375—1443)的赏识,后者将其送往德国、法国和英格兰游学以进一步增长学识,这为他 1447 年成为人文主义教皇打下了基础。

庇护二世则在十八岁的时候就进入了锡耶纳大学,在这里他勤奋学习,但也追随社会的潮流追求感官享受。毕业后在锡耶纳担任教师,后来他在佛罗伦萨花了两年时间研究古典作品和诗歌,打下了良好的古典学的基础。后来在锡耶纳花了一定时间去研究法学。当时的费尔莫主教卡普拉尼卡(Domenico Capranica, 1400—1458)慕名邀请他作为秘书陪同参加巴塞尔会议,他站到反对尤金四世教皇的一方。但是他性格多变,并没有从一而终,而是很快离开了主教卡普拉尼卡而服务于报酬更高的其他主教。在巴塞尔期间,他与一小群崇拜古典文化并过着放荡生活的朋友交往,自由地放纵自己的激情,在这期间他有了两个私生子。因此,在人们的评价中,在担任教皇之前,他同一般的人文主义者无异,才华横溢、留恋世俗、放荡不羁,有很高的文学造诣。他的才能曾引起了皇帝腓特烈三世(Friedrich III, 1440—1493 年在位)的注意,后者授予他帝国诗人的桂冠,并授予他为自己服务的职位。庇护二世不仅追求人文学的教育,而且自己创作作品,他的作品颇受欢迎,尤其是爱情诗。同时他撰写过一些剧本以及历史著作,如有关亚洲和欧洲的地理和人种志著作,《波西米亚史》《哥特人史》以及《名人传记》。此外,他还写过《皇帝腓特烈三世传》等。

利奥十世则出身于著名的美第奇家族,是豪华者洛伦佐的第二个儿子。他所受的教育和进入教会是家族特意安排的结果。1482 年在七岁的时候他便在父亲的安排下接受了削发式,1483 年刚满八岁就成为法国主教区一所修道院的院长,此后又主持了两个其他的修道院。由于其父亲洛伦佐不断对教会施加压力,1489 年他十三岁的时候,教皇任命这个还是孩子的利奥当上了红衣主教,只是由于年龄不符合规定,所以约定三年后再佩戴徽章和行使权力。与此同时,他接受了许多杰出人文主义者和学者的教育,包括安吉洛·波里齐亚诺(Angelo Poliziano, 1454—1494)、马西里奥·费奇诺等。从 1489 年到 1491 年利奥在比萨研究神学和教会法。1492 年他被授予了红衣主教的徽章。1513 年利奥当选为教皇,年仅三十八岁。

从这几个教皇的经历可以看出,他们在成为教皇之前基本上都接受或接触过人文主义教育,并结交了当时著名的人文主义者,师生之谊或同窗之谊使他们对人文主义者有着天然的亲近感,而且在思想上也深受人文主义的熏陶。

其次,他们的兴趣爱好也基本上同当时的著名人文主义者一样,其中最典型的是他们也大都着迷于搜集典籍。搜集典籍的活动既是人文主义的表现也是人文主义发展的基础。在这方面,教皇尼古拉五世和利奥十世都表现得非常突出。尼古拉五世在为主教阿尔伯加蒂服务期间,就沉湎于搜集书籍。和许多藏书家不同,他既熟悉所搜集书籍的内容同时也了解其装帧和价值,他在所收集的书籍中用漂亮的字体写上旁注,因此他拥有百科全书般的知识。在陪同阿尔伯加蒂担任教皇使节前往法国等地的时候,他总是留意稀缺和漂亮的书籍。他在梵蒂冈设立了庞大的机构翻译古典书籍,目的是让人们都熟悉这些名著的内容。他介绍了希罗多

尼古拉五世教皇

德和修昔底德的历史著作，并让人们了解了色诺芬和波利比乌斯。在担任教皇期间，他最光荣的事情是创建了梵蒂冈图书馆。作为教皇，他有比任何世俗统治者都有利的机会去收集各种图书，他派出人员到处寻找图书，几乎搜遍了当时欧洲的每一所修道院和宫廷。如果不是他这样热心地收集图书，可能许多杰作都被蛀虫毁坏或者被付之炉火。通过不断努力，尼古拉收集了大约五千卷的图书。沃伊格特（Voigt）说："他的最大乐趣是在图书馆里闲逛，整理整理图书，浏览一下书页，欣赏漂亮的装帧，自得其乐地看着他在那些奉献给他的书上所盖的纹章，并想到了未来的学者对他们的恩人的感激之情。因此，他被描绘的形象是正在梵蒂冈图书馆的一个大厅里，整理他的书籍。"

同尼古拉一样，利奥教皇也鼓励搜集各种手稿和书籍。他恢复了自己的家族图书馆，该图书馆在1494年被佛罗伦萨人卖给了圣马可的僧侣。他将图书馆搬到了罗马，并按照梵蒂冈图书馆的规定进行管理。他效仿尼古拉五世，想尽办法增加梵蒂冈图书馆的馆藏。为此他向各个方向都派出了使者，甚至派人深入斯堪的纳维亚半岛以及东方去搜寻，能获得原本就获得原本，如果不能就借用制作副本。他们这种热爱古籍、搜集古籍的行为与人文主义者别无二致，他们的努力不仅让梵蒂冈成为一座古籍的宝库，而且也为文艺复兴的新文化运动提供了重要的资料基础和动力。

当然，他们被称为人文主义教皇，不仅仅是因为他们在兴趣和行为上类似于人文主义者，更重要的是，他们以教皇身份对人文主义学者、艺术家等的广泛任用，以及他们对人文主义者的慷慨赞助和资助。

尼古拉五世一改其前任对人文主义者的怀疑态度，热情欢迎人文主义者前来梵蒂冈，甚至不计较这些人所谓的道德缺陷和不符合基督教思想的观点。尽管尤金教皇称波吉奥（Poggio Bracciolini, 1380—1459）为伪君子，但他还是接受了后者奉献的作品；瓦拉论证了教会文件"君士坦丁的赠礼"为赝品，令教会形象受损，但他还是将瓦拉任命为教会公证人。他慷慨地对待当时值得尊敬的学者们，毫不吝啬地对他们的成就进行赏赐，如果有人谦虚地对他的赏赐进行推辞,他就会说:“不要拒绝,在你们中间不会永远有一个尼古拉。”丹尼斯·哈伊论述说:“在教皇(尼古拉五世)秘书厅里工作的人数成倍增长,而且新增加的大多是学者。教皇赞助他们把重要的希腊文著作翻译成拉丁文。这吸引了不少文艺界名人来到罗马。此外他还热心于收藏书籍,并在城里修建了一些宏伟的建筑。”

尼古拉五世在修建罗马方面的功劳绝不是“一些宏伟的建筑”,而是奠定了未来罗马城发展的基础以及未来发展的方向。伯勒斯(Charles Burroughs)评论说:“教皇尼古拉五世,作为人文主义和建筑的赞助者和支持者,为文艺复兴时期及以后再建罗马城市格局的漫长过程,提供了关键的动力和方向。然而,尼古拉作为建筑赞助者的名声和影响,绝不是靠已经完成或开始动工的建筑,而是齐亚诺佐·曼内蒂著名教皇传中对他的赞美。这部在尼古拉死后不久创作的作品,描绘了他的大兴土木,是一种以城市整体复兴为目标而进行建设和复原的连贯一致的建设规划,特别指向梵蒂冈宫殿和宗教设施的发展和扩建。”

利奥十世对人文主义文化非常热心,竭尽全力满足艺术家、文学家和俗人的愿望,他把教皇的宫廷看成了娱乐的中心,在当选时他评论说:“上帝把教皇职位给了我们,我们就享受它吧。”他对戏剧、艺术、诗歌非常热爱,热衷于满足口腹之欲,喜欢举办宴会和花费巨大的娱乐,伴随着狂欢和寻欢作乐。他几乎每年都要大规模地举行这些活动。他把许多优秀的音乐家吸引到宫廷里来。也喜欢欣赏那些小丑的荒谬的笑话。轻松的谈话和好胃口都使他非常开心。他也不错过露天表演、斗牛等。

他性情慷慨,从不拒绝照顾自己的亲戚或者普通的佛罗伦萨同胞,他们蜂拥前来并占据了所有的官方位置。讲究裙带关系似乎是当时教会一种普遍的风气,希拉里(Richard B. Hilary)说:“教皇裙带关系是文艺复兴教会最一致的明显因素之一,利用裙带关系授予圣职以巩固对教会机构的可靠控制,以及发布和执行政策,这种权宜之计是每位教皇都认可和接受的。”利奥这样,庇护二世也是这样,“庇护二世极力通过给具有战略地位的世俗统治者盟友推荐的人授予圣职,而重申友谊、奖励忠诚,并确保政治支持”。同时,对其他请求者、艺术家和诗人利奥也从不吝啬。他在慈善事业,修道院、医院、解雇的士兵、穷学生、朝圣者、流放者、瘸子、瞎子和病人身上都非常慷慨,其前任尤利乌斯二世(Julius Ⅱ, 1503—1513 年在位)留下的巨大宝库在不到两年的时间里就花得差不多了。

利奥对文学、科学和艺术都极力推广,在他的治下罗马成为名副其实的文学中心。1515 年一位红衣主教在给伊拉斯谟的信中说:文人们从各个地方出发,正匆匆赶往永恒之城。他不仅向真正的诗人和学者,而且经常向普通诗人和小丑慷慨地赠送礼物、恩惠、职位和头衔。利奥本人也具有高度的修养,对任何美的东西都容易动感情,是优秀的演说家和聪明的作家。具有良好的记忆力和判断能力,行为举止高贵和庄严。即使对他不友好的人也都承认,他对宗教非常虔诚而且严格履行宗教职责。

利奥鼓励艺术,尤其鼓励绘画。许多艺术家因此而受益。其中最典型的是拉斐尔,可以说,拉斐尔的成就离不开利奥。在利奥担任教皇期间,拉斐尔获得极高的尊重,教皇几乎把所有与艺术有关的事情都交给了拉斐尔。他对艺术家米开朗琪罗也非常看重,委托米开朗琪罗建造美第奇家族陵墓,这一艺术杰作成为西方艺术的永恒丰碑。另一方面,教皇特别关注和鼓励次要艺术,例如装饰雕刻,并进一步推动工艺的发展。

利奥十世同样喜欢修建罗马,追求宏大壮丽的效果。克鲁瑟(Jeremy Kruse)描述说:“在许多方面,利奥继续前辈们长期接受的追求宏大的政策:他重新开始了希克图斯四世(Sixtus IV, 1471—1484 年在位)的拓宽和改善街道的工程;他继续建造圣彼得教堂;他实施了梵蒂冈宫殿的工程并用绘画、挂毯和昂贵的家具进行装饰;他赞助罗马的嘉年华,并举办了盛大的表演和戏剧演出。”

利奥十世时代是欧洲宗教改革的前夜,但是利奥十世一点也没有意识到,依然我行我素,挥霍无度。同时利用外交手腕,扩张教皇国,并拒绝一切改革。他与法国国王的斗争失败,签署了《博洛尼亚协议》,规定法国的教士由国王任命,教皇批准,教会的大部分财产归法王。同时利奥十世因为在德国出售赎罪券,导致了马丁·路德的宗教改革,1520年利奥宣布把路德开除教籍。1521年利奥去世,但他到死也没有意识到马丁·路德改革的严重性。

从正统教会的观点来评价利奥的所作所为,人们认为这是教会的不幸,有人评论说:“总体而言,教会的首领热衷于戏剧、音乐、狩猎和胡闹,而不是将精力用于其信众的需要并为他们的不幸而哀伤,是对教会的伤害。”也有人说:“利奥十世在很大程度上应该受到谴责,因为人们对教皇的正直和功绩,对教皇的道德和再生能力,甚至对教皇的良好意图的信仰,已经堕落到如此地步,以至于人们可以宣称教会古老的真正精神已经灭绝了。”

但是站在人文主义的角度,利奥时期却是一个真正的黄金时代。加林说,教皇利奥十世于1521年10月去世时,留下来大量债务(为了用钱,把耶稣像都卖了——帕斯奎诺师傅映射说)。但他也赢得了声誉和焦维奥对他的颂扬,说他以自己支持文艺复兴事业的慷慨大方的行为“创造了黄金时代”。《新编剑桥世界近代史》文艺复兴卷评价说:“教皇利奥十世与他的前任迥然不同,而且,附带说一下,也不喜欢他的前任。他的思想极为高雅而富于修养,他是人文主义者、学者和艺术家的保护人,在他身上不再存在任何中世纪的残余,相反,他就是文艺复兴的化身。他的教皇任期预示着一个容忍和宽容的新纪元的到来。”

人们自然会有这样的疑问,为什么封建教会的总代表教皇会助力文艺复兴文化并热情赞助人文主义者?要理解这个问题,一方面我们不能把教会排除在文艺复兴时期的社会之外,而要将它们本身也视为文艺复兴社会的重要组成部分;另一方面,我们也不能把人文主义者看成摆脱宗教影响并与体制格格不入的分裂团体,他们其实也生活在当时宗教氛围浓厚的政治体制之下。

就前者而言,此时罗马教会上层的人员组成已经发生了极大的变化,红衣主教甚至教皇大都不是从原来虔诚的修炼中而被选拔出来的,而更多的是出身王公贵族,或者是银行家和大商人家族,家族势力和政治权势决定了他们的地位,教皇同家族的富贵和政治野心有着密切的关联。加林在谈到利奥十世时说:“美第奇家族的人登上教皇宝座之后,使早已存在的教廷同佛罗伦萨银行界的密切关系合法化,佛罗伦萨银行向罗马宫廷提供了大量贷款和金融服务,并且协助办理世俗的和教会的税收。”在谈到红衣主教们时,加林说:“他们拥有财富和权力,具有与自己社会和政治地位相称的崇高身份,具有加强和保护自己家族‘特殊’要求的力量,而且在教会的最高层能作为个人和私人利益的代表,红衣主教团作为教会的组成部分,在一定程度上受教皇委托并对教皇负责。”其次,正如我们前面讲到人文主义教皇的经历中所阐明的,这些教会的高层人士的教育方式已经发生了改变,他们大都接受了正规的人文主义教育,对人文主义学术有着浓厚的兴趣。他们当上教皇也不可能改变自己对人文主义知识的态度,教皇职位反而为他们进一步追求人文主义理想,赞助人文主义者及其活动提供了有利的条件和物质基础。

就后者而言,人文主义者具有可用性。人文主义者可以充任教皇的秘书、顾问、外交使节等。人文主义者多才多艺,有不少精通政治权术,法律和修辞,可以在政治外交方面为教皇所用。丹尼斯·哈伊总结说:“只有人文主义者才被认为具有秘书官职位所需要的那种知识和能力。”正因如此,“与纯粹的政客相比,起用具有专门知识的人文主义者当官吏,对统治者来说产生了更大的吸引力。无论是佛罗伦萨还是别的地方,人文主义者在社会上和君主们的宫廷里都占有重要的地位”。人文主义者中有许多是优秀的艺术家、建筑师、文学家,可以满足教皇奢侈的物质生活和风雅的精神文化生活的需要,同时招徕更多的人文主义者可以扩大教皇在意大利的影响。反过来,教皇所提供的职位和赞助对人文主义者也有足够的吸引力,人文主义者为教皇服务不仅可以得到丰厚的酬金,还可能获得世俗君主不能给予的东西:高级教职和俸禄。这对于职业的学者是很有诱惑力的。丹尼斯·哈伊说:“如像过去一样,不少从事研究古典著作的人,把他们在教廷里担任秘书或是别的什么工作当做他们晋升的阶梯。”同时,正是教会对艺术品的大量消费给艺术发展提供了动力,加林说:“文艺复兴时期罗马的辉煌,成为数十年间杰出的艺术家们荟萃的中心,如果没有教会的大量订货和教皇与红衣主教们用之不竭的消费,是不可想象的,因为这些都是最重要的社会前提之一。”

普通民众的宗教生活

尽管文艺复兴时期人文主义者对教会进行了许多的批评,但是这种批评并没有太多地影响普通民众的宗教生活和对宗教的热情。在文艺复兴时期,除了圣职人员的宗教活动之外,普通民众对宗教活动仍然热情不减,他们不仅会参加教会组织的各种正式的宗教活动,而且还有俗人自发组织的带有宗教色彩的活动。和正式的宗教活动相比,这种俗人的宗教活动更加贴近民众的情感,同日常生活密切结合在一起,有时候很难分清是表达宗教虔诚的活动,还是普通的日常生活。从形式上来区分,民众自发的宗教活动可以分为以城市为中心的活动和以团体为中心的活动。

就以城市为中心的宗教活动而言,其最典型的就是各种庆典、游行活动。关于这种活动形式,布克哈特有所关注,他说:“我们特别要多谈的是意大利人民生活当中的较高级的节日庆典,在这种庆典上,它的宗教的、道德的和诗意的理想都采取了具体可见的形式。意大利节日庆典以它们的最优美的形式标志着从现实生活向艺术世界过渡的起点。”

这种全城性的活动最普遍的是圣徒崇拜和游行。圣徒崇拜并不是文艺复兴时期才有的现象,其实一直存在,或为了治愈疾病或为了避免灾难。黑死病时期,人们在绝望之余更加崇拜圣徒和祈祷圣徒的救助。文艺复兴时期继续延续着圣徒崇拜的传统,当时每个城市甚至每个团体都有自己的保护圣徒,并围绕这些圣徒举办各种各样的活动。

为了了解圣徒崇拜,首先我们要了解一下什么是圣徒。从定义上来说,所谓圣徒就是罗马教廷所认定的基督教徒，也就是说，圣徒不是自动在民间形成的，需要教会官方机构的敕封。圣徒的存在和基督教的赎罪观念有密切联系。根据基督教的教义，在一个人相信耶稣后，他所有在以前所犯的罪都得到赦免，深得恩典经由圣礼而达到信徒身上。所以，相信的人必须要接受洗礼，洗礼可以正式将以前的罪洗净。但是，信徒接受洗礼入教后不可避免还要犯罪，受洗以后犯的罪也必须要继续兑付。信徒当然可以用本身的功德来抵消所犯的罪。如果一个信徒自身的功德超过他的罪过，那是注定要上天堂的，而且本身也具备了成为圣徒的素质。反过来，如果功德不及所犯的罪过，就得到炼狱中去受煎熬，直到炼净所有的罪。当教廷认定一个信徒可能是圣徒时，就要观察，看生病的人是否有人向他祈求而得到医治。如果有两次这样的情形，就正式宣布他是圣徒。圣徒有多余的功德，可以"借给"别的人用。所以其他的信徒可以向圣徒祈祷，求施舍功德。一般认为，在所有圣徒中，功德最多的是圣母玛利亚，所以，很多天主教徒都要向玛利亚祷告。

得到敕封的圣徒一般都有固定的纪念日，也有特定的象征纪念物。各个城市和各种团体一般都奉一个或几个圣徒为保护圣徒，这些圣徒在各种宗教活动中成为人们崇拜的对象。在城市保护圣徒固定的纪念日，自然要举行全城的纪念活动；在迎接城市贵宾的时候，也会组织以圣徒为中心的欢迎活动，在战争来临的时候为了鼓舞士气，也会举行崇奉和乞求圣徒的活动。

在城市保护圣徒的纪念日，往往会组织大型的仪式庆典，形式表现为市民队伍的游行。一般情况下，公民参加纪念圣徒的节日是一种责任，是公民义务的一部分。当时，作为城市和某位保护圣徒的联系，都会保有一件或数件圣徒的遗物。在进行保护圣徒的庆典活动时，就在大街上巡展这些遗物，以表达对保护圣徒的敬意。如果圣徒的遗物存放在教堂里，则人们可以从教堂出发，巡展完圣徒的遗物后再回到教堂。或者市民们从城市的一个城门开始，围绕城镇进行游行，最后到达存放圣徒遗物的教堂。这样的庆典活动既是民众的宗教活动,也是城市居民的节日,宗教的严肃和市民的狂欢结合在一起。圣徒庆典活动并不是一场闹剧,而是有着严格的组织形式。游行队伍会分成很多团体,既有士兵、行会,也有政府和教会,每个团体都有严格的组织和等级形式。庆典活动并不是单一地崇拜圣徒,而是有丰富多彩的城市活动,包括每个团体都会展示自己的横幅、旗帜和服装,大街上也会表演各种各样的戏剧,其中有哑剧也有朗诵场景,圣徒崇拜活动会演化成表达城市精神和政治宣传的活动。

城市的圣徒庆典活动并不仅仅是在圣徒的纪念日才进行,也可以在城市任何重大事件发生时举行。尤其是君主和其他皇室成员正式访问城市或城镇时,城市通常会举行大型仪式,举办豪华的宴会和招待会,表示对来访者的欢迎。在这样隆重的欢迎场合,自然免不了类似圣徒纪念日那样的公开游行活动。这种活动有时被称为“胜利入场式”。这是模仿古罗马时代盛行的凯旋仪式。在古罗马时期,罗马皇帝或其他军事将领在战争得胜归来时,往往有凯旋的仪式,士兵和战利品依次从凯旋门进入。在文艺复兴时期,这种“胜利入场式”也会准备临时的凯旋门,即用木头和石膏制成的两到三层的临时建筑,以古典风格绘制,上面有象征性的文字、盔甲、寓言场景和肖像徽章。同时还会搭建其他临时的建筑,如平台和舞台,供演员和音乐家使用。游行队伍通常从一个城市的大门开始,在那里市民们欢迎受尊敬的来访者。沿途有许多娱乐活动以及娱乐设施,包括机械巨人或动物,达·芬奇就在1507年为法国国王进入米兰而制作了狮子机器人。各种挂毯和横幅从窗户和阳台上飘出,烘托出节日般的气氛,明亮的烟花照亮夜空。庆祝活动一般在大教堂结束,主教或其他教会官员带领人群进行虔诚的祈祷。

布莱克本(Bonnie J. Blackburn)在文章中记述了一些威尼斯人来到罗马,在日记中记述了所见到的热闹场景:1519年罗马嘉年华,由于狩猎、戏剧和其他欢庆活动,罗马非常喜庆和活跃,嘉年华是市政部门所组织,得到了教皇的首肯。嘉年华期间,有许多竞赛,包括老年人竞赛、青年人竞赛、犹太人竞赛甚至驴子、水牛竞赛以及赛马等;在圣母升天节,每个商业行会都准备了花车，根据罗马的区域组织花车游行，基督的像被抬上花车。

席德尔（Sandera Sider）认为，这种庆典活动并不是单纯的宗教活动，但是宗教元素在其中起很大的作用。正是以崇拜保护圣徒为主线，将宗教教谕、政治宣传、城市精神和节日娱乐有机结合为一体。

就团体活动而言，比较典型的是遍布各地城市、村庄和教区的俗人兄弟会，或者说共济会。对此，特普斯特拉（Nicholas Terpstra）在其著作《文艺复兴时期博洛尼亚的俗人兄弟会和市民宗教》（*Lay confraternities and civic religion in Renaissance Bologna*）以及布莱克（Christpher F. Black）在其《16世纪意大利的兄弟会》（*Italian Confraternities in the Sixteenth Century*）中有非常详细的描绘。它们之所以被称作兄弟会，是因为它们以亲属关系的模式组织信徒们虔诚和慈善的生活。它们的规模从几十人到几百人不等，几乎在每个城市和乡村地区都很活跃。在一些城市里，大约有百分之二十的人属于兄弟会，在有些农村地区甚至有百分之七十的人口属于兄弟会。兄弟会的快速增长和瘟疫有关。15世纪早期开始在各地爆炸式增长，并一直持续到16世纪。每个人可以根据自己的需要或偏好属于一个或多个群体。要想加入兄弟会，必须有良好的声誉，其次要付入场费，并没有任何固定的规定。有些兄弟会从社会精英中招募成员，收取大量入场费，其他的则更具包容性。除了入场费，共济会通常每月向成员收取费用。大多数社会地位低下的人无法接触到兄弟会，但也有大量的兄弟会在社会各个阶层中招募成员。此外，作为慈善和宗教组织，兄弟会经常在章程中规定，行政人员可以免除生活贫困的候选人的入场费。收集到的钱被用于购买蜡烛、年度宴会的食物，给穷人的施舍以及支付给主持博爱的神职人员的工资。兄弟会还购买祈祷书，用精致的祈祷桌和雕像装饰教堂。曾经是兄弟会成员的兄弟姐妹们必须参加弥撒，参加游行，出席成员的葬礼，为死者的灵魂祈祷，参加一年一度的兄弟会盛宴。每年的最高潮是守护神的庆典。兄弟姐妹们手持蜡烛，列队游行，一起参加弥撒，然后聚集在一起参加一年一度的宴会。

这些团体提倡宗教生活，但独立于教会，并为那些不愿遵守严格的修道生活的教会成员提供另一种服务形式。这些兄弟会的成员通常是富有的公民，在社会上有很高的地位，他们通过捐款和诵读弥撒来协助宗教仪式。每个兄弟会都有自己的法规书，书中列有兄弟会组织的原则、活动的仪式和会员的行为准则，其内容大多引自《圣经》和教父的论著，总的精神是避恶趋善。尽管他们最初的存在是为了帮助其成员获得个人救赎，但在其形成的几个世纪（特别是12世纪和13世纪）中，一些兄弟会在他们的社区也产生了强大的社会影响。

许多信奉天主教的男男女女，各自组成社团，共同满足信仰的需要和精神需求，包括教义问答教育、道德纪律、激烈的虔诚练习和戏剧性的公共游行。甚至可以通过兄弟会而达成某种社会目标。他们靠向每个成员征税和富有兄弟的遗赠来维持生活。这些捐款和收入用来帮助所有成员和他们的家庭。这些兄弟会的成员们模仿教会的做法，接受忏悔、圣餐和临终涂油礼等主要的圣礼，并借助兄弟会成员之间兄弟般的情谊发挥教育和慈善功能，其中包括在成员生病或死亡时进行不同程度的互助，分发食物、药品、救济品和嫁妆等。同时也花钱赎回被敌方政府俘虏的士兵，并向灾难和犯罪的受害者提供救济。随着时间的推移，兄弟会聚集了大量的资源，也可以开展广泛的公共活动，他们甚至广泛赞助音乐、戏剧、绘画、艺术和建筑。他们也和教职人员合作，维持当地的宗教功能。他们一方面可以成为普通俗人和天主教会沟通的媒介，有时候甚至可以补充甚至替代当地的教会机构。通过兄弟会的活动，成员也可以获得精神资源，取得社会和政治优势。尽管都以兄弟会之名，但是每个兄弟会所举行的活动不是完全相同的。有的兄弟会举行宗教仪式比较积极，有的则比较适度，有的纪律比较严格，有的则比较松弛。

除了通过类似教会的宗教活动和慈善活动外，兄弟会表达虔诚的另一个方式是鞭笞运动，即强调以个人对肉体的苦行作为救赎的方式。当然并不是所有的兄弟会都会进行鞭笞活动，有的仅仅限于演唱上帝的歌曲来表达虔诚，但是也有不少兄弟会采取更加严酷的鞭笞形式请求上帝宽恕。最终鞭笞成为一个独立的运动。

俗人兄弟会的宗教活动

鞭笞运动也由来已久,在基督教的语境中,指的是耶稣被钉死在十字架之前,基督受难的一段情节。自 1054 年东西教会大分裂时期以来,为宗教目的而禁欲的做法一直被各种基督教教派的成员所利用。他们通常用打结的绳子制成香蒲鞭子,在私人祈祷时反复甩在肩膀上抽打自己。在 13 世纪,一群被称为鞭笞者的罗马天主教徒将自我惩罚发挥到了极致。据说佩鲁贾第一次出现鞭笞队伍,然后迅速在意大利中部和北部蔓延开来。鞭打队伍有时多达一千人,他们走街串巷,痛打自己,公开地互殴互抽,并呼吁信徒悔改。他们举着十字架和横幅,赤着身蒙着脸,用鞭子抽打得自己鲜血直流。一边鞭打自己一边唱着赞美诗和颂歌,进入教堂跪倒在祭坛前。1260 年底,游行队伍已经扩展到阿尔卑斯山以外的阿尔萨斯、巴伐利亚、波希米亚和波兰。这些示威活动的性质是相当病态和混乱的,教皇一度禁止了他们的游行，所以鞭笞运动热闹一阵之后开始衰落。但是随着14世纪黑死病的流行，在大众心中产生了世界末日即将来临的感觉，兄弟会的鞭笞传统进入高潮，并迅速在欧洲蔓延。尤其是在意大利，这一运动迅速在社会各个阶层传播开来。《耶稣受难记》和《圣母受难记》等歌谣广泛流传，出现了无数致力于赎罪和肉体慈悲的兄弟会。在他们看来，黑死病的发生是上帝震怒的结果，他是在惩罚他的信徒。为了安抚上帝，世俗宗教团体的成员应该惩罚自己的肉体，向上帝表明自己的悔恨，请求上帝的宽恕。当时创作了大量的艺术作品，把鼠疫比作上帝射向罪恶人类社会的箭，提醒人们瘟疫、危机和永恒审判的持续威胁。另外，通过鞭笞运动提醒人们耶稣所遭受的鞭笞，以促进和加强会员们对鞭笞的热爱，加深对鞭笞和信仰关系的认识。据说，在1348年教皇克雷门六世批准了他们的做法。但是鞭笞运动很快就发展成一种具有严密组织的教派并有了自己的学说，实行了严格的纪律。他们穿着一件白色的罩衫，每个罩衫上都有一个红色的十字架，因此在某些地方，他们被称为"十字架兄弟会"。凡想加入兄弟会的，必须宣誓服从组织的"大师"，至少支持他一天四便士，并与所有人和好。鞭笞者的仪式似乎在所有的北方城市都是一样的。他们一天两次，慢慢地走到公共广场或主教堂，脱下鞋子，光着上身，跪成一个大圆圈。规定所有加入兄弟会三十三天半的人都将得救。并坚持星期五必须严格禁食。他们怀疑圣礼的必要性，甚至怀疑圣礼的可取性。他们声称，普通的教会管辖权已被暂停，他们的朝圣活动将继续进行三十三年半。他们的活动引起了教会当局的恐慌，开始谴责这场运动并禁止游行。但是，鞭笞派的运动虽然受到严重打击，却并没有被根除。在整个14世纪和15世纪，类似的异端反复出现。

产生这些运动的原因总体而言是一种模糊的混合因素：对腐败的恐惧、模仿伟大忏悔者英勇赎罪的欲望、启示录的幻象、对教会和国家普遍腐败的绝望。

从这些俗人的宗教活动中我们可以看出，尽管其表达信仰的方式不同于正统的教会，有些活动甚至遭到教会的排斥，但是不能否认这些庆典和兄弟会参与者的虔诚。围绕圣徒而进行的一系列活动以及兄弟会的各种表现,都表明他们对上帝的敬畏和对灵魂纯洁的追求。甚至在一定程度上,他们的宗教热情比教会还要狂热。这说明尽管此时教会在总体上出现信仰衰落和行为上腐败的趋势,但是并没有导致整个社会对信仰的放弃。其次,我们看到,由于这些世俗的宗教活动和日常生活纠缠在一起,所以其更加注重外在的表达方式,而不是如教职人员那样以系统神学教义为基础进行宣传。他们喜欢安排领圣餐、忏悔、斋戒、赞颂、鞭笞和游行等具体的行为活动,同时注重利用各种象征物来表达宗教情感,比如圣迹、圣像、十字架、旗帜等各种象征物。另外,世俗的宗教活动也和节日等市民的娱乐活动融为一体,一方面这些活动可以让参与的人们接受宗教的熏陶,也为他们提供了交往和娱乐的机会,这种虔诚与放纵,节制与娱乐多种因素同时存在于宗教活动中的文化现象,正好反映了中世纪向近代过渡的这一社会转型时期的时代特征。

因此,文艺复兴时期,教会开始以更加贴近民间的方式进行宗教活动,城市各阶层大众非常频繁地主动参与宗教的活动。宗教信仰从雅到俗,从深奥教义的教导向具体形象的表达转变。我们不能武断地说世俗化与宗教是相对的,从宗教的意义上而言,所谓的世俗化只不过是一种普遍化和大众化。正是这种大众化,为新教改革和日后的信仰民族化提供了深厚的土壤。

本讲参考文献

1. [英]丹尼斯·哈伊:《意大利文艺复兴的历史背景》,李玉成译,北京:生活·读书·新知三联书店,1988 年。

2. [英]G.R. 波特编:《新编剑桥世界近代史》(第一卷:文艺复兴),中国社会科学院世界历史研究所组译,北京:中国社会科学出版社,1988 年。

3. [美]坚尼·布鲁克尔:《文艺复兴时期的佛罗伦萨》,朱龙华译,北京:生活·读书·新知三联书店,1986 年。

4. [美]洛伦·帕特里奇:《文艺复兴在罗马:1400—1600》,郤毅译,北京:中国建筑工业出版社,2004 年。

5. [意]欧金尼奥·加林主编:《文艺复兴时期的人》,李玉成译,北京:生活·读书·新知三联书店,2003 年。

6. 王挺之:《意大利文艺复兴时期的城市宗教生活》,《历史研究》,1995 年第五期。

7. [瑞士]雅各布·布克哈特:《意大利文艺复兴时期的文化》,何新译,北京:商务印书馆,1983 年。

8. Black, Christopher F., *Italian Confraternities in the Sixteenth Century,* Cambridge: Cambridge University Press, 1989.

9. Blackburn, Bonnie J., "Music and Festivities at the Court of Leo X: A Venetian View", *Early Music History,* Vol.11(1992).

10. Burroughs, Charles, "Below the Angel: An Urbanistic Project in the Rome of Pope Nicholas V", *Journal of the Warburg and Courtauld Institutes,* Vol.45(1982).

11. Hilary, Richard B., "The Nepotism of Pope Pius II, 1458-1464", *The Catholic Historical Review,* Vol.64, No.1(1978).

12. Kruse, Jeremy, "Hunting, Magnificence and the Court of Leo X", *Renaissance Studies,* Vol.7, No.3(1993).

13. Sider, Sandera, *Handbook to Life in Renaissance Europe,* Facts On File, Inc., 2005.

14. Terpstra, Nicholas, *Lay Confraternities and Civic Religion in Renaissance Bologna,* Cambridge: Cambridge Univ. Press 1995.

15. *The Catholic Encyclopedia,* online edition.

第九讲

从迷信到科学

文艺复兴时期,对自然的认识有两条道路,一条道路是沿着认识论的角度从哲学上构建新的认识方法,从而产生了自然哲学;另一条道路则是在实践的基础上重新解释和验证自然原理,从而开创了科学研究的路径。这两条路径相互影响,认识论具有重要的科学意义,而科学有重要的认识论意义,最终使文艺复兴时期对自然的认识从迷信走向科学,从而开创了近代科学认识的源头。文艺复兴时期在许多科学领域都有了新的发现,但是在现代人看来并非为科学领域显学的学科,却成为文艺复兴时期最为重要的关注点,一个是天文学,一个是生理学。究其原因,就是因为这两个学科都有着特别重要的思想意义,其中,天文学对应着苏醒了的人们对自己周围世界的观察,生理学对应着人文主义所倡导的"人的发现"。

1 宇宙的自然解释:天文学

就天文学而言,当时不仅仅是一种科学,也是教会教义的理论基础。当时,亚里士多德—托勒密的地球中心说早已被基督教会改造成为基督教教义的支柱。整个基督教教义都是以地球为中心而构建的。因而对该学说的质疑无疑是对教会教义的违反,从而引起人们思想的震动。

在哥白尼太阳中心说之前,流行的和权威的学说为地心说,也就是以地球为中心的宇宙观。在这种观念下,太阳、月亮和其他行星甚至恒星都围绕着静止的地球运转。这种学说也被中世纪教会钦定为正统学说。

从古希腊开始,人们就已经认识到地球是个球体,位于宇宙的中心。其中柏拉图和他的学生亚里士多德都曾经在自己的著作中进行过类似的描绘。其中亚里士多德认为,球形的地球是宇宙的中心,其他天体都依附在围绕地球旋转的透明球体上,这些球体都与地球同心,以不同的匀速绕地球旋转。这种解释并非完全是出于臆想和推测,因为在人们的经验中,无论在地球的任何地方,都能感觉到太阳似乎每天都会围绕地球公转一次,月球和行星似乎也每天绕地球旋转。同时在地球上的人们的感觉中,地球似乎是静止的,无法感觉到它的运动。站在地球上把某物体抛向空中,该物体也会落在原地,而且人们即使双脚跳起来,也仍然会落在原地。

古希腊人并没有将这种地心说发展成为一个完整的理论体系,真正完成这个体系的是托勒密(Ptolemy, 100—170),他用均轮和本轮的概念描绘了行星的运动以及和地球的关系。按照这个体系,据说行星围绕一个中心绕一个小圆(本轮)旋转,而这个小圆则以一个位于或靠近地球的中心绕一个大圆(均轮)旋转。本轮和均轮的提出,很好的解释了"行星逆行"问题,同时托勒密经过周密的计算,可以大致推算日食、月食的发生。在教会的推崇下,托勒密的《至大论》(*Almagest*)一度成为不可置疑的学术权威,并与《圣经》的教导相一致。

但是,地心说并不是古代唯一的宇宙学说,也流行着其他的甚至相反的假说。在古希腊的时候就有了行星围绕太阳旋转的学说,其中古希腊的阿里斯塔克斯(Aristarchus,前315—前230)写了一本关于日心说的书,其中说太阳才是宇宙的中心,而地球和其他行星围绕太阳运转,但是这一理论在当时并不如地心说流行。古希腊的伦理哲学家伊壁鸠鲁甚至提出今天看来非常正确的主张,即宇宙没有任何单一的中心,古罗马的卢克莱修则继承了伊壁鸠鲁的这一学说。

在文艺复兴之前,无论是地心说还是其他理论假说,基本上都是基于推理和零散的观察经验,并没有真正的科学观测资料作为证据。而地心说由于比较符合人们朴素的经验,同时托勒密用一套均轮和本轮的系统使得地心说能够反映人们所观察到的现象,加上教会视之为正统,所以获得了官方正统的地位。但是从古希腊开始的除地心说之外的其他学说,尽管不怎么流行,也对人们产生着影响,同时说明地心说并不是那么牢不可破和令人信服的。

确实,长期以来,人们对托勒密地心说一直存在着怀疑,13 世纪的时候,欧洲学者就已经意识到托勒密天文学存在的问题,新亚里士多德主义者阿威罗伊就曾经对托勒密的学说进行了批评,尤其是在 15 世纪中期,托勒密的文本被翻译成拉丁文后,对托勒密学说的争论又再次复活。其中很多人试图通过数学尽力修补托勒密体系的缺陷,但也有人已经开始倡导日心说,包括德国天文学家雷格蒙塔努斯(Regiomontanus Johannes, 1436—1476),而他的学生正好是哥白尼的老师,他们在著作中特别关注了阿里斯塔克斯的日心说,并提到了所谓地球的运动。后来哥白尼在《天体运行论》(*De revolutionibus orbium coelestium*)的献词中明确表明他受到这些理论的影响:“就这样,从这些资料受到启发,我也开始考虑地球的可动性。虽然这些想法似乎很荒唐。但我知道为了解释天文现象的目的,我的前人已经随意设想出各种各样的圆周。因此我想,我也可以用地球有某种运动的假设,来确定是否可以找到比我的先行者们更可靠的对天球运动的解释。”①

文艺复兴时期,随着人们观测手段的改变,开始发现地球中心说很难和

① [波兰]尼古拉·哥白尼:《天体运行论》,叶式辉译,西安:陕西人民出版社,1999 年,献词,第 6 页。

观测到的天文资料相符。哥白尼在意大利时研究过大量的古希腊哲学和天文学著作。他赞成毕达哥拉斯学派的治学精神，主张以简单的几何图形或数学关系来表达宇宙的规律。他了解到古希腊人阿里斯塔克斯等曾有过地球绕太阳转动的学说，受到很大启发。哥白尼分析了托勒密体系中的行星运动，发现每个行星都有三种共同的周期运动，即一日一周、一年一周和相当于岁差的周期运动。他认为，如果把这三种运动都归到被托勒密视为静止不动的地球上，就可消除他的体系里不必要的复杂性。

因此，哥白尼建立起一个新的宇宙体系，即太阳居于宇宙的中心静止不动，而包括地球在内的行星都绕太阳转动的日心体系。离太阳最近的是水星，其次是金星、地球、火星、木星和土星。只有月球绕地球转动。恒星则在离太阳很远的一个天球面上静止不动。哥白尼把统率整个宇宙的支配力量赋予太阳，而各个天体则都有其自然的运动。他系统而明晰地批判了地球中心说，并且从物理学的角度对日心地动说可能遭到的责难提出了答复。

哥白尼

哥白尼用自己的学说纠正了托勒密宇宙体系中很多不优雅的地方，但是，他使用了均匀圆周运动的模型也不能完全符合实际的天象资料。他的理论概括起来是：天体运动是一致的、永恒的，是圆形的，或者是由几个圆（本轮）构成的；宇宙的中心靠近太阳；围绕太阳的依次是水星、金星、地球和月球、火星、木星、土星和恒星;地球有三种运动:每日的自转、每年的公转和每年的地轴倾斜;行星的逆行运动可以用地球的运动来解释,简言之,地球的逆行运动也受到地球周围行星和其他天体的影响;地球到太阳的距离比到恒星的距离要小。

哥白尼尽管提出了日心说,但是为了能够得到验证,他用了很长时间去测算、校核、修订他的学说,而没有公开发表自己的发现。他曾写过一篇《要释》,简要地介绍他的学说,这篇短文曾在他的友人中间手抄流传。但是,他迟迟不愿将他的主要著作——《天体运行论》公开出版。因为,他很了解,他的书一经刊布,便会引起各方面的攻击。包括一些保守顽固的哲学家,后者坚持亚里士多德、托勒密的说法,把地球当作宇宙的固定的中心;另一种人是教士,他们会说日心说是离经叛道的异端邪说,因为《圣经》上明白指出地球是静止不动的。但是也有朋友鼓励他发表自己的见解。其中卡普亚的主教尼古拉·舍恩贝格(Nicholas Schonberg, 1472—1537)就专门致信哥白尼,对他的新发现表示祝贺,并希望了解他的学说:“我早已了解到,你不仅非常好地精通古代天文学家的发现,还创立了一种新的宇宙论。在这个宇宙论中,你确定地球是在运动;太阳居于宇宙中最低的,也是中心的位置;第八重天永远固定不动;此外,月亮和包含位于火星和金星之间的天球的其他成员一起,以一年为周期绕太阳运转。我还了解到,你对天文学的这个完整体系写了一篇解说,还计算了行星运动并把它们载入表册,这会赢得所有人的最高度赞赏。因此,如果这非属冒昧,我以最大限度的诚意恳求您,最博学的阁下,把您的发现告知学者们,并把您论宇宙球体的著作、表册以及你对这一课题有关的一切资料,都尽快地寄给我。”①

当哥白尼终于听从朋友们的劝告,将他的手稿送去出版时,他想出一个办法,在书的序中写明将他的著作大胆地献给教皇保罗三世(Paul III, 1534—1549 年在位)。他认为,在这位比较开明的教皇的庇护下,《天体运

① [波兰]尼古拉·哥白尼:《天体运行论》,其中收录了该封信。

行论》也许可以问世。在这篇序言中，他同样讲到，是朋友的鼓励才使他下决心把自己的发现公之于众："他们规劝我，不要由于我所感到的担心而谢绝让我的著作为天文学的学生们共同使用。他们说，目前就大多数人看来我的地动学说愈是荒谬，将来当最明显的证据使迷雾消散之后，我的著作出版就会使他们感到更大的钦佩和谢意。于是在这些有说服力的人们和这个愿望的影响下，我终于同意了朋友们长期以来对我的要求，让他们出版这部著作。"①在这篇献词中，他还表明希望能够借教皇的威望防止他人对自己的中伤，这表明他已经预见这个理论的发表可能引起的震动："但是为了使受过教育和未受教育的人都相信我绝不回避任何人的批评，我愿意把我的著作奉献给陛下，而不是给别的任何人。甚至在我所生活的地球上最遥远的一隅，由于您的教廷的崇高以及你对一切文化还有天文学的热爱，你被推崇为至高无上的权威。因此您的威望和明断可以轻而易举地制止诽谤者的中伤，尽管正如俗话所说'暗箭难防'。"②

除了这篇序之外，《天体运行论》还有另外一篇别人写的前言。哥白尼当时已重病在身，辗转委托教士奥西安德尔（Andreas Osiander, 1498—1552）去办理排印工作。这位教士为使这本书能安全发行，假造了一篇无署名的前言，其中说书中的理论不一定代表行星在空间的真正运动，只是一种假说，希望以此掩人耳目："这部著作宣称地球在运动，而太阳静居宇宙中心。这个新奇假设已经不胫而走。因此我毫不怀疑，有些学者深为恼怒并相信早已在坚实基础上创立的人文科学，不应当陷入一片混乱。可是如果这些人愿意把事情仔细考察一番，他们就会发现本书作者并没有做什么可以横加指责的事情。须知天文学家的职责就是通过精细和成熟的研究，阐明天体运动的历史。因此他应当想象和设计出这些运动的原因，也就是关于它们的假设。因为它无论如何也不能得出真正的原因，他需要采用这

① ［波兰］尼古拉·哥白尼：《天体运行论》，献词，第2页。

② 同上书，献词，第5页。

样或那样的假设，才能从几何学的原理出发，对将来以及对过去正确地计算出这些运动。”①

1543 年初哥白尼已病入膏肓，当一本印好的《天体运行论》送到他的病榻的时候，已是他弥留的时刻了。

《天体运行论》出版后，并没有引起很多人的注意，也没有立刻引起教会的怀疑。一方面是因为这部著作太过专业一般人无法了解；另一方面是许多天文工作者如奥塞安德尔所说的那样，只把这本书当作编算行星星表和改革历法的一种方法。《天体运行论》在出版后七十年间，虽然曾遭到马丁·路德的斥责，但未引起罗马教廷的注意。只有在经过开普勒、伽利略、牛顿等人的工作，哥白尼的学说不断获得胜利和发展，日心说从一种理论推演变为不容辩驳的事实时，教会才真正开始压制这个学说。

此后，开普勒(Johannes Kepler, 1571—1630)在承认哥白尼日心说基础上对日心说进行了完善，而伽利略(Galileo Galilei, 1564—1642)则通过观测和实验为日心说提供了数据的支撑。

开普勒于 1596 年出版了《宇宙的神秘》(*Mysterium Cosmographicum*)一书，受到天文学家第谷(Tycho Brahe, 1546—1601)的赏识，他应邀到布拉格附近的天文台做研究工作。1600 年，他来到布拉格成为第谷的助手。次年第谷去世，开普勒成为第谷事业的继承人。开普勒发明了开普勒望远镜，并发现了哈雷彗星，等等。但更重要的是，他发现了行星运动的三定律。

开普勒作为第谷的助手，用很长时间对后者遗留下来的观测资料进行分析。他在分析火星的公转时发现，无论按哥白尼的方法还是按托勒密或第谷的方法，算出的轨道都不能同第谷的观测资料相吻合。他坚信观测的结果，于是他想到火星可能不是像当时人们认为的作匀速圆周运动，他改用各种不同的几何曲线来表示火星的运动轨迹，终于发现了“火星沿椭圆轨

---

① [波兰]尼古拉·哥白尼：《天体运行论》，前言。

道绕太阳运行,太阳处于焦点之一的位置”这一定律,接着他又发现虽然火星运行的速度是不均匀的,在近日点时快,远日点时慢,但是,从任何一点开始,在单位时间内,向径扫过的面积却是不变的。这样就得出了关于行星运动的第二条定律:“行星的向径在相等的时间内扫过相等的面积。”这两条定律,刊布于1609年出版的《新天文学》(*Astronomia Nova*)一书,在书中他还指出,这两条定律同样适用于其他行星和月球的运动。经过长期繁复的计算和无数次失败,他终于发现了行星运动的第三条定律:“行星公转周期的平方等于轨道半长轴的立方。”

伽利略不仅是哥白尼学说的拥护者,而且是通过观测和实验证实哥白尼理论的人。1610年1月7日,伽利略利用他具有更优光学性能的望远镜,发现了木星的四颗卫星。他对木星卫星的观察在天文学上引起了一场革命。一颗更小的行星围绕一颗大的行星运转不符合人们确认的原则,许多天文学家和哲学家一开始都不相信伽利略会发现这样的东西。伽利略所做的实际上是表明其他行星也可能“像地球一样”,意味着不是所有东西都像托勒密模型中所说的那样围绕地球旋转,而且还表明了一个次要天体可以围绕一个移动的天体运行,从而加强了日心说。他观察到月球上的黑点和环形山,他说月球并不像之前设想的那样是一个完美的天体。这是人们第一次看到一个天体上的缺陷。正如路达沃斯基(T. M. Rudavsky)所说的:“伽利略1610年的《星空使者》有助于削弱亚里士多德的宇宙论,因为他否定了宇宙完美的说法。例如,伽利略证实了月球表面高低不平,充满高山和深谷,而且一些卫星绕着木星的轨道旋转。伽利略发现金星有盈亏,进一步削弱了地球中心说的某些说法。”

如果说哥白尼的理论并没有特别引起教会关注的话,伽利略的观测和对哥白尼学说的维护,引起了教皇的恐慌。路达沃斯基说:“在伽利略案件中,教会并不太关心哥白尼学说的细节,而是关心伽利略提出要让《圣经》段落和新科学达成和谐所造成的威胁。一个神学圈之外的人,并没有经过什么正规神学训练,胆敢进行教父们专属的关键性解释,威胁了教会权威的基础。”也正因此，伽利略受到了教会的审判。经过严酷的审讯，判定伽利略有非常令人怀疑的异端，并把他写的《对话》(*Dialogue Concerning the Two Chief World Systems*)列为禁书。伽利略也被迫进行悔罪。库兹涅佐夫在其《伽利略传》中记录了他的忏悔：“我撰写和付印了这本书，其中探讨过关于这种背叛有罪的学说并增加了对它有利的强有力证据，而对这些证据未进行最后的反驳，由于这一原因，我本人被神圣法院认为是非常令人怀疑的异端，好像我在支持和相信太阳是宇宙的中心并且不动，而地球不是中心并在运动。因此我希望从你们最受尊敬的主教的思想中，同样从每一个忠实的基督徒的头脑中打消这种强烈的怀疑，理所当然地反对我所引起的怀疑，我以纯洁的心灵和真正的信仰宣告上述错误认识和异端邪说，以及一切与神圣教会为敌的错误认识、异端邪说和教派学说都是可憎恨的，并且放弃和责骂它们。”①

从哥白尼的犹豫和伽利略的受审我们可以看出，天文学并非仅仅是科学的革命，也是思想上的革命。天文学范式的转换不仅在人们思想上引发了震动，而且也动摇了《圣经》和教会的根基，所以教会对这种学说进行压制是必然的。1664年，教皇亚历山大七世(Alexander VII, 1655—1667年在位)重新出版了天主教《禁书目录》，其中就包括有关日心说的书籍，而且其中附加了有关这些书籍的法令，并公开不承认日心说。直到18世纪中期后，教会的态度才有所松动，教皇虽然撤销了禁止所有教授地球运动的书籍的法令，但仍然将伽利略的《对话》留在了禁书目录中，一直到1835年，天主教《禁书目录》中才首次将《对话》删除。最终在1992年，教皇约翰·保罗二世(John Paul II, 1978—2005年在位)才在教皇科学院发表的演讲中，对伽利略所受到的待遇表示遗憾，称这一事件是“悲剧性的相互误解”。由此可见哥白尼的发现对教会的影响之深。

---

① 引自[俄]鲍·格·库兹涅佐夫：《伽利略传》，陈太先等译，北京：商务印书馆，2001年，第248页。

2 世俗生命的关怀：生理学

同天文学类似，中世纪以来，生理学即关于人体的构成和机理的学说也是教会所钦定的，以与《圣经》的记载和教会的教义相吻合。西拉伊斯(Nancy G. Siraisi)说："基督教关于医学科学、精神和身体治愈方面的观念形成于古典后期，以至于最有影响的教父们都将解剖、生理学或病理学视为知识的分支，他们对这些学科的主要态度非常类似于对自然界的知识以及总体上的世俗学问：修正式地接受，服从基督教解经的目的，保持最低程度的兴趣。"正因如此，生理学学问的兴起以及新学说和新发现也必然动摇教会教义的根基，从而引发思想界的震动。

奎林认为："14 世纪的生理学家尽管致力于治愈和预防疾病的实践目标，但是他们从事的大多数工作是基于文本而非临床。医学知识主要是从权威文本获得和传播的。解释、讨论、判断和评论这些共享的知识是这些生理学家、有组织的专家所关注的事情，他们留下的大量重要作品可以证明他们的关注。"因此，他们在生理学上的突破是以检视过去的权威文本为起点的。

当时教会奉罗马皇帝御医盖伦(Claudius Galenus, 129—199)的学说为正宗，而文艺复兴时期整个生理学的进步也是通过对盖伦学说的质疑、修补和否定而完成的。应该说，盖伦在中世纪的地位无可匹敌，他代表着古典时代以来生理学研究的高峰。玛格纳(Lois N. Magner)评论说："在医学史上，没有一个人能在解剖学、生理学、治疗学和哲学方面与盖伦相提并论。盖伦被称为中世纪的'医学教皇'和文艺复兴时期的解剖学家与生理学家的导师。盖伦留下了他那个时代的大量涉及医学、科学、哲学、伦理学和宗教方面的著作。"盖伦相信造物主所创造的受造物人一定是按照最完美方式运行的，任何器官和机构都具有自己的目的和功能。尽管当时的罗马禁止人体解剖，但他还是通过解剖其他动物或者偶尔得到的尸体来研究人体，据说他还充分利用给当时角斗士治疗的机会进行研究。所以他是将自己的理论建立在解剖学基础上的人。盖伦学问渊博，涉猎广泛，留下了大量作品。但是基于当时已经形成的理论的影响以及技术的限制，他的理论中也充满很多谬误，正是对这些谬误的纠正，导致了文艺复兴时期在生理学上的革命。

盖伦的学说受到柏拉图“三灵气说”的影响，所谓三灵气，即人体的功能有植物性的、动物性的和理性的“灵气”。在盖伦看来，空气受肝脏调节，行使支持生长和营养的功能，这一营养的灵魂受静脉支配，心脏和动脉负责维持、分配内部的热量，空气和重要的灵气，使得身体各部分温暖和活跃。大脑则产生感觉和肌肉运动所需要的动物灵气并受神经所支配。他还吸收了希波克拉底的“四体液说”，即人体的基本组成成分是血液、黏液、黄胆汁和黑胆汁，这些东西又可还原为热、冷、湿、干四种基本性质。他提出，四体液共同形成了组织，组织结合成器官，器官合在一起组成了人体，体液的失衡就会导致疾病。他还提出了保持体液平衡的具体饮食方法。根据他的理论，泻吐和放血也是治疗疾病的两种重要疗法。他错误地解释心血管的基本活动，认为血液不是朝一个方向流动，而是像希腊的爱琴海海浪一样，阵阵往复，方向不定，并且错误地认为血液是经过心脏间隔上许多极细的、肉眼看不见的通道从右心室流向左心室。林德伯格在其《西方科学的起源》中描绘说，盖伦认为：血液的最稀薄部分从右心室进入左心室，这要归功于它们之间隔膜上的孔洞；这些孔洞的大部分纵深可以看到；它们就像张着大口的坑，变得越来越窄；然而不可能实际观察到它们的最末端，这既是因为它们太小，也是因为动物死后，所有器官都会变冷和收缩。

尽管盖伦的学说充满很多谬误，但是在很长时间里他的学说具有很强的说服力。林德伯格认为：“其令人信服的吸引力部分来自它的全面性。盖伦讨论了当时所有重要的医学议题。他可以既是实践的（比如药理学），又是理论的（比如生理学）。他有丰富的哲学学识和精良的方法论。其工作体现了最好的希腊病理学和医疗理论，对人体解剖学作了令人难忘的阐述，也对希腊生理学思想作了卓越的综合。简而言之，盖伦提出了一套完整的医学哲学,出色地说明了健康、疾病和治疗等现象。但盖伦获得如此之高的声望还有另一个原因。他将大量目的论引入了解剖学和生理学,这使他受到了伊斯兰教和基督教读者的喜爱。”在盖伦的思想中,他认为身体只是灵魂的工具,因而他的学说非常符合基督教的教义,教会日后将其学说定位为正统学说也不足为奇,他的学说的权威性因而得到了教会的背书。

但是文艺复兴时期随着人们对自身了解的兴趣不断增强,以及解剖等各种技术的不断进步,统治西欧社会将近一千五百年的盖伦学说开始遭到质疑。

同哥白尼差不多同时代的维萨留斯(Andreas Vesalius, 1514—1564)是文艺复兴生理学革命的一个过渡性人物。我们说他是过渡性人物,一方面是因为他的生理学著作《论人体构造》(*De humani corporis fabrica*)谈不上具有革命性,无论是论述的编排还是反映的基本思想,都没有超出传统思想的范畴,在其中我们既可以见到亚里士多德的观点,也能看到盖伦的学说。但正是在这些看似传统的框架中,他独创性地介绍了活体解剖的方法。他对解剖学的贡献源于当时对人体解剖逐渐宽松的氛围。根据帕克(Katharine Park)的说法:“在14世纪,验尸和解剖已经越来越普遍,迅速传播到其他意大利北部城市。例如,1348年夏,佛罗伦萨和佩鲁贾的公社花钱让医生剖开某些人的尸体,这些人染上了奇怪的新瘟疫危害居民,1363年帕多瓦瘟疫期间也发生了同样的事情。同样在14世纪中叶佩鲁贾、帕多瓦和佛罗伦萨的大学里,要求想要获得医学学位的学生要出席一次或多次解剖现场,这一要求迅速为在意大利公会中兴起的新医学院所采纳。”在1539年,当时帕多瓦的刑事法庭法官允许维萨留斯对已经处决的犯人尸体进行解剖,这样就可以积累足够的人体解剖的数据。通过人体解剖他发现过去基于动物解剖而对人的理解很多是错误的。他主张,关于人体的知识不应建立在理论上,而应该建立在直接解剖的基础上,解剖学家和医生们要亲自动手进行解剖。正是通过实地解剖,维萨留斯提出了很多质疑,并纠正了过去认识中的许多错误,并给后人留下了大量的解剖图。其中他对盖伦学说特别重要的质疑，是关于心脏中隔与血液循环的关系问题。盖伦强调血液是经过心脏间隔上许多极细的、肉眼看不见的通道从右心室流向左心室，而维萨留斯通过解剖断然否定了这个观念。据亚·沃尔夫的著作记载，维萨留斯说："在我看来，心脏的中隔跟心脏其余部分一样厚实致密。因此，我无法想象哪怕是最小的微粒怎么能够从右心室通过中隔到达左心室。"①而且他甚至认识到动脉和静脉的微细端末在人体组织内的密切接近。但遗憾的是，他并没有能够向正确的血液循环方向再前进一步。

在后人的评价中，维萨留斯并不是一个真正的革新者，尽管他对盖伦的学说提出了很多质疑并纠正了许多错误的地方，但是他的思想大部分还是与盖伦相一致，甚至在发现了心脏的中隔无法让血液相互渗透后，仍然一度不敢肯定自己的判断，而是说"因此，迫使我们对造物主的业绩惊叹不已，它让血液从右心室穿过其间流到左心室的微孔精细到肉眼不能看到"。这说明，尽管维萨留斯在生理学的某些"事实"层面有新的发现，但是还没有达到某种体系化思维的高度。但是我们也应该看到，正是他在事实层面的发现和质疑启示了后来的生理学家，开启了通往新体系的道路。

文艺复兴时期在生理学方面真正形成突破的是塞尔维特（Miguel Servet, 1511—1553），他正是在维萨留斯所怀疑的心脏中隔问题上，突破了盖伦的权威，打破了维萨留斯的犹豫，发现了血液肺循环的秘密，构建了小循环的体系，把人类对人体血液循环的认识推进了一大步。他在他的著作《基督教的复兴》（*Christianismi Restitutio*）中是这样解释的："我们为要能够理解血液为何就是生命所在，那首先就必须知道由吸入空气和非常精细的血液所组成和滋养的那活力灵气是怎样产生的。活力灵气起源于左心室，肺尤其促进其形成；它是一种热力所养成的精细的灵气，浅色，能够燃烧。它是由吸入的空气和从右心室流向左心室的精细血液在肺中混合而形成

① 引自［英］亚·沃尔夫：《十六、十七世纪科学、技术和哲学史》（下），周昌忠等译，北京：商务印书馆，2017年，第510页。

的。这种流动不是像一般所认为的那样经过心脏的中隔,而是有一种专门的手段把精细血液从右心室驱入肺中的一条直通道。它的颜色变得更淡,并从肺动脉注入肺静脉。在这里它同吸入的空气相混合,其中的烟气通过呼吸清除掉。最后同空气完全混合,并在其膨胀时被左心室吸入,这时它就真成为灵气了。"①这样,他第一次正确地描绘了肺循环系统,并明确否认了盖伦所认为的心脏中间的通道。但他限于当时的条件,并未能够提出系统的血液循环概念。为了纪念他的功绩后人常将他发现的肺循环称为"塞尔维特循环"。

但是值得关注的是,塞尔维特关于肺循环的描述是在他的著作《基督教的复兴》中,而这本书显然不是生理学著作,而是一本宗教著作。因此,了解塞尔维特及其命运必须和他的宗教观联系在一起。他受到迫害直至最后被火刑烧死,固然和他的生理学有一些关联,更主要的是因为他的宗教观念。玛格纳说:"如果说世上曾有人为了自己的信念而死过两次的话,那么这个人就是塞尔维特。他引起耶稣教和天主教权威如此大的仇恨,以至于他本人被耶稣教徒活活烧死,而他的模拟像则被天主教徒所焚毁。他成了在文艺复兴时期弥漫着的那种教条主义和不容异端风气的牺牲品,但是人们在对该时期美好事物和创造力大量涌现的赞扬声中却常常把他忘了。"他学习医学,但对宗教也很狂热。年轻的时候就写过《论三位一体的错误》(*De Trinitatis Erroribus*)的神学著作,遭到天主教会的谴责。1546年出版的《基督教的复兴》,同样表达了对婴儿洗礼和基督教三位一体论的反对。同时,他还说,深入了解血液流动可以引导人们更好地理解上帝。塞尔维特在法国的时候,将《基督教的复兴》初稿寄给了加尔文,并在附录中指出了加尔文的错误,希望与他辩论。加尔文对他的著作进行了几次回应,但没有归还其原稿,也没有与其进行深入探讨。后来塞尔维特重新撰写手稿,并开始公开谴责加尔文。同时,塞尔维特寄给加尔文的信件遭到宗教裁判所的审

① 引自[英]亚·沃尔夫:《十六、十七世纪科学、技术和哲学史》(下),第510—511页。

查,塞尔维特被送进了监狱,但他成功逃脱。逃出监狱后,他打算到日内瓦联合一些知识界的人士,继续与加尔文论战,但在日内瓦的一座教堂被加尔文派抓住,加尔文亲自对他审讯,并说他的著作是“异端邪说”。在当时,塞尔维特的神学理论无论对天主教还是新教都是非正统的异端邪说,最终,塞尔维特以“传播危险异教”等罪名,在1553年10月27日被火刑处死于日内瓦。

所以我们看出,在当时如塞尔维特等人,即使有了重大的科学发现,也满脑子充满神学思维。

在塞尔维特的基础上,哲罗姆·法布里修斯(Girolamo Fabricius, 1537—1619)又进一步推进了血液循环系统的发现,他的最大功绩在于发现了静脉中的瓣膜,并在1603年发表了著作《论静脉瓣膜》(*De Venarum Ostiolis*),指出静脉内壁上的薄膜,它们朝心脏的方向打开,而朝相反的方向关闭。基于此发现就可能推导出血液沿着一个方向循环流动的现实。但可惜的是,由于他还局限于盖伦的血液循环论之中,仍然认为血液运动是类似潮水般的涨落,所以没有能够正确认识到静脉瓣膜应有的作用,而是做了另外的解释:瓣膜阻滞了血液的流动,以使组织能够有时间吸收必需的养料;瓣膜还防止血液流动极不规则,否则可能使养料全部为身体的一个部分所吸收。

真正突破盖伦体系影响而发现了血液循环规律并因此而创立了新生理学体系的,是英国的医生威廉·哈维(William Harvey, 1578—1657),而法布里修斯恰好是他在帕多瓦大学学习医学时的老师,因此可以说,他的血液循环体系的发现是站在前人的肩膀上。他的新生理学成果集中体现在他1628年发表的著作《心血运动论》(*Exercitatio Anatomica de Motu Cordis et Sanguinis in Animalibus*)中。

他完全明白自己的发现对过去权威生理学的背弃,也明白发表自己的成果会引起的思想界的震动,这充分体现在他给皇家医学院的献词中。他说:“真正的哲学家,只对真理和知识充满热心,从来不认为自己无所不知,而是任何时候都准备接纳不管来自何方、来自何人的更深层次的知识;他们也不会狭隘地认为古人传下来的艺术和科学完美无缺、没有一点儿可被后人雕琢的余地；相反地，他们中许多人坚持这样的观点，认为我们了解的知识远远不及我们所未知的；他们也不会将自己的信仰因看在他人的行为准则上而束缚了自身的自由，以至于不相信自己做出的正确结论。他们也不会在他们可敬的先师面前发出公然反对他们的朋友——真理——的誓言。就像他们明白轻信和自负者一开始就会接纳并相信出现在他们面前的任何事情一样，他们也会观察到愚顽和无知者看不到摆在眼前的任何东西，甚至正午的阳光。”哈维之所以表现出如此的自信，是因为他的结论完全经过实际解剖和经验验证，而解剖实验才是获得真理的途径。所以他在献词中明确表示：“我主张不管是学习还是教授解剖学，都应依据解剖实验而非书本，不是依据哲学家的地位而是要依据自然的结构。”①

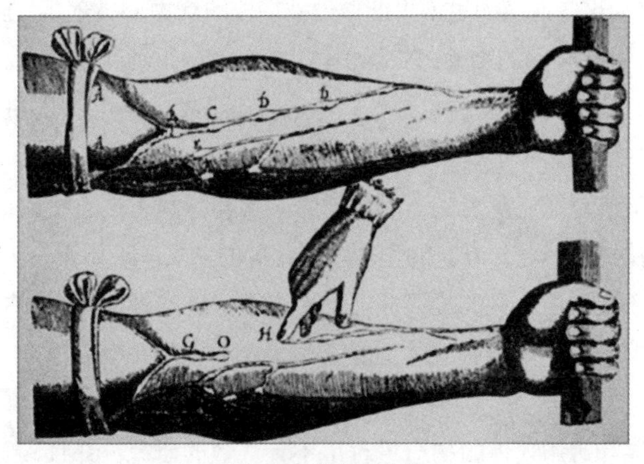

哈维生理学著作插图

在该著作中，他依次介绍了心脏的运动、动脉的运动、心脏及其心房，指出并批驳了在有关这些方面流行的错误观点，然后详细论证和解释了自己的血液循环的运动。他认为心脏有四个腔，即两个心房和两个心室。当左

① ［英］威廉·哈维：《心血运动论》，凌大好译，西安：陕西人民出版社，2001年，第4—5页。

心室收缩时，其中的血液被推动通过瓣膜而进入称为主动脉的大动脉。从那里它通过较小的动脉等等，直至进入静脉，然后通过称为腔静脉的大静脉进入右心房。当这心房收缩时，其中的血液被推动通过瓣膜而进入右心室，再通过肺动脉进入肺。血液从肺通过肺静脉进入左心房，由此再次进入左心室，这整个循环过程重复进行。可见，人体中的全部血液沿着同一方向循环：只对这个方向打开的瓣膜阻止血液沿相反方向流动。最后，他得出了非常明确的结论："所有的事实，包括推断和直观演示的结论，都显示出血液是通过心室和心房的作用而流过肺和心脏，并被分配到全身各个部分，通过静脉和肌肉中的孔隙，循环到各个部分的静脉血流回身体的中心，从比较小的静脉流到比较大的静脉，再通过更大的静脉使血液回流到肺静脉和右心房。在这个循环中，通过动脉流出的血液量和经静脉回流心脏的血液量是相等的，因为这些血液的量不可能通过被摄取的食物来补充，而且远大于营养的需求；由此必然的结论是：动物体内的血液被驱动着循环，而且是以一种永不停息的状态循环，这也是心脏搏动的作用或功能，也是心脏运动和收缩的唯一的目的。"①

尽管哈维可能还没有完全了解动脉末端和静脉末端连接的确切情形，但是这无法掩盖其著作具有的生理学里程碑的意义。正如亚·沃尔夫所评论的："这部专著所达到的最高成就是提出了这样的理论：全身的血液由于心脏之类似泵的作用而通过血管系统进行循环。这标志着生理学史打开了一个新纪元，因为这个理论产生了深远影响，开辟了一个新方向，沿此方向人们对健康和患病人体的构造进行了不计其数的研究。并且，通过把血液运动归因于仅仅是心脏肌肉收缩的结果，哈维促进生物科学摆脱蒙昧主义。只要生物科学使用灵气之类范畴而不是物理和化学范畴，蒙昧主义就一直笼罩着它。"玛格纳也对哈维的工作给予了高度评价："哈维充分意识到他的工作的革命性，他猜想四十岁以下的人很难理解它。哈维的工作被认为

① ［英］威廉·哈维：《心血运动论》，第83页。

是科学史上的一次革命,可以和牛顿相媲美。尽管疾病、年龄以及内战期间遗失的早先资料和手稿阻碍了哈维实现他的所有目标,但他还是活着看到了他的追随者在他的思想和方法的启示下,建立起了一个全新的实验生理学。”

这种血液循环论的奠定,不仅具有生理学的意义,也具有思想史的意义,因为它证明了人体只不过是一部机械运动的机器,所谓灵魂、精气以及上帝都从人本身离开了。

3 近代科学观的奠定

正如文艺复兴时期许多科学发现具有思想史的意义一样,反过来流行的认识论也对科学发现仍然产生着影响。从一些看来正确的科学发现就推导出当时已经有了新的科学观,是一种非常武断的臆测。当时研究自然科学的方法带有混杂特征,并没有一下子确立起我们近代的科学观,这需要一个过程。可以说,文艺复兴时期在科学认识的态度上仍然处于一个过渡阶段。

首先,文艺复兴时期的科学思维仍然离不开人文主义的环境,或者说科学研究本身就是人文主义运动的一部分。因为,当时大部分科学研究都是在复兴并研究古典作品中展开,无论是天文学、生理学还是其他科学领域,研究者都是在复原和阅读古典作品的基础上进行的,他们在信奉这些经典理论的同时,发现了其中值得怀疑的地方,最初试图以自已的努力来修补这些错误或漏洞,最终的结果是证实了这些体系的整体谬误,从而构建了新的理论体系。正如狄博斯(Allen G. Debus)所说:“脱离了托勒密或者盖伦这样一种背景,就简直不能理解哥白尼和维萨留斯的研究。甚至在一个世纪以后,威廉·哈维自认为是一个亚里士多德信徒,并声称受益于盖伦。但对于这些科学革命时期的伟大人物来说,对古人的尊敬和赞美并不妨碍他们的修正。这种人文主义特征导致了增补和修订书籍的不断增多,最后反而淹没并推翻了那些真正的权威,尽管这种新的工作本意是要拥护那些权威。”人文主义对古典理论的重视,最初可能表现在文学、哲学等领域,但是从15世纪下半叶开始已经延伸到各种学问领域,科学也不例外,波伊巴赫(Georg von Peurbach, 1423—1461)和雷纪奥蒙坦(Regiomontanus Johannes, 1436—1476)在搜寻托勒密《至大论》的完整希腊语译本;哥白尼和开普勒等的发现事实上是托勒密天动说复兴的产物;维萨留斯、塞尔维特和哈维的研究始终围绕着盖伦的学说而进行。

其次,了解当时的科学研究无法同宗教的动机截然分开,一方面这些科学研究者并不是唯物主义者,有的仍然是虔诚的教徒,另一方面,他们研究的领域本身也是宗教教义的一部分。这一点在维萨留斯用神学著作来附带谈论肺循环的发现再明显不过了,他被处以火刑更多不是由于教会对科学家的迫害,而是针对他的异端思想。不能否认,撰写《天体运行论》并确立日心说的哥白尼,自始至终都是一个虔诚的天主教徒。他用科学的观察否定了天主教会毫无《圣经》根据却又影响深广的旧有知识,但是在很多地方却又表达自己的虔诚。在他的《天体运行论》的引言中,他明确地说:“虽然一切高尚学术的目的都是诱导人们的心灵戒除邪恶,并把它引向更美好的事物,天文学能够更充分地完成这一使命。这门学科还能提供非凡的心灵欢乐。当一个人致力于他认为安排得最妥当和受神灵支配的事情时,对它们的深思熟虑会不会激励他追求最美好的事物并赞美万物的创造者? 一切幸福和每一种美德都属于上帝。”①开普勒也始终是信仰上帝的,他感到可以通过对天体的研究与上帝交流,能够引起共鸣,他甚至早年下定决心做一名神职人员,并认为研究天文学的工作也是崇拜上帝。正如厄泽尔(E.Oeser)在其《开普勒传》中评论的:“开普勒和他们两人(伽利略和笛卡尔)都不同,他一贯企图认识宇宙经验过程的‘真正的原因’。因此他从未只限于对这些过程作出数学描述。因此他的‘天体物理学’不但有别于古

① [波兰]哥白尼:《天体运行论》,第11页。

代的和哥白尼的纯数学构想的天文学，而且也不同于现代的天体物理学，现代天体物理学的重点是天体的物理结构。《宇宙的奥秘》对开普勒来说决不仅是一部稚气未脱的早期作品，而是他终生追求的认识目标的第一次阐述，按照宇宙的真正原因来描述宇宙。但这对他来说也就是回想上帝创世时的思想。开普勒在《宇宙的奥秘》的第一版序中说道：'首先是三个问题及其原因：它们为什么是这样而不是那样，我不倦地研究着，这三个问题就是轨道的数日，大小和运动。决定我敢于这样做的是静止不动的事物，即太阳、恒星和距离的美妙和谐，它们就像圣父、圣子和圣灵的美妙和谐。我在我的宇宙结构学中将继续遵循这一类比。'"①

因此，正如狄博斯所说："当在同一作者的著作中出现了'神秘的'和'科学的'东西时，重要的是不要试图将两者分离开来，否则就会歪曲那个时期的知识氛围。当然，要证明开普勒系统阐述的支配行星运动的数学定律或者伽利略提出的对运动的数学描述，并不是一件难事。这些都是现代科学发展中的重大里程碑。但我们不应该忘记，开普勒试图使行星轨道适合以正多面体为基础的体系，而伽利略从未放松他对行星依圆周运动的坚持。这两位作者所得出的结论都受到了他们认为天空完美的思想的强烈影响。今天，我们总是把第一个例子称为'科学的'，而第二个例子则不是。但是，如果我们硬要17世纪的人们作这种区分，则是非历史的做法。"

其实真正能够使这些科学研究者对权威产生质疑并最终摆脱古代权威所确立的范式的，是文艺复兴时期人们开始了观察和实验的方法，也就是从纯理论推理转向了观察数据的分析。哥白尼、开普勒和伽利略之所以在承受了极大压力的情况下仍然能够坚持自己的看法，就是因为他们认为自己的实际观察是不可否认的；同样，维萨留斯和盖伦等人能够在对心脏的认识以及血液循环系统方面独辟蹊径，同样是因为长期解剖所积累的经验的结

---

① 引自[奥]艾哈德·厄泽尔：《开普勒传》，任立译，北京：科学普及出版社，1987年，第88页。

果。伽利略和开普勒曾经相互通信,互相鼓励,在他们的通信对话中,我们可以看到这种实践与理论的矛盾。伽利略在致开普勒的信中说:“下面我们将做些什么呢?是跟随德谟克里特还是赫拉克利特呢?亲爱的开普勒,我们将嘲笑大众的无比愚蠢。虽然我给我们学派的重要哲学家提供了许多次展示众多行星和月亮的机会,但他们像毒蛇一样顽固,从不想看一看那些行星、月亮和望远镜。您对他们说什么呢?真的,像一些人堵住了自己的耳朵一样,这些人对真理之光闭上了自己的眼睛。这是一件非常可怕的事情,但是我不感到惊讶。这种人认为哲学是像《伊尼亚特》和《奥德赛》一样的书,人们不应当在自然世界中而是在文本的比较中寻找真理(用他们自己的话语)。”①针对伽利略的苦恼,开普勒致信他说:“您聪明地以一种隐蔽的方式建议我们远离普通的无知,同时警告我们不要将自己暴露在学院派人士的猛烈攻击之下(这样,您正在我们真正的大师柏拉图和毕达哥拉斯的引领下,追随着他们的足迹)。但是,在我们时代的一项伟大事业开始进行并且为这么多学识渊博的数学家推进后,在断定地球转动不能再被视为新鲜的东西后,齐心合力将转动的马车拉到目的地不是更好吗……因为不仅仅你们意大利人不相信自己在运动,除非他们能感觉到,而且我们德国人也无法使自己都接受这种观念。然而,我们有许多办法对付这些困难。”②

所以,在赞誉这些近代科学的先驱在科学探索方面的成绩的同时,我们也应客观地认识他们认识论的过渡特征。在当时,他们对自然现象抱世俗态度并不一定排斥对世界抱宗教态度;他们很多人追寻真理,但是另一方面也是基督教忠实的儿子;当时教会对研究科学的人并非一直采取排斥甚至迫害的态度,但是,如果这些新发明挑战了教会和《圣经》的权威,成为支持异端的依据时,则不免遭到教会的敌视。

但是无论如何,变化正在发生,而且向着近代科学观的确立而不可逆转

---

① 伽利略致约阿纳·开普勒,见《文艺复兴书信集》,第137页。

② 约阿纳·开普勒致伽利略,见《文艺复兴书信集》,第136页。

弗朗西斯·培根

地发展。尽管文艺复兴时期的科学研究与我们今天的科学有很大不同，但是正是他们的科学思维为近代科学观的形成提供了坚实的基础。其中有三个人物在这种过渡中起着非常重要的作用。他们分别是伽利略、培根（Francis Bacon，1561—1626）和笛卡尔（René Descartes，1596—1650）。正如克里斯特勒所说："由于伽利略和笛卡尔，欧洲的哲学和科学从17世纪便开始了一个新纪元。文艺复兴时期的思辨宇宙论不再可能属于自然科学体系中的一部分，因为自然科学是以实验和数学为基础的。"

安斯蒂（Peter Anstey）说："培根发展了近代早期最为精致和影响巨大的自然史理论。在17世纪60年代，早期皇家学会的成员们接受了这一理论的关键内容，四十年里，它一直是英国新实验科学的焦点。"培根揭示了研究自然界和自然界所赋予我们的可以窥探其奥秘的三种工具，即观察、实验和计算。他要求身处宇宙中间的哲学家们，首先要摒弃自己所接受的信仰，仅只容许精确的观念、严谨的概念和其准确性或概然性的程度是经过严格测定的那些真理。在他的《新工具》（*Novum Organum*）中，他对过往探索自然的方法进行了批评，认为自古希腊以来认识自然的工具都充满着谬误，他将其总结为影响人类正确认知的四个假象，即族类假象、洞穴假象、市场的假象和剧场的假象。族类假象是指将一切认识归诸人的感官，认为人的感官是万物的尺度。这样就把个人的尺度看成一切，从而歪曲了事物的原貌。洞穴假象是单个人的假象,他认为:“因为每个人(除普遍人性所共有的错误外)都各有其自己的洞穴,使自然之光屈折和变色。这个洞穴的形成,或是由于这人自己固有的独特的本性;或是由于他所受的教育和与别人的交往;或是由于他阅读一些书籍而对其权威性产生崇敬和赞美;又或者是由于各种感印,这些感印又是依人心之不同而作用各异的;以及此类等等。”①所谓市场的假象是指“人们是靠谈话来联系的;而所利用的文字则是依照一般俗人的了解。因此,选用文字之失当害意就惊人地障碍着理解力。有学问的人们在某些事物中所惯用以防护自己的定义或注解也丝毫不能把事情纠正”②。剧场的假象是从哲学的各种各样的教条以及一些错误的论证法则移到人们心中的。“一切公认的学说体系就像许多许多舞台戏剧,表现着人们自己依照虚构的布景的式样而创造出来的一些世界。我所说的还不仅限于现在时兴的一些体系,亦不限于古代的各种哲学和宗派;有鉴于许多大不相同的错误却往往出于大部分相同的原因。我看以后还会有更多的同类的剧本编制出来并以同样的人工造作的方式排演出来。”③总结起来,他认为无论是一个人太注重外在感官的感受,固执已见、道听途说还是迷信权威,都不可能正确地认识事物,而这一切谬误都深深地扎根于过去的各种认识论之中。他说:“直到现在,我们还没有一个纯粹的自然哲学,所有的都是被点染过并被败坏了的:在亚里士多德学派那里,它是被逻辑所点染所败坏;在柏拉图学派那里,它是被自然神学所点染所败坏,在后期的新柏拉图学派,如扑罗克拉斯及其他诸人那里,它又是被数学——那时只图基于自然哲学以确切性,而并不图生发它或产生它——所点染所败坏,若有一个纯而不杂的自然哲学,则较好的事物是可堪期待的。”④他认为,自己要做的事情就是把科学从经验上提高并重建。“超越前人的错误,找到一条通

① [英]培根:《新工具》,许宝骙译,北京:商务印书馆,1986年,第20页。

②③ 同上书,第21页。

④ 同上书,第76页。

往真知的途径。”①他认为,正确地认识事物的方法是“我们实应遵循一个正当的上升阶梯,不打岔,不躐等,一步一步,由特殊的东西进至较低的原理,然后再进至中级原理,一个比一个高,最后上升到最普遍的原理”②。具体而言,他说我们不能用简单的枚举进行归纳,那样根基不牢,范围也太狭窄,他说:“在建立公理当中,我们必须规划一个有异于迄今所用的、另一形式的归纳法,其应用不应仅在证明和发现一些所谓第一性原则,也应用于证明和发现较低的原理、中级的原理,实在就是一切的原理……对于发现和论证科学方术真能用的归纳法,必须以正当的排拒法和排除法来分析自然,有了足够数量的反面事例,然后再得出根据正面事例的结论。”③不仅如此,还要对所建立起来的原理进行核查,看看它仅仅适合于那些特殊之物,还是可以应用得更加宽泛一些,这样循序渐进,不断检验,“这样,我们才既不致拘执于已知的事物,也不致只是松弛地抓着空虚的影子和抽象的法式而没有抓住坚实的和有其物质体现的事物”④。

如果说培根确立了一种新的认识论,那么伽利略则是用自己的实践确认了通过实验认识事物的路径,他以自己的范例教导人们以一种确切而丰富的方法去改善认识自然规律的手段,摒弃了除实验与计算以外的其他一切手段,他的所有重大发现都和自己的亲身的观察、实验密切相关。据说,他在比萨的天主教堂里被天花板上来回摆动的灯所吸引,通过观察发现灯每一次摇摆的时间是一致的,从而找到了摇摆的规律,奠定了钟摆原理的基础。他著名的比萨斜塔铁球实验举世闻名。依据亚里士多德的权威说法,物体下降的速度和重量成正比,千百年来人们一直深信不疑。伽利略第一个用实验来证明亚里士多德的错误,揭示了落体运动的奥秘,从而推翻了亚里士多德学说,翻开了物理学的新篇章。正如让-皮埃尔·莫里(Jean-pierre

① [英]培根:《新工具》,导言。
② 同上书,第81页。
③ 同上书,第82页。
④ 同上书,第83页。

Maury)所评价的:“他认为,物理学定律应当以实验为基础。如果所做的实验与亚里士多德的相反,他会毫不迟疑地批评亚里士多德不对。”在哥白尼提出了日心说之后,伽利略深信不疑,但他还是希望能够通过实验和观察的方式进行证明。为了能够亲自观察天象,他发明了能够放大三十二倍的天文望远镜,从而真实地看到了月亮表面的高山和深谷,发现银河是由许多行星组成的,发现了太阳里面的黑斑以及黑斑位置的变化,从而证明了哥白尼学说的正确。所以在出版了《星空使者》(*Sidereus Nuncius*)之后,人们称赞说:“哥伦布发现了新大陆,伽利略发现了新宇宙。”伽利略通过发明温度计和天文望远镜,铁球同时落地的实验,钟摆原理等,开启了近代实验科学。正因为他通过实验的方式证实或改变了人们对物质运动和宇宙的认识,为近代科学的诞生树立了良好的典范,所以人们称他是“近代科学之父”。

笛卡尔则提出用理性怀疑一切,从而确证真理的路径。他指出,我们不能盲从,我们已有的观念和论断有很多是极其可疑的,我们处在真假难分的状态中是不可能确定真理的。为了追求真理,必须对一切都尽可能地怀疑,甚至像“上帝存在”这样的教条,怀疑它也不会产生思想矛盾。只有这样才能破旧立新,这就是笛卡尔式怀疑。他提出了“我思故我在”的理论,认为认识事物首先要怀疑一切,寻找到最初唯一确定的真理,然后由此出发,用理性确立不容怀疑的知识。这种怀疑不同于否定一切知识的不可知论,而是以怀疑为手段,达到去伪存真的目的,所以被称为“方法论的怀疑”。他把怀疑看成积极的理性活动,要拿理性当作公正的检查员。他相信理性的权威,要把一切放到理性的尺度上校正。他认为理性是世间分配得最均匀的东西,权威不再在上帝、教会那里而到了每个人的心里。

他从逻辑学、几何学和代数学中发现了四条规则:1. 除了清楚明白的观念外,绝不接受其他任何东西;2. 必须将每个问题分成若干个简单的部分来处理;3. 思想必须从简单到复杂;4. 我们应该时常进行彻底的检查,确保没有遗漏任何东西。这是对经院哲学的严重打击。同时他展示了怎样把这些规则应用于发现折光定律和物体碰撞定律等。

亚·沃尔夫总结说:“在近代之初,科学还没有与哲学分离,科学也没有分化成众多的门类。知识仍然被视为一个整体;哲学这个术语广泛使用来指称任何一种探索,不管是后来狭隘意义上的科学探索还是哲学探索。然而,这些变化已经发生。近代科学先驱者们的数学和实验倾向,不可避免地导致分化成精密科学即实验验证的科学和纯思辨的哲学。同样,虽然经常是同一个人研究一切门类学科,同一本书论述的内容无所不包,但是科学成果的迅速积累还是不可避免地迅速导致劳动分工,导致分化成若干门科学。”

本讲参考文献

1. [美]艾伦·G. 狄博斯:《文艺复兴时期的人与自然》,周雁翎译,上海:复旦大学出版社,2000 年。

2. [奥]艾哈德·厄泽尔:《开普勒传》,任立译,北京:科学普及出版社,1987 年。

3. [美]保罗·奥斯卡·克里斯特勒:《文艺复兴时期的思想与艺术》,邵宏译,北京:东方出版社,2008 年。

4. [美]戴维·林德伯格:《西方科学的起源》,张卜天译,北京:商务印书馆,2019 年。

5. [美]洛伊斯·N. 玛格纳:《生命科学史》,李难等译,天津:百花文艺出版社,2002 年。

6. [美]洛伊斯·N. 玛格纳:《医学史》,上海:上海人民出版社,2017 年。

7. [法]让-皮埃尔·莫里:《伽利略:揭开月亮的面纱》,金志平译,上海:上海书店出版社,2000 年。

8. [英]亚·沃尔夫:《十六、十七世纪科学、技术和哲学史》,周昌忠等译,北京:商务印书馆,2017 年。

9. [英]约翰·H. 布鲁克:《科学与宗教》,苏贤贵译,上海:复旦大学出版社,2000 年。

10. Anstey, Peter, "Francis Bacon and the Classification of Natural History", *Early Science and Medicine,* Vol.17, No.1(2012).

11. Quillen, Carol E., "A Tradition Invented: Petrarch, Augustine and the Language of Humanism", *Journal of the History of Ideas,* Vol.53, No.2(1992).

12. Park, Katharine, "The Criminal and the Saintly Body: Autopsy and Dissection in Renaissance Italy", *Renasissance Quarterly,* Vol.47, No.1(1904).

13. Rudavsky T.M., "Galileo and Spinoza: Heroes, Heretics, and Hermeneutics", *Journal of the History of Ideas,* Vol.62, No.4(2001).

14. Siraisi, Nancy G., *Medieval & Early Renaissance Medicine: an Introduction to Knowledge and Practice,* Chicago: University of Chicago Press, 1990.

图书在版编目(CIP)数据

文艺复兴史讲稿/赵立行著.—上海:复旦大学出版社,2023.9
ISBN 978-7-309-16687-3

Ⅰ.①文… Ⅱ.①赵… Ⅲ.①文艺复兴-历史-欧洲 Ⅳ.①K503

中国国家版本馆 CIP 数据核字(2023)第 003874 号

文艺复兴史讲稿
赵立行 著
责任编辑/张雪莉

复旦大学出版社有限公司出版发行
上海市国权路 579 号 邮编:200433
网址:fupnet@fudanpress.com http://www.fudanpress.com
门市零售:86-21-65102580 团体订购:86-21-65104505
出版部电话:86-21-65642845
上海新艺印刷有限公司

开本 890×1240 1/32 印张 9.25 字数 256 千
2023 年 9 月第 1 版第 1 次印刷

ISBN 978-7-309-16687-3/K · 806
定价:36.00 元